소울음소리

이건우 지음

가림출판사

지금 세상 돌아가는 제반 현상을 보면서 대부분의 사람들이 무언가 단정적으로 말할 수는 없지만 막연한 불안감과 함께 마지막을 향해 가고 있는 것이 아닌지를 걱정하는 때가 된 것 같습니다. 세상이 갈수록 어지럽고 살기 어려운 지경에 이르렀으며, 질병이 난무하고 있고 사람들의 심상이 변질되어 누구를 믿어야 할지 어려운 시대가 되었습니다. 미래를 예측할 수 없는 암담한 현실에서 앞으로 어떻게 대처해야 할지를 걱정하는 심각한 지경에 이르렀습니다.

이런 때에 진정한 길을 찾고 싶은 욕구가 생기는 깃은 자연스런 현상일 것입니다. 그러나 지구상의 가치 기준으로 볼 때 절대불변의 진리를 찾는다는 것은 어려운 일입니다. 오늘 다르고 내일이 다르게 급변하는 상황 속에서 절대불변의 가치 기준을 찾는다는 것은 어쩌면 불가능에 가까운 일이 되어 버렸습니다.

이 시대에 진정한 길을 찾는다는 것은 드넓은 백사장의 모래 속에서 바늘 하나를 찾는 것만큼이나 어려운 일이 되었습니다. 이런 때에 앞으로 가야할 진정한 길을 차분히 찾아보는 것은 의미 있는 일이 될 것입니다. 어차피 가치 기준으로 접근하여 그 길을 찾는 것이 불가능하다면 미래를 알려주고 있는 것으로 이미 그 정확도가 증명된 예언서에서 그 실마리를 찾는 것도 유익한 방법이 될 것이라고 생각했습니다.

저는 이런 연유로 우리나라에 내려오는 예언서 중 그 정확도가 가장 높다고 정평이 나있는 격암유록을 근거로 접근해 보기로 하였습니다. 격암유록은 450여 년 전에 격암(格菴) 남사고(南師古)선생이 하늘로부터 내려온 신인(神人)으로부터 미래에 일어날 일과 대비할 일, 그리고 말세에 진인(眞人)을 찾아가는 방법 등을 전수받아 기록으로 남긴 것입니다. 지금까지 내려오는 동안 예언한 내용이 모두 맞아왔을 만큼 그 정확성이 높다고 평가받고 있는 예언서입니다.

이토록 정확성이 높은 격암유록을 나침반으로 삼아 진인을 찾아가는 방법이야말로 수많은 시행착오를 겪지 않고 가장 빨리 목적지에 도달할 수 있는 첩경이 될 것이라고 생각하게 되었습니다. 또한 격암유록에서 알려주고 있는 말세의 진인이 바로 성서에서 알려주고 있는 마지막 메시아이고 불교에서 알려주고 있는 부처 이후 3천년 만에 내려오는 미륵이라는 사실을 알게 되었습니다. 격암유록에서 알려주고자 하는 바가 동서양의 다른 예언서와 다르지 않음을 확인하였습니다. 여기에서 더욱 힘을 얻은 저는 본격적으로 격암유록에 예언된 내용을 확인해 보기로 하였습니다. 이리하여 격암유록을 심도 있게 연구하게 되었고, 그 속에서 놀라운 비밀을 찾게 되었습니다.

모든 질병은 석정수(石井水)로 다 나을 수 있다고 기술하고 있으며 또한 현재의 인류 중에 마지막까지 살아남는 무리가 있으며, 그 무리가 새로운 시대를 영원히 살게 된다는 내용이 있음을 알게 되었습니다. 일정부분 가필되고 위작된 내용을 제외하고는 격암유록에 예언된 내용이 지금까지 다 맞아왔다고 확신하고 있는 저로서는 이 부분에 대하여 관심을 갖고 연구해 보기로 하였습니다.

일단 가치 기준으로 접근하는 방법은 보류하고 격암유록에서 알려주고 있는 현상위주로 접근하는 방법을 취하기로 하였습니다. 시중에는 이미 격암유록에 관한 해설서가 많이 나와 있었습니다. 시중에 나와 있는 격암유록 해설 책자를 하나하나 섭렵해 보았습니다. 그러나 이들 해설서를 아무리 많이 읽고 연구하고 공부해 보아도 현실적으로 어떻게 해야 하는지를 알 수가 없었습니다. 막연히 도를 닦고 수행하고 진인을 찾아가야 한다는 형이상학적인 내용으로만 치닫고 있어 일반인으로서는 더 이상 어떻게 집근해야 할지를 알 수가 없었습니다. 말세에 진인을 찾는 방법이 너무도 형이상학적으로 일관하고 있어 그것을 구체적으로 찾을 수 없는 것이 현실이며, 오히려 그것을 모호하게 표현하거나 각자 자기 종교에 맞도록 아전인수식으로 해석하여 더욱 혼란스럽게 하고 있습니다. 이런 과정에서 더 깊이 있게 알아보기 위하여 다른 것을 찾다보면 처음에 의도했던 것과는 동떨어진 길을 가고 있다는 것을 깨닫고는 했습니다.

　이렇게 몇 번의 시행착오를 거치면서 시중에 있는 대부분의 격암유록 해설서에서 다루고 있는 형이상학적인 면을 그대로 따를 것이 아니라 이제는 새롭게 현실 위주로 접근하는 방법을 찾아보기로 결심했습니다. 현재를 살고 있는 사람들에게 알려주기 위하여 예언된 내용이라면 엄청난 도인(道人)들만이 접근할 수 있도록 하지는 않았을 것이라는 생각으로 연구해 보았습니다. 도(道)를 닦아야 하는 형이상학적인 접근법을 버리고 가장 현실적으로 격암유록에서 알려주는 내용들이 어디에서 어떻게 일어나고 있는지를 찾아가 보기로 하였습니다.

　현재 국립중앙도서관에 소장되어 있는 격암유록 필사본 원문은 박태선 장로가 이끌었던 신앙촌과 관련되어 위작되거나 가필된 부분이 많다는 것을 확인할 수 있었습니다. 특정 연도, 특정 지명, 특정인을 대상으로 하는 문구, 특정 성씨, 특정 종교 집단의 명칭 등은 분명히 위작되거나 가필되었다고 보고 제외하기로 하였습니다.

　그러나 비록 누군가에 의해 위작되거나 가필된 부분은 있을지라도 격암유록 전체가 허위라고 보기에는 무리가 있다고 판단하고 본래의 격암유록에서 알려주고자 했던 부분만 추출하는 작업을 먼저 하였습니다. 그런 연후에 누구든지 그 실체를 찾을 수 있도록 객관적이고 현상적으로 손에 쉽게 잡히게 해석해 보려고 노력했습니다. 격암유록에 예언된 현상이 어디서 어떻게 나타나는지를 직접 현장을 찾아다니면서 확인하고 또 그 현상이 예언 내용과 일치하는지

비교하면서 최종적으로 확신을 갖고 결론을 내리게 되었습니다.

이렇게 시작하여 5년여의 세월 동안 현장을 찾아다니면서 격암유록에서 알려주고 있는 예언 내용들이 이루어지고 있는 곳이 있는지를 알아보았습니다. 결국 찾고 보니 격암유록에서 알려주고 있는 내용과 철학이 결코 도인들만이 갈 수 있는 엄청난 길도 아니었으며, 형이상학적으로 접근해서는 찾을 수도 없는 길임을 알게 되었습니다.

이 책에서는 격암유록에 실려 있는 내용 중 마지막까지 살아남아 새로운 시대(지상낙원)를 살게 되는 소수의 무리를 찾은 방법과 괴질병에 대처하는 방법에 대해 기술해 보겠습니다. 이 방법은 누구나 현실적으로 손쉽게 찾을 수 있는 형이하학적인 것입니다. 엄청난 도를 닦을 필요도 없고 입산수도(入山修道)해야 할 필요도 없습니다. 현실 속에서 그냥 격암유록에서 알려주는 내용대로 일어나는 곳을 찾아가면 되는 것입니다. 저 자신도 이 소수의 무리를 찾고 보니 그들이 따르고 있는 내용이 순수하게 알려주려고 했던 격암유록의 예언내용과 너무도 일치하고 있다는 것을 알고서 말할 수 없는 전율과 희열을 느꼈습니다.

이 길을 찾는 외형적인 방법으로 격암유록에서는 "엄마 엄마 하는 소울음소리(牛鳴聲, 우명성)가 계속해서 나는 곳을 찾아가라"고 알려주고 있습니다. 이 소울음소리나는 곳을 찾는데 저 자신은 5년이 넘는 세월이 걸렸습니다. 우리나라에 존재하는 각종 종교를 일

일이 찾아다니면서 현장을 확인하고 격암유록에서 알려주고 있는 예언내용과 일치하는지를 비교 검토하면서 가늠해 보았습니다. 각종 종교를 검토하는 과정으로 기독교계통의 천주교, 각종 개신교, 여호와의 증인, 몰몬교 등, 불교계통의 조계종, 원불교 등, 서학(西學)인 기독교에 대응하여 우리나라에서 자생한 동학계통의 천도교, 대순진리회, 증산도 등, 선도(仙道)계통의 국선도, 단학선원 등, 단군계통의 대종교, 단군연합 등, 우리나라 역술인과 무속인 등, 싸이언톨로지(과학교), 섹스교, 뉴에이지운동, 프리메이슨, 우주를 대상으로 하는 라엘리안무브먼트와 행성활성화그룹, UFO연구모임 등 등 틈틈이 시간 나는 대로 확인해 보았고 인터넷으로도 수없이 웹서핑을 하였습니다.

이렇게 찾아가는 과정에서 일시적으로는 격암유록과 일치하는 부분이 많다고 느껴지는 곳에서는 좀 더 확인하는 시간이 길어지게 되었습니다. 일부분이 일치한다고 느껴지면 또 계속해서 다른 부분도 일치하는지를 확인해 나갔습니다. 그러다가 격암유록과 전체적으로 일치하지 않는다고 판단되면 다른 곳으로 옮겨 또 확인 작업을 진행해 나갔습니다. 이렇게 찾아가는 과정은 결코 쉬운 작업이 아니었습니다. 특히 우리나라에서 자생적으로 발생한 종교와 신흥종교일수록 격암유록을 인용하는 곳이 많다는 것도 알게 되었습니다. 그러나 이들 대부분은 자기들의 종교에 부합하도록 격암유록을 아전인수식으로 해석하고 있었습니다. 이들은 격암유록의 부분 부분에 대해 그럴듯한 자기논리와 해석을 하고 있었습니다. 이렇게 아전인수식으로 해석을 하다 보니 격암유록에서 알려주고 있는 전체적인 내용과는 일맥상통하지 못하고 억지로 짜맞추기식이라는 느낌을 받았습니다.

  그동안 숱한 과정을 거쳐 드디어 격암유록에서 강조하고 있는 소울음소리나는 무리를 찾게 되었습니다. 이때가 2003년 7월 말경이었습니다. 소울음소리나는 무리를 찾고서도 이들에 대한 확인 작업 또한 3년 가까이 걸렸습니다. 찾고 보니 이들은 우리나라에 격암유록이 있는지도 모르며 알려고 하지도 않는 곳이었습니다. 이들은 서양에서 시작되어 여러 나라로 전파되는 과정에서 1980년대에 우리나라에도 유입된 것일 뿐 처음부터 우리나라를 목표지점으로 하여 시작된 것이 아니었습니다. 또한 이들은 그들을 따르는 무리를 많이 하고자 하는 목적도 없었습니다. 이들은 단순히 메시지를 전하는 것으로 그 역할을 다하고 있을 뿐, 설득이나 인도하려는 노력은 별로 없었습니다. 이들이 전하는 메시지를 따르든 안 따르든 그것은 각자의 판단에 맡길 뿐 개의치 않았습니다. 속세의 교세를 넓히고자하는 의도는 전혀 없었습니다. 의식이 깨어있는 사람들이 스스로 판단하여 결정하도록 하고 있었습니다. 격암유록이 있는지도 모르고 있으면서 소울음소리나는 무리의 철학과 의식이 격암유록과 일치한다는 점에서 저는 둘 다 모두 신뢰할 수 있다고 판단했습니다.

  소울음소리나는 무리들에 의하여 격암유록이 인위적으로 만들어졌다는 흔적을 전혀 찾을 수 없고, 격암유록 또한 이들이 우리나라에 유입되기 전에 국립중앙도서관에 소장되었다는 점에서 둘 다 인위적인 방법에 의하여 이루어지지 않았음을 확인 할 수 있었습니다. 격암유록과 소울음소리나는 무리는 서로가 대상이 있음을 먼저 알고 이루어지지 않았으면서도 정확히 일치하고 있다는 것은 놀라운 일입니다. 이들 소울음소리나는 무리 외에는 이처럼 격암유록과 전체적으로 일치하는 무리는 더 이상 찾을 수가 없었습니다. 이런 연유로 저는 소울음소리나는 무리와 격암유록 둘 다 신빙성이 있다고 확신하게 되었습니다.

　이렇게 어려운 과정을 거쳐 찾아 놓았으나 저 자신도 지금 당장 이 길을 가지는 못하고 있습니다. 현실적인 충격이나 무리 없이 이 길을 가기 위해 여러 각도로 검토하고 있는 중입니다.

　격암유록에서는 이 길을 갈 수 있는 시한에 대해서도 언급하고 있습니다. 원숭이 해인 2004년부터 소의 해인 2009년까지 6년간이 이 길을 갈 수 있는 마지막 시한임을 알려주고 있습니다. 이 기간 동안 좀 더 이들에 대한 확인 작업을 거친 후에 2007년까지 최종결론을 내릴 계획입니다. 2008년과 2009년에는 시한을 다투어서 이 길을 가야할 상황이 전개될 것으로 예상되고 있습니다. 아차하면 시기를 놓쳐 천추의 한이 될 수 있다고 판단했습니다.

　최근에 발행된 송하비결(松下秘訣)이라는 예언 해설서에서도 2008년도에 취해야할 길을 '이재전전'(利在田田), '수중악전'(手中

握田)이라고 표현하고 있습니다. 이 길이 바로 소울음소리나는 무리들이 따르는 길임을 격암유록에서는 알려주고 있습니다. 비록 소울음소리나는 무리들을 따른다 할지라도 이곳은 입산수도하는 곳도 아니고, 현실을 초월하여 도를 닦는 곳도 아닙니다. 그냥 현실생활은 현재와 같이 노력하고 충실히 살면서 이들의 철학과 행동을 따르기만 하면 됩니다.

저는 이것을 읽고 판단하는 이들에게 인생지침이 될 수 있도록 최대한 노력하였음을 밝히는 바입니다. 독자 여러분께서도 이 책의 내용을 보고 허황되다 무시하고 조소하기에 앞서 한번쯤 확인해 보는 마음의 여유를 가져보시기 바랍니다. 특히 지금 우리나라 전반에 걸쳐 어려움이 더해 가는 현상을 가볍게 보지 마시기 바랍니다. 바로 이때가 말세에 진입하는 초기임을 격암유록에서는 알려주고 있습니다. 이제 초기에 진입하였다는 사실을 알고 나면 앞으로 갈수록 그 어려움이 더해갈 것임을 누구나 미루어 짐작할 수 있을 것입니다. 이제 겨우 초기에 진입한 정도인데 지금부터 어렵다하여 견뎌내지 못한다면 이 후는 더 이상 말할 필요도 없을 것입니다. 그러나 지금의 세상살이가 아무리 괴롭고 힘들고 어렵다 하더라도 우리에게는 희망이 있습니다. 우리나라 한민족의 예언서인 격암유록에서는 이 세상에서 힘들고 어렵고 버림받은 사람들일수록 구원의 손길이 더 가깝게 있다는 것을 알려주고 있습니다.

세상의 어려움이 더하면 더할수록 그 만큼 자신에게는 구원의 손

길이 더 가까이 오고 있다는 사실을 깨달으시기 바랍니다. 가진 것이 많고 누리는 것이 많은 사람일수록 이 길은 더욱더 멀어져 간다는 사실에 힘입어 자신을 갖고 이 길을 찾아보시기 바랍니다. 이 속에는 세상 무엇과도 바꿀 수 없는 말세의 진리가 있고 영원히 살 수 있는 길이 있음을 느껴보시기 바랍니다.

또한 격암유록에서는 가까운 장래에 우리나라가 세계 제일의 중심국가가 될 것임을 알려주고 있습니다. 우리가 꿈에도 그리던 지상낙원과 세계의 중심이 바로 우리나라에 서게 된다는 희망을 가꾸시기 바랍니다. 드디어 최근에는 소울음소리나는 무리들이 전 세계의 수많은 나라 중에서도 동양과 우리나라에 초점을 맞추기 시작했습니다. 한반도의 국내 상황과 주변의 국제정세가 심각한 상황에 처해있다는 것을 이들이 알려주면서 이런 상황을 벗어나기 위해서는 남북한이 모두 삼팔선 비무장지대 일대에 모여 전 세계를 향해 평화를 주창하는 대규모 민족행진을 펼쳐야 하며, 이곳에 지구상의 현생인류를 지은이들(우주인)을 맞이할 집(우주인의 대사관)을 지어야 된다는 것을 강조하고 있습니다. 우리나라에 격암유록이 있는지를 전혀 모르면서도 소울음소리나는 무리들이 주장하는 바가 바로 격암유록에 예언된 내용이 성취되는 것과 일맥상통하고 있다는 점에서 우리 민족은 이들의 주장과 요구를 가볍게 보지 말아야 하며, 나아가 이들의 주장과 요구에 관심을 기울이고 실현되도록 적극적으로 도와야할 것입니다. 이 길만이 우리 민족이 살아남고 전 세계

인류가 파멸에서 살아남을 수 있는 유일한 길이며, 우리가 드디어 전 세계의 중심국가가 되는 길입니다. 아무리 생각해보아도 현재의 지구상의 시스템 하에서 우리나라가 세계 제일의 국가가 될 길은 보이지도 않으며, 더욱이 우리 스스로의 노력으로는 불가능한 일이 될 것입니다. 오직 소울음소리나는 무리들의 요구사항을 적극 받아들임으로써만 지구상의 현생인류를 지은이들의 조력을 받을 수 있고, 이들의 조력을 통해서 우리나라가 세계 제일의 중심국가가 될 수 있을 것입니다.

태초 이래 없었던 엄청난 역사가 우리 한반도에서 일어나려 하고 있습니다. 우리 민족은 이제 남북한은 물론 국가와 국민 모두가 민족의 대 예언서인 격암유록에서 알려주고 있는 내용에 정확히 일치하는 주장과 요구를 하고 있는 소울음소리나는 무리들을 적극 수용하고 지원하여야 할 것입니다. 이들 소울음소리나는 무리들은 신비적인 신을 믿는 것도 아니고 엄청난 도를 닦아야 히는 곳도 아니었습니다. 오직 우주 삼라만상의 원리를 깨달아 모두가 폭력성에서 탈피하여 사랑으로 이루어지는 세상을 만들고, 평화적인 과학의 발전을 통해서만이 우리가 꿈꿔왔던 지상낙원이 이루어질 수 있고, 과학적인 방법에 의한 영원한 삶이 있음을 강조하는 무리였습니다. 이들의 주장과 전하는 메시지를 따름으로써 그대로 실현되면 드디어 동방의 무궁화농산 우리나라가 세세 세일의 중심국가로 우뚝 서게 될 것입니다. 그러나 이렇게 되기까지는 우리들의 노력이 무엇보다 필요하다고 격암유록에서는 알려주고 있습니다.

 우리 민족에게 하늘이 내려준 기회를 놓치지 말라고 강조하고 있습니다. 이미 여러 나라가 이들 소울음소리나는 무리들이 요구하는 바를 적극 지원해주겠다고 자청하고 있는 상황입니다. 또한 다른 나라에서는 소울음소리나는 무리의 최고지도자를 일러 자신들이 기다리는 마지막 메시아라고 환영하는 종교도 있습니다. 천만이 넘는 신도를 가진 이 종교가 이미 그들이 기다리는 메시아가 왔다고 좋아하며 환영하고 있는 지금의 상황을 우리 민족은 가볍게 보지 말아야 합니다. 아차하면 하늘이 우리 민족에게 주고자한 기회를 놓칠 수도 있는 상황에 직면해 있습니다. 우리 민족 구성원들은 하루빨리 소울음소리나는 무리들의 요구사항을 수용하여야 할 것입니다. 곁들여 지금의 우리나라 상황이 아무리 어렵고 힘들다할지라도 우리나라가 세계만방의 피난지이니 절대로 고국강산을 떠나지 말라고 격암유록에서는 강조하고 있습니다. 그러므로 조국을 떠나 해외로 이민 가는 것은 결코 현명한 방법이 아님을 깨달으시기 바랍니다.

 끝으로 삶과 죽음의 근본 문제를 몰라 지금도 미궁을 헤매고 있는 현대인들에게 이러한 기쁜 소식을 서로 서로 전해주어 많은 사람들이 살아남을 수 있도록 다 같이 일조할 것을 당부 드립니다.

2006년 6월 저자 이건우 씀

차
례

제1장
격암유록을 만나기까지

격암유록을 만나기까지

심한 질병을 앓게 되다

어린 시절부터 나약했던 저는 항상 건강에 대한 불안감을 갖고 살았습니다. 20대 후반까지 그렇게 대책 없이 괴로워하며 살아 왔습니다. 1986년쯤에는 간 기능에 심각한 문제가 발생하여 개인병원에 가서 진찰을 받아 보았습니다. "지금 간에 심각한 병이 생긴 것 같으니 큰 병원에 가서 정밀 진찰을 받아보시기 바랍니다."라는 담당 의사의 말을 듣게 되었습니다. 순간 눈앞이 아찔해지는 심리적 공황감을 느낄 수 있었습니다. 잠시 정신을 차려 다시 의사에게 질문을 하였습니다. "혹시 제 병이 암이라고까지 생각하고 하시는 말씀입니까?" 그러자 의사는 "그렇게 볼 수 있는 상황입니다."라고 하면서 초음파 검사화면에 나타난 검은 반점들을 가리키는 것이었습니다. "큰 병원에 가서 만일 암으로 판정된다면 현대의술로 완치가 가능하며 재발하지 않고 살 수 있다는 보장이 있습니까?"라고 재차 질문을 하자 의사는 "그것은 의사로서 확답을 드릴 수 없으나 일단 정밀검진을 거쳐 그에 맞는 치료법을 택해야 하지 않겠습니까."라고 답변하는 것이었습니다.

🏵 병은 몰라도 치료만 하자

　개인병원에서의 검진내용에 마음이 심히 불안하였습니다. 어떻게 대처할 것인가를 고민하기 시작하였습니다. 주변에 간암을 앓고 있는 사람을 찾아보았습니다. 그들은 병원에 가서 항암치료를 하거나 수술치료를 한 후에도 계속 재발될 것을 불안해하면서 살고 있었으며 많은 사람들이 죽어가는 것을 보았습니다. 이렇듯 현대의술로 완벽한 치료가 가능하지 않다면 굳이 큰 병원에 가서 병만 확인하고 그 뒤로는 심리적 공황감과 위축감에 짓눌려서 병은 이기지도 못하고 일찍 죽게 되는 결과를 가져올지도 모른다는 생각을 하게 되었습니다.

　명쾌하게 해결할 수 없는 현대의술에 내 몸을 맡기는 것보다는 병에 지지 않기 위해서 무언가 확실한 대비책을 찾아야만 된다는 결심을 하게 되었습니다. 병을 확인하기에 앞서 치료법을 먼저 찾아 해결한다면 병은 몰라도 치료는 가능할 것이라는 결론을 내리게 되었습니다. 어딘가에 반드시 치료할 수 있는 방법이 있을 것이라는 나름의 확신을 갖고 찾아보았습니다.

❀ 70대 노인에게서 치료법을 듣다

이때 우리 부부는 성당에 다니고 있었습니다. 아내가 성당에 다니면서 수소문한 끝에 사목회 회장님이 병을 치유할 수 있는 은사를 받으신 분이라는 것을 알게 되었습니다. 그분께 부탁을 드렸더니 저희 집을 방문해 주셨습니다. 일단은 저의 몸을 만져주시고 안수를 해주신 뒤에 저에게 본인이 하고 있는 건강치유법을 해보라고 권유하는 것이었습니다. 그것은 다름 아닌 환자가 자신의 소변을 마시는 것이라고 하였습니다. 그분은 이미 수십 년을 해온 방법이라고 하시면서 이 방법을 하신 후에는 병원이나 약국을 가본 적이 없다고 하시는 것이었습니다.

70이 넘은 연세에도 불구하고 얼굴에는 윤기가 흐르고 머리도 검은 분이었습니다. 건강에 대하여는 남다른 자신감을 갖고 있는 분이었습니다. 알려주시는 말씀을 듣고 처음 듣는 내용이라 반신반의하면서 지푸라기라도 잡고 싶은 심정으로 일단 시작하였습니다. 한번 해 본 결과 충분히 할 수 있다는 자신감이 들었고 이미 경험하신 분의 조언이 있었기에 별다른 걱정 없이 계속 실행할 수 있었

습니다. 이때를 시작으로 현재는 20년 째 계속하고 있습니다. 지금
생각해 보면 이것은 분명히 하늘이 저에게 보내준 건강법임에 틀
림없었습니다.

❀ 간 기능이 정상으로 돌아왔다

 1년 정도 하였을 때에는 이미 나의 몸이 달라져 있다는 것을 스스
로 느낄 수 있었습니다. 이제는 내 몸이 정상일 것이라는 확신이 들
게 되었습니다. 1년 전에 저의 간 기능이 심각한 상태라고 진단했던
병원에 가서 다시 한 번 진단을 해보기로 하였습니다. 진단 결과는
간은 물론 다른 장기도 아주 건강하다는 것이었습니다. 이때의 마
음은 정말로 날아갈듯이 기쁜 마음 바로 그것이었습니다. 이후로는
더욱 확신을 갖게 되었고 저에게 있어서 소변을 마시는 일은 일상
생활이 되었습니다. 현재의 마음으로는 평생 동안 이 방법을 실행
하여 건강하게 살려고 합니다.
 이것으로써 20대까지 나를 괴롭혔던 질병공포로부터 완전히 해방
되었으며 무엇보다도 삶에 대한 자신감이 충만해지게 되었습니다.

🏵 서양과 우리나라 예언서에서 근거를 찾다

소변 마시기를 3년 정도 했을 무렵부터 이토록 신비한 효능이 있는 것이라면 어딘가에 그것을 알려주는 근거가 있을 것이라는 생각을 갖고 보다 확실한 근거를 찾아보고 싶었습니다.

먼저 찾아본 것이 서양의 예언서인 성서였습니다. 구약성서(공동번역 1989년 대한성서공회 발행) 잠언 제5장 15절에서 18절에 "네 우물의 물을 마셔라. 어찌하여 네 샘을 바깥으로 흘려보내고 그 물줄기를 거리로 흘려보내느냐? 그 물은 너 혼자 마셔라 다른 사람과 함께 마시지 말아라. 네 샘터가 복된 줄 알아라."라고 표현되어 있었습니다. 또한 신약성서(공동번역 1989년 대한성서공회 발행) 요한복음 제4장 13절에서 14절에는 "예수께서는 이 우물물을 마시는 사람은 다시 목마르겠지만 내가 주는 물을 마시는 사람은 영원히 목마르지 않을 것이다. 내가 주는 물은 그 사람 속에서 샘물처럼 솟아올라 영원히 살게 할 것이다."라고 되어있는 것을 확인할 수 있었습니다.

성서의 예언 내용을 확인한 뒤에 오랜 시간이 지나서 정확히 말해 소변 마시기를 시작한 지 13년이 경과한 후에 우리나라 예언서인 격암유록을 알게 되었습니다. 격암유록을 알고 난 다음에는 이토록 신비스러운 영약이라면 우리 한민족의 예언서인 격암유록에도 반드시 언급되었을 것이라고 생각하고 찾아보기 시작했습니다. 지성이면 감천이라고 분명히 격암유록에도 "석정수(石井水)"라고 암시적으로 표현하고 있는 것을 확인했습니다. 마침내 석정수의 진의를 알게 되었을 때의 기쁨과 감격과 희열은 말로 다 할 수 없을 정도였습니다. 석정수의 비밀과 그 신비한 효능이 격암유록이라는 우리나라 예언서에 이미 450여 년 전에 예언되어 있다는 것을 확인하게 된 저는 격암유록을 누구보다 신뢰하게 되었으며 이때를 계기로 보다 심도 있게 이것을 연구해 보기로 결심하게 되었습니다.

❖ 격암유록 소개

격암유록은 조선 중엽에 명성이 높았던 남사고(南師古) 선생이 신인(神人)으로부터 전수받아 기록한 한민족의 예언서입니다. 남사고 선생은 특히 풍수지리에 통달하였기 때문에 세인들은 그를 경암(敬菴) 혹은 격암(格菴)이라고 불렀습니다. 남사고 선생은 역학(易學), 풍수(風水), 천문(天文), 복서(卜筮), 관상(觀相) 등의 비결에 도통하여 예언이 꼭 들어맞았다고 전해지고 있습니다. 그가 소년 시절에 울진의 불영사(佛影寺)에서 신승(神僧)을 만나 비결을 전수받았다고 합니다. 그 후 현묘한 이치를 깨닫고 비술에 능통함으로써 명종 때에는 천문학 교수로 대우받았다고 합니다. 1575년의 동서분당(東西分黨)과 1592년의 임진왜란 등을 명종 말기에 이미 예언했고 그것이 들어맞았습니다. 그에 앞서 1564년에는 내년에 태산(泰山)을 봉하게 되리라고 예언했는데 과연 이듬해에는 여인 천하에 나왔던 문

정왕후(文定王后)가 별세하여 장사 지내니 그 능이 바로 태릉(泰陵)이었던 것입니다.

그 외에도 임진왜란, 병자호란, 한일합방, 6·25동란, 4·19와 5·16혁명, 이승만, 이기붕, 신익희, 조만식, 조병옥, 김구, 서재필, 여운형, 최인규, 장면, 박정희, 최규하 등 근대사에 명멸했던 숱한 사건과 기라성 같은 인물들의 운명과, 평화적인 남북통일의 시기와 그 후의 우리 민족의 장래에 대한 예언이 수록되어 있습니다. 그리고 우리나라뿐만 아니라 세계 여러 나라에 관한 예언도 많이 수록되어 있습니다. 2차 세계대전, 일본의 2차 대전 패망, 중국의 국공분열, 최첨단과학, 스타워즈, UFO, 종교전쟁 등 광범위한 예언이 수록되어 있습니다. 450여 년 전에 쓴 예언서가 지금까지 오는 동안 모두 틀림없이 사실대로 맞았습니다. 이처럼 남사고 선생은 신비한 비결로 예언한 바가 많았으며 다 맞았다고 합니다.

우리나라와 세상에서 앞으로 일어날 일과 대비할 일에 대하여 신인(神人)으로부터 전수받은 예언을 기록으로 남겼으니 이것이 격암유록인 것입니다. 격암유록에서도 이렇듯 신령한 말씀을 감히 사람이 어떻게 쓸 수 있겠는가 라고 하면서 신인(神人)으로부터 전수받아 기록했음을 강조하고 있습니다. 그 신인(神人)이 상제(上帝)였음도 분명하게 말하고 있습니다. 격암유록에서 알려주고 있는 진인(眞人)이 성서에서 알려주고 있는 마지막 메시아이며, 불경에서 알려주고 있는 부처 이후 3천년 만에 내려오는 미륵과 일치한다는 사실을 깨달을 때입니다. 격암유록에 있는 내용을 알려준 주체와 성서와 불경을 쓰게 한 주체가 다르지 않다는 것을 재인식할 때입니다. 남사고 선생에 의해 기록된 원본 격암유록은 일제시대 때 수거되어 거의 모두 불타버리고 현재 국립중앙도서관에 고서목록 "古第1496-4號"로 1977년 6월에 소장된 것은 해방되기 일 년 전인 1944년 6월 1일 충남 서산군 지곡면 도성리 전성후인 이도은(李挑隱) 선생이 필사한 영인본으로 확인되고 있습니다.

격암유록에서 전하고 있는 주요내용을 보면

첫째, 세상에 창궐할 모든 괴질은 석정수를 마시면 두려워 할 것이 없음을 강조하고 있으며,

둘째, 소울음소리나는 무리를 찾아가라고 하면서 태초에 현생인류를 지은 우성인(牛性人)이 바로 소울음소리나는 무리에게 임한다는 내용을 담고 있습니다.

셋째, 한 사람의 생명을 우주보다 귀하게 여기는 곳이 진정한 곳이니 깨달은 사람은 속히 그곳으로 합하라고 알려주고 있습니다.

넷째, 궁을도(弓乙圖)를 찾아 따르라고 강조하고 있으며, 과거부터 있어왔던 각종 종교인 서학(西學), 동학(東學), 불교(佛敎), 선도(仙道)는 수많은 분파로 갈라질 것을 예견하고 이들 모두가 소용없으니 새로운 도(道)인 궁궁(弓弓)의 도(道)로 합치라고 거듭 강조하고 있습니다.

다섯째, 하늘을 번개같이 나는 신출귀몰한 기계〔神飛機, 신비기〕를 따르라고 하고 있으며, 이러한 신비기(神飛機)를 타고 하늘에서 내려오는 이들이 우리나라 삼팔선이 있는 비무장지대 일대의 굽은 언

덕에 갑자기 세워지는 집〔奄宅曲埠, 엄택곡부〕으로 왕래하고 이곳에서 소울음소리가 들린다고 하면서 우리나라가 전 세계에서 제일가는 나라가 될 것임을 예언하고 있습니다.

여섯째, 세상의 모든 종교와 모든 도가 하나로 통합되는 무극대도(無極大道)가 이미 세상에 출현하였으며 조만간 그 실체가 많은 사람들에게 알려지게 된다는 것을 알려주면서, 대부분의 사람들은 이것을 허황되다 조소하고 비웃을 것임을 예견하고, 소수의 사람들(14만 4천 명)만이 따를 것임도 예언하고 있습니다.

끝으로, 격암유록에서 알려주는 개별적인 현상이나 추구하는 바가 모두 말세에 진인(眞人)이 있는 소울음소리나는 무리들에게로 귀결된다는 사실을 깨닫는 것이 무엇보다 중요하다는 메시지를 전달하고 있습니다.

제2장
격암유록에 예언된 석정수(石井水)

격암유록에 예언된 석정수

먼저 제가 그동안 연구하고 실행하여 그 효과가 입증된 석정수에 대하여 알아보고자 합니다. 우리나라 한민족의 예언서인 격암유록에 예언된 내용 중 석정수에 관한 것을 먼저 소개해 드리겠으니 잘 음미해 보시기 바랍니다.

•• 石井歌 석정가

生命水 샘물이 出瀧出瀧 원 天下萬國에 다 通下 毒惡砂氣運
생명수 샘물이 출롱출롱 원 천하만국에 다 통하 독악사기운
吸收下 者라도 此샘에 오면 不喪이요
흡수하 자라도 차샘에 오면 불상이요

해설 >>> 생명수 샘물이 출렁 출렁이고 먼 천히의 모든 나라에 다 통하여 독악하고 사막과 같이 황량한 기운을 마신 자라도 이 샘에 오면 죽지 않는다.

利在石井天井水는 一次飮 之 延壽이요, 飮 之 又飮 連飮者는 不死
이재석정천정수는일차음지 연수이요, 음 지 우음 연음자는불사
永生하는 此泉일세
영생하는 차천일세

해설 >>> 이로움이 석정이라는 하늘이 내린 우물물에 있고, 한번 마시면 목숨
　　　　을 늘리고, 마시고 또 마셔서 계속해서 마시는 자는 죽지 않고 오래
　　　　도록 사는 것이 바로 이 샘일세.

日出山 天井之水 掃之腥塵 天神劍 一揮光線 滅魔藏 暗追天氣光彩電
일출산 천정지수 소지성진 천신검 일휘광선 멸마장 암추천기광채전
天命歸眞 能何將 利在石井 生命線 四肢內裏 心泉水
천명귀진 능하장 이재석정 생명선 사지내리 심천수

해설 >>> 해가 산에서 돋을 때 하늘이 내린 우물의 물은 모든 비리고 먼지 같
　　　　은 더러운 것을 깨끗이 청소해 주는 하늘이 내린 신령한 검이다.
　　　　천신검이 한번 휘둘러 빛을 발할 때 숨어있는 마귀가 소멸되고, 하늘
　　　　의 기운과 경이로운 광채로 어둠의 세력을 쫓아버린다. 하늘의 명령
　　　　이 정말로 돌아오니 장차 어떠한 능력이 전개될 것인가?
　　　　이로움이 석정이라는 생명선에 있고, 석정은 사람의 사지(몸)안에서
　　　　도 가운데에 있으며, 이는 사람 마음의 작용에 달려 있는 샘물이다.

* 사지(四肢) : 사람의 몸을 이르는 것임
* 내리(內裏) : 안 내(內), 가운데 리(裏)

湧出心泉功德水 一飮延壽石井崑 毒氣除去 不懼病
용출심천공덕수 일음연수석정곤 독기제거 불구병

해설 >>> 용솟음치는 마음과 공덕의 샘물은 한번 마시면 생명이 연장되는 석
　　　　정곤(石井崑)이며, 독한 기운을 없애니 질병이 두렵지 않네.

利在石井 永生水源 一飮延壽可避溫疫 沙漠泉出錦繡江山
이재석정 영생수원 일음연수가피온역 사막천출금수강산
一人敎化渴者 永無矣
일인교화갈자 영무의

해설 >>> 이로움이 석정에 있고 오래도록 실 수 있는 물의 근원이나. ㄱ 물을
　　　　한 번 마시면 수명이 연장되고 모든 괴이한 전염병도 물리칠 수 있
　　　　다. 메마른 사막과 같은 곳에서도 샘물이 용솟음칠 수 있으니 금수
　　　　강산(우리나라)에 한 사람이 나타나 석정의 이로움을 가르쳐서 변
　　　　화시키니 오래도록 목마른 자가 없을 것이다.

解渴功德永生之水 飲之飲者永生矣 代代後孫傳之 無窮天呼萬歲
해갈공덕영생지수 음지음자영생의 대대후손전지 무궁천호만세

해설 >>> 목마름을 해갈시키는 공덕의 영생수가 있는데 그 물을 마시고 또 마
시는 자는 오래도록 살 것이다. 대대로 후손에게 그것을 전하며 무
궁토록 하늘에 만세를 부른다.

•• 弓乙論 궁을론

石井妙理水昇火降 湧泉心中毒氣不喪 天牛耕田利在石井
석정묘리수승화강 용천심중독기불상 천우경전이재석정

해설 >>> 석정의 오묘한 이치는 신장(콩팥)의 수기(물기운)는 위로 올라가고
심장(염통)의 화기(불기운)는 밑으로 내려오는 것이다. 마음속에 샘
물이 용솟음치니 독한 기운에 의해 죽음을 당하지 않는다. 하늘에
인간의 시초(천우)가 밭을 가는 이치이니 이로움이 석정에 있다.

* 수승화강(水昇火降) : 물이 올라가고 불이 내려오는 의미로 신장(腎臟)을 통과하여 배출
된 석정수(石井水)는 물로서 위로 올라가서 다시 몸 안으로 내려오고, 그럼으로써 심장
(心腸)의 불기운(화기)은 아래로 내려오는 효과가 있음.

心火發白心泉水 寺畓七斗石井崑 天縱之聖盤石井 一飮延壽永生水
심화발백심천수 사답칠두석정곤 천종지성반석정 일음연수영생수
飮之又飮紫霞酒
음지우음자하주

해설 >>> 마음이 불의 기운에 의하여 흰색과 같이 깨끗하게 발하는 마음의 샘
물이 사답칠두라는 원리를 지닌 석정곤이며, 하늘을 따르는 거룩한
원리의 반석정이다. 그 물을 한 모금 마시면 수명을 연장시켜 오래
도록 살 수 있는 물이며, 마시고 또 마시어 신선이 노닐면서 마시는
술(자하주)이다.

* 사답칠두(寺畓七斗) : 흙과 물이 있는 북두칠성을 일컫는 암시어로서 인류의 시초가 되
는 원리를 일컬음
* 석정곤(石井崑) : 석정으로서 산과 같이 생긴 것 (남성의 성기)
* 반석정(盤石井) : 석정으로서 대야와 같이 넓은 것 (여성의 성기)

❀ 석정(石井)은 사람의 성기(性器)를 표현한 것이다

격암유록에서 예언하고 있는 석정수는 과연 무엇을 말하는 것인
지 알아보겠습니다. 후세의 사람들에게 알리기 위해서 예언했던 석
정수가 단지 정신적인 생명수만을 말한 것인가에 대해 의문을 가져
보기 시작했으며, 정신적인 수양만이 아니라 현실적으로 존재하는

샘물을 말하고 있을 것이라고 가정하고 분석을 해보았습니다.

먼저 석정수가 어디에 있는지 보면 사지내리(四肢內裏)에 있다고 표현되어 있습니다. 사지(四肢)는 사람의 몸을 의미하고 내리(內裏)는 몸 안에서도 가운데에 있다는 표현입니다. 그렇다면 석정수는 사람의 몸 안에 있다는 해석이 충분히 가능하게 됩니다. 사람의 몸 안에서 물이 나오는 샘물이 어디에 있는지를 계속 생각해보니 분명히 사람의 몸에서도 물이 나오는 샘이 있다는 것을 바로 짐작할 수 있게 되었습니다. 사람의 몸속에서 물이 나오는 샘은 바로 성기(性器)임을 알 수 있게 되었습니다. 이로써 석정이 사람 몸속에서도 가운데 있다는 격암유록의 내용과 일치한다는 것을 알게 되었습니다.

그렇다면 사람의 성기에서 나오는 물을 석정수라고 표현한 이유는 무엇인지를 계속 연구해 보았습니다. 돌 석(石)자는 옆에서 본 남성의 성기(性器) 모양을 한자로 상형화해서 나타낸 것이라는 점을 착안하게 되었습니다. 위의 가로로 그은 선(_)은 성기가 나와 있는 부분의 불두덩과 음모를 나타내고 아래로 삐친 획(／)은 음경이 늘어진 상태를 나타내며 아래에 네모(ㅁ)난 모양은 바로 고환을 나타내는 것으로 충분히 해석할 수 있습니다. 특히 한문의 해서체(楷書体) 모양을 보면 돌 석(石)자는 영락없는 남성의 성기모양 그대로입니다. 우리가 즐겨 먹는 생선인 조기는 본래 석어(石魚)라 일컬었는데 그것이 능히 사람의 기운을 돕는다 하여 조기(助氣)라 부르게 되었다고 합니다. 때문에 옛날에 후궁을 많이 거느린 임금이나 돈 많은 오입쟁이들이 영광굴비를 구워 그 껍질로 밥을 싸서 먹었다고 합니다. 동의보감에서는 오줌이 침전되어 딱딱하게 된 것을 추석(秋石)이라 하여 귀중한 한약제로 사용합니다. 이러한 예를 보더라도 본래 돌 석(石)자는 남성의 성기나 오줌과 밀접한 관련이 있는 한문이라는 점을 뒷받침할 수 있을 것입니다. 또한 우물 정(井)자는 밑에서 본 여성의 성기 모양을 한자로 상형화해서 나타낸 것이라는 점을 충분히 알 수 있게 되었습니다. 남녀의 성기를 한문으로 상형화해서 표현할 수 있는 글자는 석정 외에는 찾기 어려울 것입니다. 사람의 성기를 상형화해서 표현하는 데 있어서 석정은 가장 적절한 한문 표기라고 할 수 있습니다.

또한 남성의 성기는 석정곤(石井崑)으로, 여성의 성기는 반석정(盤石井)으로 표현하고 있습니다. 곤(崑)자는 산을 의미하는 것으로 산과 같이 돌출한 석정(石井)이라는 뜻으로서 남성의 성기를 석정곤(石井崑)으로 표현하고 있으며, 반(盤)자는 대야를 의미하는 것으로 대야와 같이 넓은 석정이라는 뜻으로서 여성의 성기를 반석정(盤石井)으로 표현하고 있습니다. 산을 나타내는 곤(崑)자를 석정의 뒤에 위치하게 하고 대야를 나타내는 반(盤)자를 석정의 앞에 위치하게 한 것도 그 속에는 심오한 원리가 있습니다. 남성의 성기와 여성의 성기가 마주치는 가운데에서 생명이 생성되고 우주의 기운이 상통하게 되는 것입니다. 곤(崑)자와 반(盤)자가 서로 마주치기 위해서는 곤(崑)자는 석정(石井)의 뒤에, 반(盤)자는 석정의 앞에 놓음으로써 남녀 성기(性器)의 마주침에 의한 생명생성과 우주상통의 원리를 위치로 나타낸 것입니다. (石井崑 ↔ 盤石井)

이렇듯 격암유록에서 예언하고 있는 석정이 바로 사람의 성기 모양을 상형화해서 나타낸 것이라는 점과, 석정이라는 우물이 사람의 몸 안에서도 가운데에 있다는 점을 일치시켜 보니 석정수는 바로 사람의 오줌을 암시적으로 표현하고 있다는 점을 알게 되었습니다.

✤ 석정수는 현실적으로 존재하는 샘물이다

격암유록에 수록되어 있는 많은 내용 중에 마시면 건강하게 오래 살수 있다는 것은 오직 석정수에 관한 구절이 전부입니다. 하늘이 내린 생명수이며 마시고 또 마시고 계속해서 마시면 병으로 인하여 죽지 않고 오래도록 산다는 석정수에 대하여 격암유록을 연구하는 대부분의 사람들은 추상적인 불교의 교리나 도(道)를 통하여야 하는 형이상학적인 것으로 해석하고 있습니다. 그러나 석정수는 본래부터 있어 왔고 종교나 도(道)와는 상관없이 엄연히 현실적으로 존재하는 샘물이며 누구나 찾아서 마실 수 있는 생명수인 것입니다. 그리고 하늘이 내린 생명수이므로 빈부(貧富) 귀천(貴賤)의 차이 없이 누구든지 본인이 하고자 마음만 먹으면 마실 수 있는 물이 되어야 할 것입니다.

이런 관점에서 격암유록에 있는 구절을 볼 때 석정수는 분명히 우리가 쉽게 찾을 수 있고 마실 수 있는 생명수이며 바로 우리 몸 안에 있다고 해석하는 것이 타당하다고 생각합니다. 석정수는 생명수(生命水)이기 때문에 사람은 물론 다른 동물이나 식물에게도 유익한 샘물이어야 할 것입니다. 석정수는 식물이 건실하게 자라는 데에도 유용한 샘물이며, 다른 동물에게 먹이면 건강해지고 영리해지는 것을 돕는 샘물이기도 합니다. 그러므로 석정수는 시공을 초월하고 대상을 초월하는 생명수라 할 수 있습니다. 종류별로 각각 다르게 생긴 동물의 성기(性器)모양을 석정으로 표기하기에는 무리가 있습니다. 그러므로 석정수는 오직 사람의 성기(性器)에서 나오는 물만을 의미하는 것입니다.

✤ 석정수는 마음에서 확신을 갖고 마셔야 하는 심천수(心泉水)이다

격암유록에서 석정수를 심천수(心泉水)라 표현하고 있습니다. 심천수(心泉水)란 무슨 뜻을 내포하고 있는지에 대해 생각해 보겠습니다. 마음 심(心)자가 내포한 뜻은 모든 일체의 세상사가 마음에 달려 있다고 하듯이 석정수 건강법도 본인 자신의 마음에서 적극적으로 수용하고 확신을 갖고 실행할 때 그 효과가 증대된다는 뜻을 갖고 있는 것입니다. 또한 의지적인 마음 외에도 자율신경에 의한 직용도 결국은 마음 심(心)자와 연결됩니다. 그러므로 심(心)자는 의

지와 자율을 모두 내포하고 있습니다. 석정수의 좋은 성분과 효능은 자율적인 작용에 의해서 이루어지고 그것을 사람이 실행하려는 의지와 확신이 따라줄 때 비로소 석정수의 효능이 발휘된다는 것을 말하고 있는 것입니다. 아무리 좋은 석정수라도 실행하려는 본인 자신이 긍정적으로 받아들이려고 하지 않거나 확신을 갖지 않는다면 그 효과는 반감될 것이기 때문입니다. 석정수를 오물로 알고 있다든지 노폐물로 생각하고 있는 상태에서는 석정수 건강법을 실행할 수도 없을 뿐만 아니라 설령 마시기는 한다 해도 심리적 거부감 때문에 바로 구토가 일어날 수도 있을 것입니다.

사람의 몸은 70% 이상이 물로 이루어져 있습니다. 최근에 발간된 "물은 답을 알고 있다"라는 책에서는 물에게 좋은 음악이나 말을 들려주거나 그림을 보여주면 그 물의 결정체가 육각형 등의 이상적인 형체를 나타낸다는 것을 과학적으로 입증하고 있습니다. 이렇게 이상적으로 형성된 물을 마시면 인체에 이로운 작용을 한다는 내용을 과학적으로 강조하고 있습니다. 이렇듯 물은 인간과 너무도 상통하는 심오한 원리를 가지고 있습니다. 결국 인간의 몸을 형성하고 있는 대부분이 물이라는 사실을 직시하고 그 바탕 위에서 새롭게 접근하여야 된다고 봅니다. 물에게 이로운 것이 바로 우리 몸에 이로운 것이 됩니다.

석정수 또한 물이며 우리 몸과 가장 일치하는 물이 바로 석정수라는 사실을 깊이 음미해 볼 필요가 있습니다. 즐거운 마음으로 석정수가 나의 건강을 지켜주고 모든 질병을 낫게 해준다는 강한 믿음

을 갖고 자기암시를 계속할 때 그 효과가 증대되는 것입니다. 이점
이 바로 석정수는 심천수(心泉水)라는 뜻과 일맥상통하게 되는 것입
니다. 그러므로 석정수 건강법을 실행하고자 하는 본인 자신이 석
정수 자체를 생명수이며 삶이 다하는 날까지 심신의 건강을 지켜주
고 자신감을 주는 신비의 영약이라는 확신을 갖는 것이 무엇보다
중요합니다. 확신을 갖기 위해서는 이미 경험한 실행자들이 입증하
고 있듯이 전혀 부작용이 없고 자신의 몸에 가장 잘 맞는 생체수(生
體水)라는 사실에 용기를 얻어 일단 실행하는 것이 필요합니다.

✿ 석정수는 하늘이 내린 천정수(天井水)이다

　　석정수 건강법은 누구에게나 공평한 천혜(天惠)의 건강법입니다.
그러므로 격암유록에서는 석정수를 하늘이 내린 천정수(天井水)라
고 표현하고 있습니다. 돈이 있는 사람이나 없는 사람이나 구애받
지 않고 할 수 있는 방법이므로 누구나 건강하게 살도록 하늘이 내
린 천혜의 건강법이라 할 수 있습니다. 하늘이 내렸다 함은 대 자연
의 원리에 의하여 시공을 초월한 생명수라는 뜻을 갖고 있습니다.

✦ 석정수는 모든 질병을 다 치료할 수 있다

석정수는 독악하고 사막과 같이 황량한 기운을 마신 자라도 죽지 않게 한다고 합니다. 독악하고 사막과 같이 황량한 기운이란 난치병과 불치병을 일컫는 말이며 잡신이나 귀신의 장난도 포함하고 있는 의미입니다. 아무리 어려운 난치병과 불치병에 걸린 사람도 죽지 않게 한다는 것은 사람에게 발생한 병은 무엇이든지 시공을 초월하여 반드시 치료할 수 있다는 의미를 갖고 있습니다. 또한 잡신이나 귀신의 장난도 막을 수 있다는 뜻을 내포하고 있습니다. 그러므로 석정수는 육체적이거나 정신적인 모든 질병을 다 치료할 수 있다는 것입니다.

✦ 석정수를 마시면 어떠한 질병도 두렵지 않다

석정수를 마시면 어떠한 질병도 두렵지 않다고 합니다. 현재에 알려져 있는 질병은 물론이고 앞으로 새로 발생할 어떠한 질병도 석정수를 마시면 다 나을 수 있다고 합니다. 최근에는 이전에 없던 슈퍼 괴질이 지구상의 인류를 공포에 떨게 하고 있습니다. 에이즈, 싸스(중증호흡기증후군), 푸젠A형 독감, 멜리오이도시스(類鼻疽,유비저), 변형된 조류독감 등이 인류를 위협하고 있는데 앞으로도 더 강한 괴질이 계속 발생할 것입니다. 아직 인류의 능력으로는 이러한 질병을 치료할 수 있는 의술이나 약이 개발되지 못하고 있습니다. 저항력이 약한 사람은 이러한 괴질에 무방비상태로 노출되어 죽어 갈 것입니다. 그러나 석정수를 알고 실행한 사람은 지구상에서 발생할 수 있는 어떠한 질병도 두려워할 필요가 없다고 격암유록에서 알려주고 있습니다. 그리고 이러한 괴질에 대처할 수 있는 방법도 오직 석정수밖에는 없다고 알려주고 있습니다. 그러므로 지구상의 인류를 구원할 마지막 방법은 바로 석정수를 제대로 알고 마시는 일입니다.

✤ 석정수는 천하의 모든 사람을 다 구할 수 있다

석정수는 먼 천하만국에 다 통하여 아무리 독악하고 사막과 같이 황량한 기운을 마신 자라도 죽지 않게 한다고 합니다. 그러므로 석정수는 지구상의 모든 인류를 구할 수 있다고 격암유록에서 예언하고 있습니다. 인류를 구원할 생명수가 바로 석정수인 것입니다.

❀ 아침에 일어나서 마시는 석정수의
효과가 가장 좋다

해가 산에서 돋을 때의 석정수는 모든 더러운 것과 마귀까지도 소멸시킨다고 합니다. 해가 산에서 돋을 때라는 뜻은 아침의 기상시간을 이르는 말입니다. 그러므로 아침에 일어나서 바로 마시는 석정수가 가장 효과가 좋다는 뜻입니다. 그동안 저의 경험으로 보아도 아침에 일어나서 제일 먼저 가는 곳이 화장실이며 이때 석정수를 받아서 마시는 것이 가장 효과가 좋았습니다. 사람은 수면을 취함으로써 몸과 마음이 원상태로 회복됩니다. 잠을 자는 동안에 각종 호르몬과 항체가 생성되어 혈액 속에 흐르게 됩니다. 이렇게 생성된 혈액이 신장을 통과하면서 더 한층 강한 능력을 얻게 되어 몸밖으로 나오는 것이 바로 석정수입니다.

❀ 석정수는 마귀도 소멸시킨다

격암유록에서 석정수는 마귀도 소멸시킨다고 예언하고 있습니다. 우리 주변에 정신적인 질환으로 고생하시는 분들도 많습니다. 요즈음은 빙의 현상으로 고통받는 분들도 많은 것으로 알려져 있습니다. 빙의 현상이란 죽은 사람의 영혼이 산 사람에게 들어와 겪게 되는 어려운 정신적인 질환이라고 합니다. 이런 경우 여러 가지 방법을 써보지만 쉽게 해결되지 않는 것 같습니다. 그러나 석정수는 귀신이나 마귀의 장난도 물리치고 소멸시킨다고 격암유록에서 예언하고 있습니다. 실제로 정신질환에도 석정수의 효과가 나타나고 있습니다. 귀신이나 마귀에 의해 고통받고 있다고 생각되시는 분들은 석정수를 적극 활용해보시기 바랍니다.

🌸 금수강산 우리나라에 한 사람이 나타나 석정수의 이로움을 알려주어 많은 사람을 살린다

금수강산 우리나라 사람이 석정수를 가장 많이 알게 될 것이며 석정수를 가장 많이 알게 될 우리나라 사람이 앞으로 발생할 슈퍼 괴질로부터 가장 많이 살아남게 되는 것은 당연한 결과가 될 것입니다. 격암유록에서도 금수강산 우리나라에 한 사람이 나타나 석정수의 이로움을 가르쳐주어 목마른 자들이 없도록 한다고 예언되어 있습니다. 저 자신도 이 귀절을 보고 매우 놀랐습니다. 이로써 저 자신은 많은 사람들에게 석정수가 무엇이며 그 이로움이 어떤 것인지를 알려주어야할 의무가 주어져 있다고 생각하게 되었습니다. 이러한 의무를 다하기 위해 구전에 의한 전파로는 한계가 있다고 판단되어 책을 통하여 보다 많은 사람들에게 알려주려고 합니다. 격암

유록에서 알려주고 있는 석정수가 사람의 소변이라는 사실을 밝혀
낸 사람도 비로소 제가 처음입니다. 그동안 많은 분들이 격암유록
을 연구하였고 시중에 많은 해설책자가 나와 있으나 모든 질병을
낫게 할 수 있다는 석정수가 무엇인지를 밝혀낸 사람은 아무도 없
었습니다. 막연하게 석정수가 도를 닦거나 수련을 하여야 나오는
생명수라는 정도로만 표현하고 있었습니다.

그러나 저는 20년째 저 자신의 소변을 마심으로써 완전한 건강을
유지하고 있으며 설령 질병이 발생한다 해도 자연히 낫게 되는 현
상을 수없이 경험해 왔습니다. 이러한 경험을 바탕으로 격암유록을
연구하고 분석하는 과정에서 석정(石井)이 사지내리(四肢內裏)에 있
다고 표현된 구절을 찾을 수 있었습니다. 사지(四肢)는 우리가 알고
있듯이 팔과 다리를 합하여 표현하는 것으로서 사람의 몸을 이르고
있는 것입니다. 내리(內裏)는 안 내(內)자와 가운데 리(裏)자를 나
타내고 있는 것입니다. 이 모두를 합쳐서 해석해 보니 사람 몸(사
지)의 안에서도 가운데에 석정이 있다고 알려주고 있다는 점을 간
파하였습니다. 바로 사람의 남녀 성기(性器)를 석정으로 나타내고
있다는 것을 알게 되었습니다.

이렇게 하여 격암유록에서 알려주고 있는 중요한 정보인 석정을
찾았다고 생각하고 석정에 대해 다른 구절들을 찾고 모아서 일관성
있게 구성한 뒤에 이 내용을 현실에 적용해 보니 바로 격암유록에
서 알려주고 있는 석정수의 효능이 그대로 나타나고 있음을 알게
되었습니다. 이런 확인과정을 거친 후에 병원이나 약국에서도 해결

할 수 없는 불치병이나 난치병 또는 희귀병을 앓고 있는 환자들에게 적용해보니 격암유록에서 알려주고 있는 대로 그런 병들이 낫게 됨을 확인하였습니다. 이에 저는 현대 의학이나 약으로 해결할 수 없어 고통받는 많은 사람들을 살려야 한다는 일념으로 이 내용을 전파하는 노력을 게을리하지 않고 있습니다. 이 책을 보시는 독자 여러분께서도 우리나라 최고의 예언서인 격암유록을 가볍게 보지 마시고 또한 여기에서 알려주고 있는 석정수와 그것의 효능도 가볍게 보지 마시고 알아보시기 바랍니다.

❀ 슈퍼괴질이 오고 있다. 오직 석정수만이 살아남을 수 있는 유일한 방법이다

최근에는 조류 독감이 유행하여 닭이나 오리 사육 농가에 극심한 피해를 주었습니다. 가축뿐만 아니라 각종 철새나 자연 속의 조류들도 속수무책으로 죽어갔습니다. 설상가상으로 이런 징조는 조류에서 그치지 않고 소에게서는 광우병, 브루셀라 등이, 돼지에게서는 콜레라 등 말할 수 없는 질병이 동물들에게 나타나 괴롭혔습니다. 또한 조류독감이 단순히 조류에게만 전염되는 것으로 그치지 않고 다른 가축과 심지어는 사람에게도 전염되는 등 질병 영역 혼란시대를 겪고 있습니다. 동물에게 창궐하고 있는 이런 괴질의 유행이 무엇을 말하고 있는지 유심히 살펴 보아야합니다. 바로 다음에는 우리 인간들에게 괴질이 번지게 될 것임을 앞서서 알려주고 있는 것입니다. 격암유록을 비롯하여 최근에 발행되고 있는 각종 예언 해설서를 보면 지구상에 슈퍼 괴질이 창궐할 것임을 알려주고 있습니다. 가까운 장래에 온 세상에 독한 질병이 유행하여 많은 사람이 죽어갈 것임을 예언하고 있습니다.

이때의 질병은 인류가 그동안 경험하지 못한 무서운 괴질이라고 합니다. 많은 사람들이 이때의 질병을 이기지 못하고 죽어갈 것이라고 예언하고 있습니다. 심지어는 병원의 의사나 약국의 약사가 몰려드는 환자들로부터 전염되어 먼저 죽어갈지도 모른다고 합니다. 이런 현상은 이미 싸스(SARS, 중증급성호흡기증후군)가 유행했을 때도 병원에서 치료하는 중에 의사나 간호사가 전염된 바 있듯이 충분히 짐작할 수 있는 일입니다. 특히 우리나라는 의학 분야에서 앞서있지 못하고 있어 다른 선진국에 비해 새로운 괴질에 대처할 능력이 부족한 실정입니다.

미래를 내다보는 의식 있는 의사나 한의사들이 앞으로 지구상의 항생제로는 잡을 수 없는 슈퍼바이러스가 난무하여 많은 사람이 죽어갈 것이라고 경고하고 있습니다. 이제는 바이러스를 이기는 백신도 중요하지만 인체 내의 자연 면역력을 강화시켜 질병을 이겨낼 수 있는 방법으로 인간들에 대한 건강관리 방법을 전환할 때라고 말하고 있습니다. 이런 점으로 보아 석정수 건강법이야말로 자연 면역력을 강화할 수 있는 가장 좋은 방법이라고 할 수 있습니다.

격암유록에서도 석정수를 마시는 자는 어떠한 괴질도 두려워할 필요가 없다고 알려주고 있습니다. 더욱이 앞으로의 괴질을 이길 수 있는 방법은 오직 석정수 외에는 찾을 길이 없다고 강조하고 있습니다. 실제로 많은 불치병·난치병·희귀병 환자에게 석정수의 이로움을 알려주어 마시게 하였더니 그 질병이 낫게 됨을 확인하였습니다. 부처님도 제자들에게 아플 때에는 부란약(자신의 소변)을 마시면 낫는다고 일러주셨으며, 힌두교 경전과 각종 종교의 경전에도 환자가 자신의 소변을 마시면 모든 질병이 낫는다고 알려주고 있습니다.

제3장
석정수를 연구하다
격암유록에 매료되다

석정수를 연구하다
격암유록에 매료되다

격암유록을 연구하는 사람은 많이 있으나 아직까지 석정수가 무엇인지를 밝힌 사람은 아무도 없습니다. 저는 석정수가 사람의 소변을 말하는 것이라고 처음으로 밝혔습니다. 그리고 과연 석정수가 소변을 이르는 것인지를 확인하기 위해 격암유록에서 알려주는 대로 모든 질병에 환자 자신의 소변을 마시게 해본 결과 신비하게도 많은 사람들에게서 불치병과 난치병, 희귀병 등이 완쾌되는 현상을 확인할 수 있었습니다. 이로써 저는 격암유록에서 알려주고 있는 석정수가 바로 사람의 소변을 말하고 있다는 확신을 갖게 되었습니다. 이를 계기로 격암유록에서 알려주고 있는 예언내용이 현재를 살고 있는 사람들에게 좋은 나침반이 될 것이라고 결론을 내리고 석정수 외에도 또 유익한 내용이 있는지를 찾아보기 시작했습니다.

격암유록의 전반석인 내용을 계속적으로 심도 있게 연구해본 결과 여기에는 말세의 질병과 환란에서 살아남아 영원히 살 수 있는 길이 있음을 알게 되었습니다. 현재를 살고 있는 우리 인류에게 앞으로 가야할 방향을 정확히 제시해 주고 있다는 판단이 들어 이제는 이 내용을 많은 사람들에게도 알려주는 것이 먼저 연구하여 알게 된 사람의 도리이며 의무라고 생각하게 되었습니다. 이에 다음에서는 제가 연구하고 현장을 찾아다니면서 확인한 격암유록의 내용을 설명해 드리고자 합니다.

제4장
지나간 격암유록의 예언내용을 알아본다

지나간 격암유록의 예언내용을 알아 본다

　　격암유록의 예언 내용이 어떻게 맞아왔는지를 검증해 보고 과연 이것을 믿고 말세에 살아남는 길을 찾는 것이 타당한지를 검토해 보기로 하겠습니다. (격암유록의 한문을 해석하는 데 있어서 강덕영 역과 신유승 역을 많이 참조하였음)

●● 三八歌 삼팔가

十線反八三八이요 兩戶亦是三八이며 無酒酒店三八이니 三字各八三八
십선반팔삼팔이요 양호역시삼팔이며 무주주점삼팔이니 삼자각팔삼팔
이라 一鮮成胎三八隔에 佐右相望寒心事요
이라 일선성태삼팔격에 좌우상망한심사요

해설 >>> 열십(十)자에 반(反)자에 팔(八)자를 더하니 8획의 판(板 ＝ 十＋反＋
八)자요, 양쪽으로 호(戶)자가 있으니 8획의 문(門 ＝ 戶＋戶)자이며,

주점(酒店)에서 술 주(酒)자가 없으면 점(店)자만 남으니 이 또한 8
획이라. 판문점(板門店)각 세 글자가 모두 8획이니 이를 삼팔이라 하
고 처음에 선(線)자가 있으니 이것과 합치면 삼팔선(三八線)이라 한
다. 한 핏줄로 이루어진 하나의 조선이 삼팔선이 가로막혀 좌니 우
니 하면서 서로 망할 짓을 하니 참으로 한심한 일이로구나.

太神世壬申乙巳運 百五而七四始末
태신세임신을사운 백오이칠사시말

해설 >>> 조선 태조(이성계)의 운수가 임신년(1392년)에 시작하여 을사년
(1905년, 을사보호조약으로 실질적인 주권이 끝남)까지 가는 운이나 이
태조에서 시작하여 5백여 년, 28대(7×4)에 가서 끝나네.

* 조선왕조의 임금은 27대에 끝났으나 대한민국 초대 이승만 대통령까지 이어진 것으로
보아 28대에 끝나는 것으로 봄

李朝之亡 何代 四七君王 李花更發 何之年 黃鼠之攝政也
이조지망 하대 사칠군왕 이화갱발 하지년 황서지섭정야

해설 >>> 이씨 조선은 어느 때에 망하는가? 28(4×7)대 군왕으로 마치네.
조선왕조의 운수가 다시 피어나는 해는 어느 해인가? 황서지년 즉
무자년(1948년)에 섭정을 하네.

••末運論 말운론

一國分列何年時 三鳥次鳴靑鷄之年也 又分何之年虎兎相爭 水火
일국분열하년시 삼조차명청계지년야 우분하지년호토상쟁 수화
相交時也 停戰何時 龍蛇相論黃羊用事之月
상교시야 정전하시 용사상론황양용사지월

해설 >>> 하나의 조선이 분열되는 때는 어느 해인가? 세 마리 새가 우는 청계
지년(을유년, 1945년)이네. 또 분열되는 해는 언제인가? 호랑이 띠
해(경인년,1950년)와 토끼띠 해(신묘년, 1951년)이네. 남북(수화는 남
과 북을 이름)이 서로 싸워 분열되네. 정전은 언제인가? 용띠 해(임진
년, 1952년)와 뱀띠 해(계사년, 1953년)에 황양(己未, 기미)월 이네.

••歌辭總論 가사총론

黑龍壬辰初運으로 松松之生마쳤으며 赤鼠丙子中運으로 家家之生
흑룡임진초운으로 송송지생마쳤으며 적서병자중운으로 가가지생
마쳐있고 玄兎癸卯末運으로 弓弓之生전했다네.
마쳐있고 현토계묘말운으로 궁궁지생전했다네.

해설 >>> 흑룡인 임진년의 임진왜란은 처음의 운수로 수나무 아래에 머문 자
가 살았고, 적서인 병자년의 병자호란은 중간의 운수로 집 아래에

머문 자가 살았고, 현토 계묘년(2023년)의 말운에는 궁궁의 도(道)
아래에 머문 자가 살수 있다고 전했네.

* 임진왜란 때 명나라 지원군으로 이여송(李如松)이 왔던 것에 비추어 그의 이름에 소나
  무 송(松)자가 있었으므로 소나무 아래에서 살수 있다고 한 것으로 해석됨
* 병자호란 때에는 밖에 나간 사람은 추워서 죽고 집에 있는 사람은 살았음
* 궁궁(弓弓)의 길은 말세에 소울음소리나는 무리들이 따르는 길임

•• 末初歌 말초가

隆四七月李花落 白狗身 蟬鳴時오 尺山度地三角天에 分州合郡
융사칠월이화락 백구신 선명시오 척산도지삼각천에 분주합군
處處로다
처처로다

해설 >>> 융희(순종황제 연호) 4년 7월(음력)에 조선의 이씨 왕조가 몰락하네.
　　　　백구(白狗)년인 경술년(庚戌年, 1910년)에 매미가 우는 때이네. 산과
　　　　땅과 하늘을 삼각자로 재고 척도를 재서 곳곳에서 주(州)를 나누고
　　　　군(郡)을 합하여 행정구역을 정하네(왜인들이).

•• 末初歌 말초가

頹敗倫常하고보니 舊學撤蔽新樹立
퇴패윤상하고보니 구학철폐신수립

해설 >>> 오륜(五倫)과 오상(五常)이 쇠퇴하며, 구학문이 철폐되고 신학문이
　　　　수립되네.

無面相語萬國語는 金絲千里人言來요 東北千里鐵馬行은 三層畵閣
무면상어만국어는 금사천리인언래요 동북천리철마행은 삼층화각
人坐去라 空中行船風雲睫은 赤旗如雨白鶴飛라
인좌거라 공중행선풍운첩은 적기여우백학비라

해설 >>> 얼굴을 맞대지 않고 만국어(萬國語)를 말하니 쇠로 된 실을 따라 천
리 길도 사람의 말이 오네(전화를 말함). 동북으로 천리를 달리는 철
마는 3층의 그림 같은 누각에 사람이 앉아서 가네(기차를 말함). 공
중으로 날아다니는 배가 바람과 구름을 뚫고 눈 깜짝할 사이에 지나
가는 모습이 붉은 깃발을 달고 비와 같이 백학 같이 나르네(비행기를
말함).

淸溪一聲反田落이 委人歸根落望故로 兩人相對河橋泣에 牽牛
청계일성반전락이 위인귀근낙망고로 양인상대하교읍에 견우
織女相別일세 女人戴禾猴兎歸로 六六運去乾坤定에 乙矢구나
직녀상별일세 여인대화후토귀로 육육운거건곤정에 을시구나
槿花江山留支함이 天運일세 朝鮮民族生日로서 天呼萬歲處處起세
근화강산유지함이 천운일세 조선민족생일로서 천호만세처처기세
正當之事人道연만 人人相伴暗殺陰謀 上下反覆不法盛에 足反居上
정당지사인도연만 인인상반암살옴모 상하빈복불법성에 족반거싱

69

非運으로 智將勇退登畔閣에 副不謀身沒貨泉을 當世欲知生話計댄
비운으로 지장용퇴등반각에 부불모신몰화천을 당세욕지생화계댄
速圖二十八分前을 白虎三望世混沌에 三月三時何知人고 八金山下
속도이십팔분전을 백호삼망세혼돈에 삼월삼시하지인고 팔금산하
安心地는 虎患不犯傳했다네
안심지는 호환불범전했다네

해설 >>> 푸른 닭이 우는 을유년(1945년)에 왜(倭=委+人)놈이 패망하여 자기 근거(나라)로 돌아가네. (우리 민족은) 견우와 직녀가 오작교를 사이에 두고 이별하듯 (남북으로) 갈라지네. 왜(倭=女+人+禾)인들이 을유년(1945년) 음력 7월(원숭이 달, 갑신월) 7일(토끼 날, 을묘일)에 돌아가니 삼십육(6×6=36)년간 통치하는 운이 지나감은 천지가 정함이네. 좋고 좋구나. 무궁화 강산을 유지함이 하늘의 운이네. 조선 민족의 생일로 하늘을 향해 곳곳에서 만세를 부르며 일어나네. 정당한 일이 사람의 도리이건만 사람들이 서로 서로 짝하여 암살음모를 벌이네. 상하가 뒤집어지는 불법이 성행하여 발이 위로 올라가 있는 슬픈 운수이네. 슬기로운 장군은 용감하게 물러나 호수에 있는 정자에 오르네. 부자는 몸을 도모하지 않음으로 재물의 샘에 빠져 몰락하네. 당세에(해방을 맞이하여) 살아남고 말을 자유롭게 할 수 있는 계책을 알려면 속히 위도 이십 팔도로 나뉘어지기 전에(삼팔선이 생기기 전에) 도모하여야(남쪽으로 내려와야)한다. 백호인 경인년(1950년)에 세상이 혼돈스러울 때 3번을 멀리 내다보니 세 달에 걸쳐 세 번의 때가 있는데 이것을 아는 사람이 누구인고. 부산(釜山=八+金+山)이 안심지이며, 중공이 전쟁에 참여하는 환란(호환)에도 이곳은 범하지 못한다고 전했네.

白狗六六靑鷄喜聲, 靑鷄一聲喜消息에 南渡困龍無政治事 新增
백구육육청계희성, 청계일성희소식에 남도곤룡무정치사 신증
李氏十二年에 流水聲中人何生가
이씨십이년에 유수성중인하생가

해설 >>> 백구년인 경술년(1910년)부터 36년만인 청계년 즉 을유년(1945년)
에 기쁜 소리를 듣게 되네 (해방소식을 이름).
청계년인 을유년(1945년)에 해방의 기쁜 소식이 들리네. 피곤한 용
이 남쪽으로 건너오고, 무정부시대가 전개되네. 새로 이씨(이승만)가
12년간 흐르는 물소리(시끄러운 물소리)중에 있으니 사람들이 어떻게
살아간단 말인가.

老鼠爭龍木子退로 隱然自出牛尾入을 張趙二姓自中亂에
노서쟁룡목자퇴로 은연자출우미입을 장조이성자중란에
庚辰辛巳傳했으니
경진신사전했으니

해설 >>> 늙은 쥐의 해인 경자년(1960년) 용의 달(庚辰月, 경진월)에 이씨(李＝
木＋子)가 물러나고(1960년 4.19로 인하여), 은연중에 스스로 나온
소의 축(丑)자에 꼬리가 있으면 윤(尹)자가 되니 윤씨(윤보선)가 들어
서네. 장씨(장면)와 조씨(조병옥) 두 성씨가 자중지란을 경진년 신사
월(1960년 음력 5월)에 겪게 될 것을 전했네.

慶全蹶起先發되어 馬山風雨自南來로 熊澤魚龍從此去 坊坊曲曲
경전궐기선발되어 마산풍우자남래로 웅택어룡종차거 방방곡곡
이요 是是非非足是非라 合해보세 天干地支 四九子丑아니던가
이요 시시비비족시비라 합해보세 천간지지 사구자축아니던가
四九辰巳革新으로 三軍烽火城遇賊을 軍政錯難중 口鉗制 口是
사구진사혁신으로 삼군봉화성우적을 군정착란중 구겸제 구시
禍門滅身斧
화문멸신부

해설 >>> 경상도와 전라도에서 먼저 궐기가 일어나 마산에서 폭발하여 남쪽
으로부터 올라와 전국방방곡곡으로 퍼져가며 옳고 그름을 논하네.
합해보세. 천간과 지지로 경자년(1960년)의 4월 혁명과 신축년
(1961년)의 5월 혁명이 아니던가? 삼군이 봉화를 올려 성안의 어리
석은 무리를 물리치네. 군정이 잘못하는 일이 있더라도 입을 자물쇠
로 채운 듯이 말하지 마소. 입은 화를 부르는 문이며, 몸을 망치는
도끼네.

革命再建朴 漢水灘露三處朴 森林出世天數朴 三處朴運 誰可知
혁명재건박 한수탄로삼처박 삼림출세천수박 삼처박운 수가지
朴僉知三代에 紅頭巾
박첨지삼대에 홍두건

木人飛去后待人 山鳥飛來后待人
목인비거후대인 산조비래후대인

해설 >>> 혁명을 하여 다시 재건하는 박(박정희)이네. 한강수 여울턱에 이슬이 되겠는데 세 번(삼대)만에 처치되는 박(박정희)이로구나. 삼림(시골)에서 출세한 천수(天數)를 타고난 박(박정희)이네. 세 번(삼대)만에 처치될 박(박정희)의 운수를 누가 가히 알았으리요.
박(박정희) 첨지(무관의 정삼품 벼슬 = 육군소장)가 삼대(1961~1979년 까지 삼대에 걸쳐 대통령 역임)만에 머리에(총상을 입고) 붉은 두건을 감게 되었구나.
박(朴=木+人)씨(박정희)가 죽어서 날아가고(비거), 후에 기다리는 사람은 최(崔 = 山+隹)씨(최규하)가 날아온다.

* 새조(鳥)자는 새추(隹)자로 바꿀 수 있음

東西末世 豫言書 神人豫言 世不覺
동서말세 예언서 신인예언 세불각

해설 >>> 동서양의 말세에 대한 예언서는 신인(신 같은 사람)이 전해준 예언의 말씀임을 세상 사람들이 깨닫지 못하네.

* 동서양의 예언서인 성서나 격암유록, 불경 등을 알려준 주체가 모두 같음을 강조하고 있음

격암유록은 실재했던 예언서이며 지나간 예언내용이 모두 맞았다

격암유록이 기록된 것은 450여 년 전이며, 필사본은 해방 1년 전인 1944년도에 기록된 것으로 확인되고 있습니다. 현재 시중에 있는 대부분의 격암유록 해설 책자는 필사본에 기초하여 작성한 것입니다. 국립중앙도서관의 기록에 의하여 격암유록이 1944년도에 필사되었으며, 1977년 6월에 고서로 등록되어 보관되고 있음을 확인했습니다. 그렇다면 1977년 6월 이전에 지나간 역사적 사실은 위작될 수도 있다는 의구심을 갖지 않을 수 없었습니다. 위에 예시한 내용 중에는 1977년 이후의 사실도 언급되어 있습니다. 이로써 그 내용 전체가 위작되지는 않았다고 생각하게 되었습니다. 여기에 더하여 격암유록(格菴遺錄)이 과연 역사적으로 존재했던 예언서인지를 확인해 보기 위해 과거의 문헌들을 찾아보았습니다. 반계(磻溪) 유형원(柳馨遠, 1622~1673) 선생의 말씀을 그 아드님이 받아 기록해 놓았다는 초창결(蕉蒼訣)에서는 진경(眞經)에 대하여 언급하면서 그 진경은 격암유록(格菴遺錄)과 마상록(馬上錄)에 자세히 기록되어있다고 하고 있습니다. 마상록(馬上錄) 또한 격암 남사고(南師古, 1509~1571, 중종4~선조4)선생이 지은 것입니다. 예로부터 전해오는 말에는 격암유록(格菴遺錄)을 보았으면 마상록(馬上錄)과 홍세지(洪細志)를 보라는 말이 있습니다. 이러한 기록과 전해오는 말들을 종합해 보면 격암유록(格菴遺錄)은 실재했던 역사적인 예언서임에는 틀림없음을 알 수 있습니다. 격암유록 외에도 그 후에 나온 우리 나라 다른 예언서(토정가결, 채지가, 궁을도가, 동학가사, 동경대전, 대순전경, 증산도도전)의 내용도 격암유록에서 알려주고자 하는 내용과 일치하는 부분이 많은 것으로 보아 격암유록의 내용 중 일정 부분은 신뢰할 수 있다고 판단했습니다.

問眞經 何昭載乎 曰格庵遺錄也
문진경 하소재호 왈격암유록야

해설 >>> 진경이 어디에 실려있는지를 물어보니 가로되 격암유록에 있다고 한다.

다만 일제 때 원본은 불대워졌고 지금 우리들이 볼 수 있는 것은 필사본에 기초한 해설서가 대부분입니다. 필사본의 일정부분은 후세 사람들에 의해 위작되거나 가필될 수는 있었을 것으로 보입니다. 그러나 그 저변에 흐르는 메시지의 본질은 훼손되지 않은 것으로 판단됩니다. 그러므로 격암유록을 근거로 지나간 역사적 사실이 맞았는지를 알아보고, 이것을 기초로 격암유록 전체를 통해 알려주고 있는 바를 찾아보는 것은 유익한 일이 될 것입니다. 위에 예시한 예언들은 지금까지 다 맞은 내용들입니다. 물론 이들 맞은 내용 중에는 상당 부분이 후세 사람들에 의해 위작되거나 가필된 부분도 많이 있을 것으로 보입니다. 위에 예시한 내용 이후의 예언 내용도 계속 진행되고 있는 것으로 보입니다. 다만 예언이란 그 사건이 지나간 연후에 비로소 풀리는 특성 때문에 알 수 없는 구절을 올릴 수 없어 여기에서는 이 정도 예시하는 것으로 만족하고자 합니다. 지나간 예언 내용의 적중성을 감안하여 다음에 전개되는 예언에 대한 신뢰감을 가늠할 수 있을 것입니다.

격암유록에서는 동서양을 막론하고 이런 말세의 예언은 신인(신 같은 사람)이 전해준 예언의 말씀임을 세상 사람들이 깨닫지 못한다고 알려주고 있습니다. 그 내용 자체를 인간이 임의로 쓴 것이 아니라는 사실을 강조하고 있습니다. 격암유록에 예언된 내용의 전반적인 흐름을 보면 처음 써진 때부터 2001년까지는 세상에서 일어날 일들과 환란 등에 대해서 다루고, 2002년부터는 마지막 말세에 진입하는 시기로 보고 이때부터는 세상에서 일어나는 일은 주로 전쟁이나 괴질병 등에 대해 다루고 그 다음은 말세에 대처할 방법 위주로 진행되고 있다는 점을 느낄 수 있었습니다. 그러므로 지금부터는 단순히 세상에 일어나는 현상보다는 말세에 대처할 방법을 찾는 방향으로 격암유록을 접해야 할 것으로 판단됩니다.

❖ 시중의 격암유록 해설서의 진실도는 70% 수준이다

시중에 있는 격암유록 해설서를 종합해 보니 대부분이 국립중앙도서관에 소장된 필사본의 원문을 인용하고 있었습니다. 필사본의 원문 내용을 종합해 보면 특정 종교와 관련된 내용이 많이 있다는 것을 알 수 있었습니다. 특히 예전의 박태선 장로가 이끌었던 신앙촌과 관련된 부분이 많다는 것을 격암유록을 연구하는 사람이라면 바로 느낄 수 있을 것입니다. 본래의 원본을 위작하고 가필하여 이루어진 것이 현재의 격암유록 필사본이라는 사실을 알 수 있었습니다.

그렇다면 현재의 격암유록 필사본 전체가 가짜는 아닌지를 의심하지 않을 수 없었습니다. 최근에 발행된 『격암유록은 가짜 …』라는 책을 보니 국립중앙도서관에 소장된 격암유록 필사본 전체가 가짜라고 논거를 들어 설명하고 있었습니다. 물론 현재의 격암유록 필사본의 내용 중 위작되고 가필된 부분이 많은 것으로 보아 충분히 그런 반박을 할 수 있다고 생각했습니다.

이럴 때 저는 오링테스트에 의해 진실여부를 판단해 보고 있습니다. 오링테스트에 의한 판단이 옳은지를 현재의 과학으로는 설명할 수 없지만 그것을 실행하여 얻은 결과는 지금까지 해온 경험에 의하여 믿을 수 있다고 자신하고 있는 터이라 실행해 보기로 하였습니다. 오링테스트에 의한 진실지수를 테스트 해보았습니다. 오링테스트의 대가인 분을 만나 과연 시중에 있는 격암유록 해설서의 진실지수가 얼마인지를 확인해보았습니다. 결과는 최고의 진실지수가 700 정도 밖에는 나오지 않았습니다. 격암유록 필사본 원문에 대한 진실지수도 700 정도에서 그치는 것을 확인할 수 있었습니다. 진실지수의 만점은 1,000이 상한선입니다. 이렇게 볼 때 현재 격암유록 필사본의 원문은 최고 70% 정도만이 진실되고 나머지 30%정도는 위작되고 가필되었을 것으로 생각하게 되었습니다.

이런 과정을 거치면서 저는 현재의 필사본 원문 중에 가필되거나 위작되지 않은 부분만을 추출하여야겠다는 생각을 굳히게 되었습니다. 이렇게 생각을 굳혔으나 막상 위작되고 가필된 부분을 어떻게 찾을 것인가를 고민하고 연구해 보았습니다. 먼저 위작이나 가필의 주역으로 판단되는 박태선 장로의 신앙촌과 관련된 부분은 제외하고 각종 격암유록 해설서에서 해설하지 못한 난해한 단어와 각종 종교에서 아전인수식으로 해석하고 있다고 생각되는 단어들을 발췌하는 작업을 먼저 하기로 하였습니다.

이렇게 하여 발췌한 단어가 소울음소리〔牛鳴聲, 우명성〕, 부금냉금종금(浮金冷金從金), 신비기(神飛機), 궁을도(弓乙圖), 궁궁을을전전(弓弓乙乙田田), 엄택곡부(奄宅曲埠), 갑을각(甲乙閣), 아리령(亞理嶺), 삼풍(三豊), 삼신산(三神山), 양백(兩白), 양산(兩山), 십승(十勝), 수승화강(水乘化降), 사답칠두(寺畓七斗), 낙반사유(落盤四乳), 금구조(金鳩鳥) 등이었습니다. 이렇게 발췌한 용어가 들어간 구절만을 추출하는 작업을 바로 하였습니다. 그런 연후에 이런 구절들이 이루어지는 곳이 어디인가를 찾아보기로 하였습니다. 특히 이때 이런 구절을 자기들의 종교에 적용하여 해설하지 않으면서 일치하는 곳이 있는지에 초점을 맞춰 찾아보기로 하였습니다. 우리나라에서 자생했거나 발생한 신흥 종교의 대부분이 격암유록을 자기들의 종교에 아전인수식으로 적용하고 있는 것을 많이 보아왔기 때문입니다. 또한 격암유록 자체를 자기들의 종교에 전혀 적용하지도 않고, 격암유록이 세상에 존재하는지도 모르고 알려고 하지도 않으면서 추출한 문구에 일치하는 곳이 있는지에 최대 초점을 맞춰 찾아보기로 하였습니다. 저 역시 처음부터 난해한 단어와 관련된 구절에 대한 해석을 먼저 할 수는 없었기에 이들 구절에 맞는 곳이 있는지를 찾아가면서 해석할 수밖에 없었습니다.

✿ 예언이 이루어지는 이치

여기에서 예언이 그대로 이루어지는 이치를 한번 생각해 보고자 합니다. 우주 삼라만상은 시작도 없고 끝도 없는 무한성이 있습니다. 공간적으로나 시간적으로 우주는 시작도 없고 끝도 없는 무한으로 이루어져 있습니다. 무한한 우주 속에서 지금의 지구와 같은 경우의 수는 무수히 많았을 것으로 가정해 봅니다. 지구와 같은 과정을 겪은 행성도 무수히 많았으리라고 상상해 봅니다. 이렇듯 지구와 비슷한 경우의 행성 역사를 우성인(지구상의 현생인류를 지은이)들은 잘 알고 있을지도 모릅니다. 이들은 태초에 이미 영원히 사는 경지에 도달했을 정도의 과학수준에 있으므로 다른 행성의 역사나 지구의 역사를 이미 다 알고 있을 수도 있습니다. 또한 이들은 텔레파시라는 작용을 통하여 지구인들의 사고와 행동을 조절하거나 이끌 수도 있을 것입니다.

이러한 능력이 있는 이들이 앞으로 이루어질 경우의 수를 미리 앞서서 예언이라는 형식을 통하여 지구인들에게 알려주었고 지나가는 과정 과정을 관찰하고 예언대로 진행되도록 조절할 수 있는 능력도 갖추고 있을 것으로 보입니다. 이렇게 되면 예언이라는 것이 성취되는 일도 이들에게는 그렇게 어려운 일이 아닐 것입니다. 예언이 결코 절대적인 신에 의하여 인간들에게 알려진 것만은 아니라고 생각합니다. 예언 역시 고도로 발달한 과학과 영원한 생명을 누리는 방법을 이미 터득한 외계의 지적생명체에 의하여 지구상의 인간들에게 전해졌을 것이라고 가정해 봅니다.

제5장
말운에 살아남아
이 땅위에서 과학적으로
영원히 살 수 있는 길을 찾아가라

말운에 살아남아
이 땅위에서 과학적으로
영원히 살 수 있는 길을 찾아가라

여기에서는 어느 종파를 지칭하는지를 찾는 지엽적인 면보다는 격암유록 전체를 통하여 현재를 살고 있는 우리들에게 알려주고자 하는 것이 무엇인지에 초점을 맞추고 연구해 보았습니다.

그것은 바로 "말세에 살아남아 지상선경의 천년왕국에서 살게 되는 소수의 무리를 찾아라"라는 말로 요약될 수 있었습니다. 이러한 내용은 비단 격암유록에만 언급되어있는 것이 아니었습니다. 성경(聖經)에서는 마지막 메시아에 이어 예수의 재림과 새 하늘과 새 땅의 지상 천년왕국을 이야기하고 있고, 불경(佛經)에서는 부처 이후 3천 년 만에 내려오는 미륵불(彌勒佛)의 출세와 지상의 불국정토(佛國淨土)인 용화세계(龍華世界)를 말하고 있었습니다. 우리나라의 다른 비결서에서도 정도령의 출현과 계룡산의 천년왕국을 이야기하고 있었습니다.

이와 같이 동서양의 예언서가 모두 하나 같이 진인(眞人)의 출현을 고대하고 있다는 점에서 일맥상통하고 있다는 것을 확인하였습니다. 이렇듯 격암유록에서 알려주고자 하는 메시지가 결코 동서양의 다른 예언서에서 알려주고자 하는 바와 다르지 않다는 것을 알 수 있었습니다. 동서양의 예언서 모두가 그것을 알려준 주체와 알려주고자 하는 메시지가 동일하다는 점을 다시 한 번 재인식할 필요가 있습니다. 이런 점에서 격암유록이 어느 일개인이나 단체에 의하여 전체적으로 위작되거나 가필된 것이 아니라는 점과 알려주고자 하는 메시지가 다른 예언서와 동떨어지게 유난히 허황된 내용을 다루고 있지 않다는 점을 깨달아야할 때입니다.

대부분의 사람들이 서양의 예언서인 성경은 신뢰하면서 그것과 같은 메시지를 알려주고 있는 격암유록은 무조건 불신하고 알아보려 하지도 않는 자세는 옳지 않다고 봅니다. 오히려 같은 내용을 다루고 있으면서 연대로 보면 성경이 기록된 때 보다 1,500년 이상이나 지난 뒤에 격암유록이 기록되었다는 점을 간과해서는 안 될 것입니다. 성경보다 현대에 더 가까운 시기에 기록되었다는 점과 성경과 격암유록을 쓰도록 알려준 주체가 다 같은 신인(신처럼 생긴 사람)이라는 점을 다시 한 번 인식할 필요가 있습니다. 이런 관점에서 지금은 격암유록(위작되고 가필된 부분은 제외하고)에서 순수하게 알려 주고자 하는 바를 믿고 이 속에서 진리를 찾는다 해도 궁극적으로 그 길은 모두 하나로 통하게 된다는 것을 깨달을 때입니다.

저는 이런 생각의 과정을 겪으면서 격암유록에 대한 신뢰의 기초가 확립되었습니다. 격암유록에 대한 신뢰의 기초가 확립된 연후에 저는 격암유록에서 알려주고 있는 '말세에 살아남아 지상선경의 천년왕국에서 살게 되는 소수의 무리'를 어떻게 찾을 수 있을 것인가에 대해 생각해 보았고, 또한 이들 소수의 무리를 찾아 따르는 것이 과연 가치 있는 일인지에 대해 고민하고 연구하고 현장에 찾아다니면서 확인 작업을 하였습니다. 다음에서는 격암유록 전체를 통하여 진정한 성인에 대해 알려주고 있는 원문의 내용을 발췌하여 올리고 진인(진정한 성인)을 찾는 방법을 터득하여 현실적으로 찾은 내용을 설명하는 방식으로 전개해 나가도록 하겠습니다.

엄마 엄마하는 소울음소리나는 곳을 찾아가라

· · 南師古秘訣 남사고비결

如狂如醉牛鳴聲 世人不知嘲笑時 專無天心何處生 牛鳴十勝尋吉地
여광여취우명성 세인부지조소시 전무천심하처생 우명십승심길지

해설 >>> 미친 듯이 술에 취한 듯한 소울음소리가 나네, 세상 사람들이 알지 못하고 조롱하고 비웃는 때 천심에 전념하지 않고 어느 곳에서 살겠는가. 소울음소리가 나는 십승을 찾아야 그곳이 복된 땅이네.

•• 世論視 세론시

嗟我後生 勿離此間 弓弓之間 天香得水 三神山下 牛鳴地 牛聲浪藉
차아후생 물리차간 궁궁지간 천향득수 삼신산하 우명지 우성낭자
始出天民 人皆成就 弓弓矢口 入於極樂 乙乙矢口 無文道通
시출천민 인개성취 궁궁시구 입어극락 을을시구 무문도통

해설 >>> 나의 후생들에 대해 탄식한다. 궁궁사이를 떠나지 마라 하늘의 향기
와 물을 얻을 수 있는 곳은 삼신산 아래 소울음소리가 낭자하게 나
는 곳이네, 처음으로 하늘의 사람이 나오는 곳이며, 사람마다 소원
을 이루는 곳이네. 궁궁의 이치를 알면 극락에 들어가고, 을을의 이
치를 알면 글 없이 도를 통할 수 있네.

* 삼신산은 소울음소리나는 무리들의 무한을 상징하는 문양(궁을도,弓乙圖)에 있는 삼각
  형 형태를 이르는 것으로 해석됨
* 궁을도(弓乙圖)는 뒤에서 다시 설명됨

•• 聖山尋路 성산심로

弓弓勝地 求民方舟 牛性在野 非山非野 牛鳴聲 無文道通咏歌舞
궁궁승지 구민방주 우성재야 비산비야 우명성 무문도통영가무

해설 >>> 궁궁 십승지에서 사람을 구해내는 방주의 주인공인 우성(현생 인류
를 지은이)이 산도 들도 아닌 소울음소리가 나는 들에 있네, 학문으
로 배우지 않고 도를 통하고 기쁜 마음으로 노래하고 춤추네.

* 소울음소리나는 무리들은 특별히 공부하거나 배울 필요 없이 깨어 있는 의식을 갖고 기
  쁜 마음으로 노래하고 춤추는 것을 생활로 하고 있음

•• 石井水 석정수

牛性在野牛鳴聲 人生秋收審判日 海印役事 能不無
우성재야우명성 인생추수심판일 해인역사 능불무

해설 >>> 우성(현생인류를 지은이)이 소울음소리가 나는 들에 있네, 인생을 추
        수하는 심판일에 해인으로 역사하니 능치 못함이 없네.

•• 生初之樂 생초지락

面面村村牛鳴聲 道道郡郡 萬年風
면면촌촌우명성 도도군군 만년풍

해설 >>> 각 면과 마을마다 소울음소리가 들리고 각 도와 군마다 무궁한 바람
        이 부네

* 증산도 도전에는 소울음소리나는 주문을 후천 오만 년 동안 마을마다 동리마다 계속하
여 읊게 될 것임을 증산 상제께서 예언한 내용이 있음

•• 隱秘歌 은비가

聖神降臨金鳩鳥 東方甲乙三八木 木兎再生保惠師 奄宅曲阜牛性野
성신강림금구조 동방갑을삼팔목 목토재생보혜사 엄택곡부우성야
多人往來牛鳴地
다인왕래우명지

해설 >>> 성신이 쇠로된 비둘기 같은 새로 내려와 동방 우리나라 삼팔선(비무
장지대 일대)에 임하여, 동방의 달(또는 다른 별)사람인 보혜사 성신으
로 재생하여 내려오네, 갑자기 굽은 언덕 위에 지어진 집(엄택곡부)
이 우성인(현생인류를 지은이)이 있는 들에 있네, 많은 사람들이 왕래
하는 곳으로 소울음소리가 들리는 땅이네.

* 동방갑을삼팔목 : 동방은 천간(天干)으로 갑을(甲乙)이고, 수자로는 3과 8이며, 오행(五
  行)으로는 목(木)임
* 목(木)은 동방을 의미
* 토(兎)는 달이나 다른 별을 의미하기도 함
* 엄택곡부(奄宅曲埠) : 갑자기 엄(奄), 집 택(宅), 굽을 곡(曲), 언덕 부(埠)
  엄택곡부란 갑자기 굽은 언덕 위에 세워지는 집이라는 뜻임

•• 弄弓歌 농궁가

聖山聖地牛鳴地　萬世不變安心處
성산성지우명지 만세불변안심처

해설 >>> 성스러운 산과 성스러운 땅은 소울음소리가 울려 퍼지는 곳이네 영
원토록 변치 않고 안심할 수 있는 곳이네.

•• 歌辭謠 가사요

上帝道德降仙人　至氣今至願爲大降　西氣東來牛鳴聲
상제도덕강선인 지기금지원위대강 서기동래우명성

해설 >>> 하늘의 상제가 도덕을 가지고 신선인 사람으로 내려오네, 지극한 기
운이 오늘에 이르러 원하는 것을 크게 베풀어 내려주어 서방의 기운

이 동방의 소울음소리나는 곳으로 오네.

*서기동래(西氣東來) : 서양의 기운이 동양으로 왔다는 뜻으로 소울음소리나는 무리의 시
작은 서양에서 시작되어 일본과 우리나라 등 동양에 유입되었음

·· 七斗歌 칠두가

天牛耕田 밧을 갈아 永生之穀 심어놋코 牛鳴聲中除耨하야 甘露
천우경전 밧을 갈아 영생지곡 심어놋코 우명성중제누하야 감로
如雨 呼吸時에 日就月長自長下
여우 호흡시에 일취월장자장하

해설 >>> 하늘의 소(우성인)가 밭을 갈아 영원히 사는 곡식을 심어놓고 소울
음소리가 들리는 가운데 김을 매어 비와 같이 내리는 감미로운 이슬
로 호흡할 때에 나날이 스스로 자라나네.

*소울음소리나는 무리들이 소울음소리의 발성명상을 할 때에는 심호흡(深呼吸)이 같이
이루어지고 있음

·· 格菴歌辭 격암가사

春情에 잠을 들어 一夢을 깨들이니 牛鳴聲이 浪藉로다
춘정에 잠을 들어 일몽을 깨들이니 우명성이 낭자로다

해설 >>> 봄빛에 따스함에 잠이 들었다가 한 꿈을 깨고 나니 소울음소리가
요란하네.

槿花朝鮮名勝地에 天神加護異蹟으로 牛聲在野엄마聲中
근화조선명승지에 천신가호이적으로 우성재야엄마성중

해설 >>> 무궁화 꽃이 피는 조선 명승지에 천신이 보호하는 이적이 나타나서
소울음소리인 엄마하는 소리가 들에 울려 퍼지네.

* 소울음소리나는 무리들이 소울음소리의 발성명상 시에 엄마 엄마 하는 소리로 들림

牛性在野十勝處엔 牛鳴聲이 浪藉로다
우성재야십승처엔 우명성이 낭자로다

해설 >>> 우성인(현생인류를 지은이)이 거하는 들판의 십승처엔 소울음소리가
낭자로다.

* 소울음소리나는 무리들의 무한의 상징(궁을도,弓乙圖)에는 열십(十)자가 들어 있어 이
를 일러 격암유록에서는 십승(十勝)으로 표현하고 있는 것으로 해석됨

三年之凶二年之疾 流行瘟疫萬國時에 吐瀉之病喘息之疾 黑死枯血
삼년지흉이년지질 유행온역만국시에 토사지병천식지질 흑사고혈

無名天疾 朝生暮死十戶餘一 山嵐海瘴萬人多死 大方局手 할길업서
무명천질 조생모사십호여일 산람해장만인다사 대방국수 할길업서
五運六氣虛事되니 無名惡疾免할소냐 當服奄麻常誦呪로 萬怪皆消
오운육기허사되니 무명악질면할소냐 당복엄마상송주로 만괴개소
海印일세
해인일세

해설 >>> 3년의 흉년, 2년의 괴질이 만국에 유행할 때 토하고, 설사하고, 천
식하고, 피가 말라 몸이 검게 되는 이름 없는 하늘이 내린 질병으로
죽게 되네, 아침에 살았으나 저녁에 죽게 되니 열 집에 한 집이 남을
정도네. 산과 바다의 독한 기운에 의해 많은 사람이 죽게 되니 어떠
한 묘방으로도 대응할 수 없고, 오운육기가 허사되니 이름 없는 괴
질을 면할 수 없네, 마땅히 엄마 엄마(소울음소리)소리를 따라(복종하
여) 계속해서 주문을 외우는 것이 모든 괴이한 질병을 다 씻어 버리
는 해인(海印)일세

* 최근 세계보건기구(WHO)의 발표에 따르면 앞으로 몇 년 안에 또는 이르면 1, 2년 사
이에 강력한 전염성을 지닌 치명적인 독감바이러스가 전 세계를 강타하여 6개월 내에
10어 명 이상이 사망할 수 있다고 경고하는 등 권위 있는 과학자들도 현재 지구상의 백
신으로 감당할 수 없는 질병이 창궐할 것을 예상하고 있음
* 소울음소리 발성명상을 반복적으로 계속하게 되면 정신이 맑아지고 병도 낫게 되는 현
상이 나타나고 있음, 또한 이때가 되면 소울음소리나는 무리들이 괴질에 대처할 방법을
알려줄 것으로 예상되므로 소울음소리나는 곳을 찾아들어야 살 수 있을 것으로 해석됨

預曰皆聖出名將에 誰知烏之雌雄으로 千鷄中有一鳳에 어느 聖이
예왈개성출명장에 수지오지자웅으로 천계중유일봉에 어느 성이
眞聖인고 眞聖一人 알랴거든 牛聲入中차자들소 陷之死地嘲笑중
진성인고 진성일인 알랴거든 우성입중차자들소 함지사지조소중
에 是非만흔 眞人일세
에 시비만흔 진인일세

해설 >>> 예언서에 말한 거룩한 성인이 각자 자신이라고 떠들면서 나서니 누
가 까마귀의 자웅을 가릴 수 있겠는가, 천 마리의 닭 가운데 한 마리
의 봉황이 있으니 어느 성인이 진정한 성인인가 진정한 성인 한 사
람을 알려거든 소울음소리나는 곳을 찾아들어 가소. 세인들이 함몰
되고 죽을 땅이라고 비웃고 조소하나 소울음소리나는 곳이 시비함
을 많이 당하나 진인일세.

* 말세에 모두 자신이 성인라고 주장할 것과 그 중에 소울음소리나는 무리가 진짜 성인임
을 알려주고 있음. 이처럼 소울음소리나는 무리를 찾는 것이 최고의 지상과제로 해석됨

見不牛이 奄麻聲中 天下萬方遍滿하야 勝利凱歌雲霄高
견불우이 엄마성중 천하만방편만하야 승리개가운소고

해설 >>> 소는 볼 수 없는데 엄마하는 소리가 온 세계만방에 두루 넘쳐서 승
리의 노래가 하늘 높이 울려 퍼지네.

* 여기에서 소울음소리의 발성이 "엄마"라고 난다는 것을 명백히 알려주고 있음

소울음소리나는 곳을 찾았다

격암유록에서는 마지막에 진정한 성인을 쉽게 찾을 수 있는 외형적인 접근방법을 알려주고 있습니다. 진정한 성인을 따르는 무리의 사람들에게서 소울음소리가 들린다고 격암유록 전체를 통해 계속해서 알려주고 있습니다. 그리고 그 소울음소리의 발음은 엄마 엄마하는 소리라고 정확히 알려주고 있습니다. 소울음소리가 계속해서 나는 곳을 찾아가라고 격암유록 전체를 통하여 거듭 거듭 강조하고 있습니다.

천 마리 닭 중에 한 마리의 봉황이 있으니 진정한 성인을 찾으려면 소울음소리나는 곳을 찾아들라고 예언하고 있습니다. 그리고 이렇게 소울음소리나는 곳은 산도 아니고 들도 아니며(非山非野비산비야) 고정적으로 장소가 정해져 있지도 않으며 그곳에 소는 없다고 알려주고 있습니다. 이렇게 소울음소리나는 곳을 찾아들어 살아남은 사람들은 지상낙원에서 살게 된다고 합니다.

진정한 성인을 찾는 방법으로 엄마 엄마하는 소울음소리가 계속해서 나는 곳이라고 하여 구체적인 소리의 발음까지 알려주고 있습니다. 종교에 대해 관심 없는 보통사람도 진정으로 구원받는 무리를 찾을 수 있도록 그 실마리를 구체적으로 알려주고 있습니다. 사람들이 막연하게 구원받는 곳을 찾기는 어려울 것입니다. 그러므로 격암유록에서는 누구든지 그 곳을 찾기를 원한다면 쉽게 찾을 수 있도록 소울음소리나는 곳으로 가라고 알려주고 있는 것입니다. 또한 엄마 엄마 하는 소울음소리를 계속해서 주문으로 외우면 말세의 질병도 다 나을 수 있다고 알려주고 있습니다. 그렇다면 왜 소울음소리가 나는 곳만이 진정으로 성인이 있는 곳이라고 하며, 또한 엄마 엄마하는 소울음소리나는 곳이 반드시 어느 한 무리에게만 한정되어 있는 것일까? 격암유록을 읽고 해석하면서 시종일관 이런 의문을 지울 수 없었습니다.

인간은 태초 이래 지금까지 태어나면 언젠가는 반드시 죽는 이치는 아무리 세월이 흘러도 절대불변의 진리라고 생각해왔던 터라 허무맹랑한 내용으로 보이기도 하였습니다. 한평생 열심히 일하고 즐겁게 살면서 타인에게 피해주지 않고 마음이 내키는 만큼은 어려운 사람도 도우면서 살다가 누구나 그래 왔듯이 나 또한 수명이 다하면 그렇게 가면 되는 것이지 그 이외의 것에 욕심을 부리는 것은 부질없는 짓이라고 생각하기도 하였습니다. 그러나 주변에서 호상(好喪)이라고 할 만큼 충분한 고령이 되어 돌아가시는 노인들조차도 자신의 생명줄을 놓기 싫어 최후까지 괴로워하며 고통 속에서 돌아가시는 모습을 직접 보면서 느끼는 바가 있었습니다. 사람의 삶은 무엇이고 죽음은 무엇인지 또 저토록 괴로운 고통 속에서 죽음을 맞이해야 하는 것이라면 무언가 인간으로 태어난 자체가 무의미하다는 생각을 지울 수 없었습니다. 지금처럼 아무런 의미 없는 인간 생활이 과연 언제까지 가는 것일까 등등 꼬리에 꼬리를 물고 인생 전반에 대한 의문을 갖기 시작하였습니다. 이런 의문에 대한 해답을 찾기 위해 이것을 알려주는 실체를 찾아서 확인해보고 싶은 마음이 들었습니다. 그리하여 그 동안 연구해온 격암유록을 근거로 확인해보기로 하였습니다.

먼저 소울음소리나는 곳을 찾기로 하였습니다. 저는 과연 이 지구상에 엄마 엄마 하는 소울음소리나는 무리가 있는지에 초점을 맞춰 찾아보고 그런 다음 그런 소울음소리를 내는 이유가 무엇인지를 확인해보기로 하였습니다. 각종 종교단체나 수행단체 등을 찾아다녀보았습니다. 대부분의 종교단체나 수행단체는 그 집회장소가 고정적으로 정해져 있었습니다. 모이는 장소는 산도 아니고 들도 아니며 고정적으로 정해져있지도 않으면서 소울음소리나는 무리가 있는지에 초점을 맞춰 찾아보았습니다. 이곳을 찾는 과정으로 저는 서학(西學)인 기독교 계통의 천주교, 각종 개신교, 여호와의 증인, 몰몬교 등에서부터 불교계통의 조계종, 원불교, 동학계통의 천도교, 증산도, 대순진리회, 선도계통의 국선도, 단학선원, 각종 수행단체, 단군종교 계통의 대종교, 단군연합 등등을 찾아다녔습니다. 또한 우리나라 자생의 무속종교와 유명역술인 그리고 뉴에이지 운동, 프리메이슨, 싸이언톨로지(과학교), 섹스교, 우주를 대상으로 하는 라엘리안무브먼트와 행성활성화그룹, 유에프오(UFO)연구모임 등등 무수히 많은 우리나라의 종교단체나 수행단체를 찾아 다녔고 나아가 인터넷에서 관련 사이트도 수 없이 웹서핑을 하였습니다.

그러기를 5년이 넘는 세월 동안 시간 나는 대로 천천히 확인해 나 갔습니다. 이렇게 찾아가는 과정은 결코 쉬운 것이 아니었습니다. 나 자신의 중심이 확고히 서지 않은 상태에서는 진행 중에 어느 한 종교에 매료되어 그 곳에서 멈출 수 있는 가능성도 항상 내재되어 있음을 느꼈습니다. 어느 종교는 격암유록의 내용과 일정부분은 일 치하는 곳도 많았습니다. 또한 많은 종교에서 이미 격암유록의 예 언내용에 부합하도록 자신들의 종교논리를 갖추어놓은 곳도 많다 는 것을 확인할 수 있었습니다. 한 부분이 확인되었다고 판단되면 다음 부분은 맞는지를 또 확인하고 하여 최종적으로 격암유록의 예 언 내용과 전체적으로 일맥상통하면서 소울음소리나는 무리가 있 는지에 초점을 맞춰 계속 확인 작업을 해나갔습니다.

이런 과정에서 지금 시중에 나와 있는 격암유록에 관한 책이 원본 이 아니라 필사본에 근거하여 해설되었다는 점과, 현재 국립중앙도 서관에 소장되어있는 격암유록 필사본은 어느 특정인과 종교집단 에게 유리하게 일정부분은 위작되고 가필된 흔적이 있다는 점도 느 낄 수 있었습니다. 말세의 진인에 대해 어느 특정 성씨, 또는 특정 지명, 특정 년도, 특정 종교집단의 명칭 등이 나타나는 부분은 자신 들에게 유리하게 하고자 후세 사람들에 의해 가필되었을 것이라는 추측을 할 수 있었습니다. 그러나 비록 일부분에 대한 가필은 가능 할 수 있었을지 모르나 전체에 흐르는 메시지 자체를 변형시키지는 못한 것으로 보입니다. 특히, 석정수(石井水), 소울음소리(牛鳴聲)와 신비기(神飛機), 궁을도(弓乙圖), 엄택곡부(奄宅曲埠), 갑을각(甲乙閣) 등은 지극히 난해하고 격암유록 전체를 통해 가장 핵심적인 부분으로써 반드시 말세를 당하여 비로소 풀리게 되어있기 때문에 일개인이나 단체가 아무리 아전인수식으로 고쳐보려 했어도 이 부분은 그대로 유지된 것으로 보였습니다.

또한 많은 부분이 기독교의 성경구절과 상통하고 있다는 점도 확인할 수 있었습니다. 성경구절을 한자(漢字)에 의한 풀이 방법을 인용하여 추가했다는 느낌을 받았습니다. 격암유록 60편 중에 7편이 성경과 연관되어 있었습니다. 성경중의 이사야서, 로마서, 고린도전서 등에 나오는 내용이 격암유록 전체의 10% 이상을 점유하고 있었습니다. 성경 내용이 가미되었다는 것은 성서가 우리나라에 전해진 이후에 누군가에 의해 가필되었다고 볼 수 있습니다. 저 자신은 격암유록을 성서보다도 더 가치 있는 예언서라고 평가하고 있습니다. 성서를 쓰게 한 주체와 격암유록을 쓰게 한 주체가 동일하다고 본다면 보다 더 최근에 기록된 격암유록에 맞춰 판단하는 것이 옳다고 생각합니다. 이러한 이해과정을 거치면서 본래의 격암유록에서 고유하게 알려주려고 했던 부분들만 추출하는 작업을 먼저 하기로 하였습니다. 이렇게 하여 추출한 부분만 본서에서는 다루기로 하였습니다.

이 책에서 다루지 않은 부분은 격암유록의 순수성에 배치되거나 전체적인 메시지의 흐름에는 영향을 주지 않는 부분이라고 판단하여 제외하였음을 밝혀두고자 합니다. 격암유록 전체를 통해 일맥상통하게 흐르는 메시지를 발췌한 후에 이것을 기초로 마지막 성인을 따르는 소수의 무리를 찾는 작업을 다시 시작하였습니다. 무수히 시행착오를 겪으면서 노력한 결과 드디어 그런 무리를 찾았다고 확신하게 되었습니다. 이들의 발성 명상법에서 엄마 엄마하는 소울음 소리를 들을 수 있었습니다. 그러나 이들은 우리나라에 격암유록이라는 예언서가 있는지, 또 자신들이 내고 있는 소울음소리에 대해서 이미 450여 년 전에 예언되어 있는지도 모르고 있었습니다. 다시 말해서 우리나라의 격암유록이라는 예언서를 미리 알고 거기에 부합하도록 위작한 흔적이 전혀 없다는 점에서 신뢰감을 가질 수 있었습니다.

현재 우리나라에 존재하는 여타의 다른 종교들 중에는 격암유록의 예언내용을 미리 알고 거기에 맞추려고 애쓴 흔적이 많음을 보았습니다. 미리 알고 거기에 맞추는 식으로 인위적인 노력을 기울인 종교단체는 격암유록에서 예언한 내용들과는 어딘가 모르게 일관성이 유지되지 않았으며 아전인수(我田引水)식으로 해석하고 있다는 느낌을 받았습니다. 그리고 대부분의 종교를 살펴보면 처음에는 하나로 시작하였으나 세월이 가면서 서서히 다시 많은 종파로 갈라진다는 사실을 알 수 있었습니다. 이렇듯 계속해서 갈라지는 종파는 사람들이 인위적으로 그 종교를 만들었다는 것을 입증하고 있는 것입니다. 그러나 진정으로 마지막에 인류를 구원할 그런 종교나 단체는 절대로 갈라지지 않아야 한다고 생각합니다.

이런 관점에서 볼 때 소울음소리나는 무리들에게서는 더 이상 종파가 갈라질 이유도 없고, 갈라질 가능성이 전혀 없는 확고한 철학이 있었습니다. 이들은 교(敎)나 도(道)와 같은 명칭을 사용하지 않고 있으며 굳이 종교라고 하기보다는 오히려 전 인류에 대한 의식혁명운동이라고 보는 것이 더 옳은 표현이 될 것 같습니다. 이들은 신을 믿는 것도 아니었습니다. 인류에게 현재의 시스템에서 벗어나 범 우주적인 사랑과 평화 그리고 평화적인 최첨단과학의 발달을 통하여 지상낙원을 건설할 수 있다고 합니다. 또한 이들은 "한 사람의 생명을 희생시켜 지구를 살릴 수 있다면 그대로 지구가 망하는 편이 차라리 낫다"고 하여 한 사람의 생명을 우주보다 귀하게 여기고 있었습니다.

기존 종교들이 구체적인 인류의 시작이나 구원 방법은 제시하지 못하면서 막연히 하느님이나 상제에 의하여 창조되었고 구원받는다고 하고 있는 것과는 다르게 이들 소울음소리나는 무리들은 현생 인류의 시삭과 구원방법을 구세직으로 제시하고 있으며, 그 방법도 막연한 하느님이나 신에 의한 창조나 구원이 아니라 최첨단과학에 의하여 현생 인류가 만들어졌으며 또 구원도 최첨단 초과학에 의하여 받을 수 있음을 제시하고 있었습니다. 이들 소울음소리나는 무리들은 각자 개인의 개성을 존중하고 자유의지에 따라 판단하고 행동하는 것을 존중합니다. 아무런 강요도 없고 자유스러운 분위기였으며 이들 무리를 따르든 아니 따르든 그것은 각자의 자유 판단에 맡기고 있으며, 언제든지 이 무리를 떠나고 싶으면 조금도 부담 없이 떠날 수 있고, 이것보다 더 좋은 것을 찾으면 자기들도 언제든지 그 곳으로 옮겨갈 수 있다고 공언하고 있습니다.

소울음소리나는 이들 무리에 합류하였다하여 다시는 빠져나올 수 없도록 하는 어떠한 조직력도 없었습니다. 실제로 이 무리에 합류했다가 자유의지에 의하여 떠나간 사람들도 많이 있었습니다. 인간들의 인위적인 노력에 의하여 만들어진 종교적 조직이 아니라는 것을 실감할 수 있었습니다. 굳이 종교라고 하기보다는 인류에 대한 의식혁명운동이라고 하는 것이 더 옳은 표현이라는 생각이 들었습니다. 정기적인 모임에도 본인의 사정에 따라 참석하지 못하는 경우도 많았으며 조직력을 갖춘 단체라는 생각이 들지 않았습니다.

항상 기쁘고 즐겁게 지내는 것이 이들이 추구하는 바이며 그것이 바로 최고의 목표였습니다. 고행을 자초한다든지 연구를 많이 하여야 한다든지 하는 기존의 다른 종교에서 추구하는 바와는 완연히 다른 것이었습니다. 오직 우리 인간의 오감을 발달시키고 각성하여 깨어있는 의식을 찾고 오감을 만끽하는 것이 평소의 삶이었습니다. 여기에는 세상적인 공부나 지식의 습득이 중요한 것은 아니었습니다. 세상적인 지식이나 공부는 의식이 각성되면 모두 그 하위에 놓이게 되는 것으로 지구상의 인류가 이루어 놓은 현재 수준의 지식과 관념 · 관습 등에 얽매이지 않고 미래지향적인 사고와 즐겁게 사는 의식을 갖도록 하고 있습니다.

이른바 의식혁명 운동이 전부였습니다. 격암유록에서 알려주고 있듯이 공부하고 연구하는 노력을 할 필요가 없으며 깨어있는 의식으로만 통하는 도(道)이고, 항상 즐겁게 춤추며 노래하는 것이 이들의 생활이었습니다. 이들은 지구상의 현생인류를 지은 외계의 고도로 발달된 과학을 누리고 있는 지적생명체(우주인)를 따르고 그들이 지구상으로 귀환하기를 기다리고 있었습니다. 격암유록에서도 지구상의 현생인류를 지은이를 일러 우성인(牛性人)이라 하고 있습니다. 다음에서는 지구상의 현생인류를 지은 우성인에 대해 알아보고자 합니다.

✿ 지구상의 현생인류를 지은 우성인은 어디에 있는가

文武星名地民何知 天牛耕田
문무성명지민하지 천우경전

해설 >>> 문무성의 이름을 땅에 거하는 사람들이 어찌 알겠는가? 하늘의 소 (우성인)가 밭을 가네.

* 문무성(文武星)은 북두칠성(北斗七星)을 이름

•• 生初之樂 생초지락

牛性有變化難測 曉星天君天使民合稱者 牛性也
우성유변화난측 효성천군천사민합칭자 우성야

해설 >>> 우성(현생인류를 지은이)은 변화를 예측하기 어렵네. 샛별(曉星),
천군, 천사, 천민을 합하여 이르는 것이 우성(牛性)이네.

•• 生初之樂 생초지락

太初之世牛性人 牛性牛性斗牛 上帝子
태초지세우성인 우성우성두우 상제자

해설 >>> 태초에 이세상의 우성인(현생인류를 지은이)은 북두칠성에 있는 상
제의 아들이다.

* 소울음소리나는 무리들이 이르기를 현생인류를 지은이들이 처음에는 지구상에 그들의
  혹성에 있는 인종만큼(7가지 인종)을 만들었다고 함
* 북두칠성에 있는 7개의 별에는 그 별의 숫자만큼 7가지 인종이 있을 것으로 예상됨
* 소울음소리나는 무리들은 지구상의 현생인류를 지은 우성인(우주인)이 있는 곳은 아직
  밝히지 않고 있음

•• 歌辭總論 가사총론

天上北斗文武之星 曲土辰寸水源田에
천상북두문무지성 곡토진촌수원전에

해설 >>> 천상의 북두칠성인 문무성에는 농사할 수 있는 물의 근원인 흙과 물

이 있는 밭이 있네.

* 곡(曲)과 진(辰)을 합하면 농(農)이 되고
* 토(土)와 촌(寸)을 합하면 사(寺)가 되며
* 수(水)와 전(田)을 합하면 답(畓)이 됨
* 사답칠두(寺畓七斗)는 흙과 물이 있는 북두칠성을 암시하는 것으로 이곳에서는 농사를 지을 수 있음을 시사하고 있음(인간 농사도 포함)

현생인류를 지은 우성인은 북두칠성에 있다

격암유록에서 태초의 우성인에 대해 많이 언급하고 있으며, 이들이 지구상의 현생인류를 지은이로서 우리가 알고 있는 천사, 천민이며 상제(현생 인류를 지은이들의 최고 우두머리)의 아들이라고 강조하고 있습니다. 태초에 현생인류를 지은이들이 바로 소울음소리(牛鳴聲)나는 무리들이었으므로 이들을 우성인이라고 표현하고 있으며, 우성인들이 거주하는 곳이 분무성(文武星)이라고 알려주고 있습니다. 문무성(文武星)이 바로 우리가 알고 있는 북두칠성을 이르는 것입니다. 과연 북두칠성에 이들이 살고 있는지는 머지않아 이들이 지구상으로 귀환하게 될 때 확인될 것입니다.

또한 오늘날에 우리가 표현하고 있는 우주인과 우성인은 발음 면에서도 비슷한 점을 찾을 수 있습니다. 격암유록이 기록될 당시에는 우주인이라는 단어는 존재하지 않았으며 20세기에 이르러 비로소 우주인이라는 단어가 능장하였다는 점을 상기시켜보면 우성인이 오늘날의 우주인을 지칭하기 위한 표현이었을 가능성도 있다고 보여 집니다.

지구상의 현생인류의 기원

여기서 잠시 지구상에 존재하는 현생인류의 기원에 대해 생각해 보고자 합니다. 지구상의 현생인류는 언제부터 존재해 왔을까? 또한 어떻게 해서 존재했을까? 이점에 대해서는 지금까지 수많은 사람들이 고민하고 연구하였으나 아직도 확실한 결론을 얻지 못하고 있습니다. 아마도 이 해답은 앞으로도 언제까지나 연구대상으로 남아 있을지도 모릅니다. 현재로서는 다만 연구하는 사람들이 각자의 가정을 제시하고 가능성만을 개진할 수 있을 뿐입니다. 저는 이 부분에 대해 다음과 같이 가정해 보았습니다.

먼저 이 광활한 우주의 생성과 그 속에 존재하는 혹성과 생명체의 생성관계를 소우주인 우리 인간을 통해 다음과 같이 미루어 짐작해 보기로 하였습니다. 우리들 인간도 그 자체가 소우주라 할 수 있습니다. 소우주인 인간의 몸속에는 수없이 많은 생명체가 살고 있습니다. 인간의 몸속에 있는 수많은 생명체도 누구의 창조에 의해서가 아니라 인간의 몸이 생성될 때부터 그렇게 원래부터 존재해 왔습니다. 그러므로 태초에 우주가 형성될 때부터 인간도 그렇게 시작부터 우주 속에 생명체로서 존재해 왔다고 가정해보는 것도 가능할 것입니다. 우리 인간의 몸속에 사는 생명체도 처음에 있던 곳에서 서서히 다른 곳으로 옮겨가는 것은 얼마든지 가능한 일입니다.

이렇듯 인간도 태초에 존재했던 곳에서 시간이 가면서 다른 곳으로 이동하며 살 수 있게 되었을 것입니다. 그 이동이 처음에는 같은 행성 내에서 이루어지다가 다음에는 다른 행성으로의 이동도 가능했을 것입니다. 행성간의 이동이 반복되고 순환하면서 언젠가는 처음에 있던 곳으로 이동해오는 것도 가능했을 것입니다. 이런 과정에서 이동해 온 행성의 환경여건이 맞지 않아 더러는 그 종족 자체가 없어지는 경우도 많이 발생했을 것이며, 종족간의 싸움으로 자멸한 경우도 많았을 것입니다. 이렇게 자멸한 행성에는 다른 곳에서 이동해 온 또 다른 인간 종족들이 폐허가 된 행성을 가꾸고 정화하여 다시 삶을 시작한 경우도 가능했을 것입니다.

우주가 생성된 이래 유구한 세월 동안 이런 과정을 수없이 겪어 오늘날 지구상에 인류가 존재하고 있다고 가정해 봅니다. 그러므로 현재의 지구상의 인류가 처음에 지구상에 존재했던 인간들의 직계 후손으로 계속 이어져왔다고 보기에는 무리가 있다고 봅니다. 지구상에 인류의 존재가 수많은 멸종 또는 자멸을 반복하면서 마지막으로 현생인류가 다시 또 지구상에 시작되어 지금에 이르고 있다고 가정해 보는 깃도 충분히 가능할 것입니다. 인류의 기원을 언구하는 인류학자들도 현생인류인 호모사피엔스(Homo sapiens)와 그 이전에 존재했던 오스트랄로피테쿠스(Australopithecus)나 네안데르탈(Neanderthal)인 등과의 유전적인 연속성을 찾을 수 없다고 하고 있습니다.

우주 속의 다른 행성에는 현재 지구상의 인류보다 더 발달된 지적 생멍체가 존재할 가능성노 충분히 있다고 봅니다. 현재는 지구상의 과학수준으로도 인간과 똑같은 지적생명체를 복제하거나 만들어낼 수 있는 경지에 이르렀습니다. 그리고 우리는 지구에 국한하지 않고 다른 행성을 연구하고 탐험하고 있습니다. 이런 과정이 더욱 발전하게 된다면 우리도 인류의 생존이 가능한 다른 혹성을 찾을 수 있고 또 그곳으로 이주하여 살게 되는 일도 꿈속의 일만이 아니라 현실적으로도 가능한 시대가 언젠가는 올 것이라고 생각합니다.

현재 세계적으로 유명한 천체물리학자인 스티븐 호킹 박사도 언젠가는 지구상의 환경여건이 악화되어 인류가 생존할 수 없는 때가 올 것이며 이때가 되면 인류는 다른 행성으로 이주하여야 할 것이라고 주장하고 있습니다. 이렇듯 우리 인간은 우주의 생성과 함께 존재해 왔고 생존을 위해 이동하고 다른 행성으로 또 이주하는 순환과정을 무수히 겪으면서 오늘에 이르렀다고 충분히 가정할 수 있습니다. 앞으로 과학이 더욱 발전하면 우리 인간과 같은 지적생명체를 포함하여 다른 동식물 등의 생명체를 만들어 다른 행성에 정착시키는 일도 충분히 가능하다고 생각합니다. 이런 가능성을 뒤로 돌려보면 현재 지구상의 인류도 지구보다 월등히 발전된 과학수준에 있는 다른 행성의 지적생명체들에 의해 만들어졌거나 그들이 이주해와 정착했을 가능성도 완전히 배제할 수는 없다고 봅니다. 이런 관점에서 볼 때 격암유록에서 알려주고 있는 문무성(북두칠성)에는 지구상의 현생인류를 지은 우성인이 거주하고 있다고 추론해보는 것도 가능할 것입니다. 기원전 3,800년경에서 3,600년경에 시작한 인류의 최초 문명인 수메르(Sumer)문명의 기록들을 제차리아 시친(Zecharia Sitchin)박사가 수십 년간 연구하여 그 결과를 1976년에 발간하여 수백만 부가 팔리고 베스트셀러가 된 책『The 12th planet(12번째 행성)』의 내용을 보면 우리 인류의 창조자들도 우리 인간들과 같이 먹고 마시고 잠자는 육체를 가지고 있다는 점에 대해 확실하게 못 박고 있습니다. 수메르(Sumer)문명의 기록들에는 우리의 창조자들, 지구 주위의 행성들, 우리의 창조자들인 우주인들이 온 별에 관한 기록이 선명하게 나타나고 있습니다.

지금으로부터 180년 전에 학자들이 고대기록들을 번역하면서 우리 지구 주위의 행성들에 관한 정보를 많이 알아냈습니다. 과학자들이 1930년에야 발견한 '명왕성'이 이미 고대 기록에는 언급되어 있고, 우리의 과학지식으로 지금에서야 알고 있는 토성보다 더 멀리 있는 행성들에 대한 정보가 기록으로 선명하게 언급되어있습니다. 그렇다면 아직 우리가 발견하지 못했지만 고대문명에 분명하게 기록되어 있는 "12번째 행성"이 분명히 존재한다는 것과 이곳에 우리 지구상의 현생인류를 지은이들이 살고 있다는 것을 믿지 못할 이유는 없다고 봅니다.

인류가 진화되었다는 진화론은 시간이 지날수록 더 많은 고고학적 유물이 발견되면서 그 이론의 존립이 위태로운 지경에 이르렀습니다. 일례로 약 200만 년의 시간차를 두고 지구상에 존재했던 오스트랄로피테쿠스(Australopithecus)와 네안데르탈(Neanderthal)인들이 사용했던 돌도끼를 살펴보면 전자는 모양이 우둔하고 후자는 모양이 세련됐다는 점 밖에는 더 이상의 차이점을 찾을 수 없습니다. 이처럼 돌도끼의 모양이 약간 바뀌는데 200만 년이나 걸렸으며 100만

년이상의 기간 동안 인류는 돌도끼나 사용하고 있었습니다. 이런 흐름으로 비춰본다면 현재 우리 지구상의 인류는 지금의 과학시대에 살고 있기보다는 아마존 정글에서 원시생활을 지속하고 있어야 마땅할 것입니다.

그러나 25,000년 전에 갑자기 현생인류인 호모사피엔스(Home Sapiens)가 지구상에 돌연히 출현하게 되었습니다. 그리고 또 다시 기원전 4,000년경에 와서는 지구상에서 인류의 흔적을 찾아보기 힘들게 되었습니다. 그러다가 갑자기 기원전 3,800년에서 3,600년경에 현재 지구상의 최초 문명인 수메르(Sumer)문명이 나타났고, 이 문명이 시작하자마자 아무런 선조 문명도 없이 이전과는 비교할 수도 없는 고도의 발전된 문명을 꽃피우고 습득하였습니다. 인류의 발전이 진화와 자기 습득에 의해서만 이루어져왔다면 도저히 불가능한 일들이 지구 역사에서 일어났던 것입니다. 여기에서 우리는 지구 외의 다른 행성의 지적생명체들이 지구역사에 관여하였다는 추론을 정당화할 수 있을 것입니다. 격암유록에서도 지구상의 현생인류를 지은이들을 일러 우성인이라 하고 이들이 문무성(북두칠성)에 있다고 알려주고 있습니다.

❀ 신출귀몰하게 날아다니는 신비기(神飛機)를 따르라

似人非人 人玉非玉 浮金冷金 從金從金在生死運
사인비인 인옥비옥 부금냉금 종금종금재생사운

해설 >>> 사람 비슷하나 사람이 아니고, 사람이 옥처럼 생겼으나 옥이 아닌
떠있는 쇠가 있는데 그 쇠는 차가운 쇠이니 그 쇠를 따르고 따르는
것에 생사의 운이 있네.

* 뜰 부(浮), 찰 냉(冷), 따를 종(從)

似人不人金鳩鳥 見而不知木兎人
사인불인금구조 견이부지목토인

해설 >>> 사람 비슷하나 사람이 아닌 쇠로 된 비둘기같이 생긴 새가 있네.
사람들이 보고도 모르는 목토인(동방의 별 사람)이네.

※ 목(木)은 오행상 동방을 나타내며, 토(兎)는 달이나 다른 별을 이르기도 함

鳥霆車運車神飛機 天使往來瑞氣滿 我邦雲霄高出世
조정차운차신비기 천사왕래서기만 아방운소고출세

해설 >>> 새와 같고 번개와 같이 신출귀몰하게 날아다니는 기계(신비기)를 타
고 천사들이 오가니 상서로운 기운이 가득하네. 우리나라가 구름이
하늘 높이 올라가듯 출세하네.

* 소울음소리나는 무리들이 믿고 따르는 것이 유에프오(UFO,미확인비행물체)임
* 격암유록을 연구하는 많은 사람들이 신비기(神飛氣)를 유에프오(UFO,미확인비행물체)
로 해석하고 있음
* 조선왕조실록 광해군 일기에도 1609년 8월 25일 오시(午時)경에 원주목 양양부에 세수
대야와 같이 생긴 물체가 나타나서 하늘 위로 올라가면서 다시 둘로 나누어졌다가 사라
지는 현상을 목격했으며, 천둥소리와 번개소리도 같이 들렸다고 기록되어 있습니다. 같
은 날 강원도 갈성군과 강릉부 춘천부 등에서도 유사한 현상이 나타났다고 기록되어 있
어 역사적 기록으로도 유에프오(UFO)로 추정될 수 있는 물체가 나타났음을 시사하고
있음
* 정(霆) : 번개, 천둥소리

從金從金何從金 光彩玲瓏從是金
종금종금하종금 광채영롱종시금

해설 >>> 쇠를 따르고 따르라고 하였는데 쇠를 따르는 것이 무엇인가? 광채
가 영롱한 쇠를 따르는 것이 바로 종금(從金)일세.

* 신비기(神飛氣)인 유에프오(UFO,미확인비행물체)에는 영롱한 광채가 난다고 소울음
소리나는 무리들이 말하고 있음

聖神降臨金鳩鳥 東方甲乙三八木 木兎再生保惠師 奄宅曲阜牛性野

성신강림금구조 동방갑을삼팔목 목토재생보혜사 엄택곡부우성야

多人往來牛鳴地

다인왕래우명지

해설 >>> 성신이 쇠로된 비둘기 같은 새로 내려와 동방 우리나라 삼팔선(비무
장지대 일대)에 임하여, 동방의 의인인 달(또는 다른 별) 사람이 보혜
사(성신)로 재생하여 내려오네, 갑자기 굽은 언덕 위에 지어진 집(엄
택곡부)이 우성인(현생인류를 지은이)이 있는 들에 있네, 많은 사람들
이 왕래하는 곳으로 소울음소리가 들리는 땅이네.

* 동방갑을삼팔목 : 동방은 천간으로 갑을이고, 수자로는 3과 8이며, 오행상으로는 목이다.
* 토(兎)는 달이나 다른 별을 이르기도 함

一字縱橫出帆 一個信仰指針 元亨利貞救援船 烈女忠孝乘滿

일자종횡출범 일개신앙지침 원형이정구원선 열녀충효승만

無邊大海泛流時 風浪波濤妖魔發 信天篤工不俱退

무변대해범류시 풍랑파도요마발 신천독공불구퇴

해설 >>> 십승의 구원선이 출범하니 한 개의 신앙지침이네. 원형이정(으뜸 되
고, 형통하고, 이롭고, 곧은)의 구원선으로 강한 여자와 진실되고 효성

스런 자가 가득 타네. 끝없는 하늘세계에 둥둥 떠서 흐를 때에 풍랑
과 파도와 요사스런 마귀가 발동하나, 하늘을 독실하게 믿고 공들인
사람은 물러나지 않네.

* 일(一)자를 종횡으로 하면 십(十)자가 됨
* 범(泛) : 뜨다. 띄우다, 독(篤) : 신실하다. 도탑다. 독실하다
　구(俱) : 함께하다

신비기는 바로 유에프오(UFO)이다

격암유록에서는 떠있는 쇠(浮金, 부금)가 있는 데 그 쇠는 차가운
쇠(冷金, 냉금)이니 그 쇠를 따르라(從金, 종금)고 일러주고 있습니
다. 이 쇠는 영롱한 광채가 나며, 하늘을 나는 신출귀몰한 기계(神飛
機, 신비기)라고 알려주고 있습니다. 쇠로 만든 비둘기 같이 생긴 새
모양(金鳩鳥, 금구조)이라는 것을 알려주면서, 우리나라 삼팔선 비무
장지대의 들판인 굽은 언덕에 갑자기 집이 지어지고 이곳으로 새와
같이 날고 번개와 같이 아주 빠르게 날아다니는 기계(神飛機,, 金鳩
鳥)를 타고 천사들이 왕래한다고 알려주면서 이곳에서 소울음소리
가 들린다고 하고 있습니다.

이에 대하여 계속 연구한 결과 신비기가 무엇인지 알게 되었습니
다. 하늘을 신출귀몰하게 날아다니는 기계는 바로 유에프오(UFO,
미확인비행물체)라는 것을 이제는 대부분의 사람들이 이해할 수 있
는 사실이 되었습니다. 이것도 알고 보니 소울음소리나는 무리들이

믿고 따르는 것이었습니다. 이제는 서서히 그 실체가 드러나고 있습니다. 미국이나 러시아 등 우주과학의 첨단을 달리고 있는 나라에서 암암리에 유에프오(UFO)의 실체를 연구하고 있는 실정입니다. 각 나라마다 비밀리에 연구를 계속 거듭하고 있으나 지구상의 과학 수준으로는 그 실체를 확실히 밝히기에는 아직 미흡합니다. 그러나 이것을 연구하는 대부분의 과학자들은 지구상의 과학에 의한 것이 아니라 외계인이 지구를 방문할 때 이동수단으로 이용하는 유에프오(UFO)일 가능성이 매우 크다고 결론을 내리고 있습니다.

이제 과학의 시대에 살고 있는 우리들로서는 무조건 유에프오(UFO)를 부정할 것만은 아니라고 봅니다. 또한 기존의 종교적인 믿음에만 의존하여 부정할 것은 더욱 아니라고 생각합니다. 격암유록에서 이를 일러 신비기(神飛機)라고 표현하고 있습니다. 바로 오늘날에 우리가 유에프오(UFO)라고 명명하는 것을 이미 450여 년 전에 신비기(神飛機)라는 한사로 표현하였으니 당시의 표현방법으로서는 가장 최선의 용어를 선택한 것이라고 할 수 있습니다.

또한 격암유록에서 이르기를 고해의 세상에서 죄로 말미암아 죽을 수밖에 없는 인생들을 건져내어 생명선에 태우는 방주(方舟)가 십승(十勝)의 구원선(救援船)으로 소수의 무리를 탑승시켜 끝없는 하늘세계에 둥둥 떠서 날아가게 된다고 일러주고 있으며, 이 방주에 타는 주인공이 바로 소울음소리나는 소수의 무리들임을 강조하고 있습니다. 격암유록의 예인내용에 의하면 이러한 신비기(神飛機)는 아무 곳에나 내려오는 것이 아니고 정해진 집(奄宅曲埠, 엄택곡부)으로 내려오는 것으로 표현하고 있습니다. 이들이 내려오는 집이 바로 우리나라 삼팔선이 있는 비무장지대의 들판에 굽은 언덕이 있는 곳에 갑자기 지어질 것임을 알려주고 있습니다.

소울음소리나는 무리들에게 이러한 예언 내용이 어떻게 이루어질 것인가를 물어 보았더니 이들은 지구상의 현생인류를 지은이들의 요청에 따라 이스라엘 민족에게 우주인들이 타고 올 UFO를 맞이할 대사관을 지어야한다고 요구하였으나 이들은 이 요청을 계속해서 거부하고 있다고 합니다. 이러한 내용도 격암유록과 일치하는 것으로 보입니다. "해외에서 오직 자기들만이 하느님의 선택받은 민족(이스라엘)이라고 독실하게 믿고 있는 민족이 있으나 이들은 하늘이 내려주는 큰 복을 받지 못한다"고 격암유록에서는 강조하고 있습니다.

소울음소리나는 무리 중의 우리나라 회원들은 이들 무리를 이끄는 세계적인 지도자에게 우리나라 비무장지대에다 우주인이 요구한 대사관을 지어야 한다는 요청을 계속하고 있다고 합니다. 이곳이 마지막 냉전의 상징적인 지역이며 전 세계적으로 평화를 상징하는 대표적인 장소가 될 수 있다는 의미를 부각시켜서 앞으로도 계속 요청해 나갈 것이라고 합니다. 이들이 요구하는 대로 이루어질 가능성이 크다고 기대하고 있었습니다. 특히 최근에는 이들 소울음소리나는 무리의 최고지도자가 한반도의 심각성을 알려주면서 비무장지대 일대에다 우주인의 대사관을 지어야한다고 하고 있습니다.

이들이 요구하는 대로 우리나라 비무장지대에 우주인의 대사관이 지어지고 이곳으로 신비기(神飛機, UFO)를 타고 천사(우주인)들이 왕래하면서, 이들이 이곳에 모여 소울음소리의 발성명상을 한다면 바로 격암유록의 예언내용과 일치하게 된다는 해석을 충분히 할 수 있을 것입니다. 이러한 예언이 과연 맞는 것인지를 검증할 시기는 그리 멀지 않은 것으로 봅니다. 아마도 격암유록의 제반 예언 내용에 비춰볼 때 향후 15~16년 이내에 그 진위 여부가 증명될 것으로 예상됩니다. 소울음소리나는 무리들 역시 향후 20년 이내에 이러한 일들이 이루어질 것이라고 합니다. 지금 마지막 시대에 살고 있는 우리들은 그 진위 여부를 지켜볼 수 있다는 기대와 공포감에 흥분되지 않을 수 없을 것입니다. 현재를 살고 있는 우리는 이러한 내용을 허황되다 조소하고 비난하기에 앞서 한 번쯤 스스로 확인해 보는 노력이 필요하다고 생각합니다.

궁을도(弓乙圖)를 찾아가라

•• 弄弓歌 농궁가

天降弓符天意在　拯濟蒼生誰可知　舊染儒者不覺理　孔孟以后混精神
천강궁부천의재　증제창생수가지　구염유자불각리　공맹이후혼정신
水流不息當末世　搖頭轉目人不見　千變萬化弓乙道
수류불식당말세　요두전목인불견　천변만화궁을도

* 소울음소리나는 무리들의 '무한의 상징 문양'은 격암유록에서 설명하고 있는 궁을도(弓
  乙圖)의 모양과 아주 일치하고 있음

弓不在山弓不水 牛性在野四乙中 武陵桃源仙境地
궁부재산궁불수 우성재야사을중 무릉도원선경지

해설 >>> 궁궁(弓弓)은 산에도 있지 않고 물에도 있지 않네. 우성(소울음소리
내는 사람들)의 들에 있네. 네 개의 새을(乙)자 가운데에 무릉도원과
같은 선경의 땅에 궁궁(弓弓)이 있네.

* 소울음소리나는 무리들의 '무한의 상징 문양'(궁을도)에서 새을(乙)자 4개가 나올 수
  있으므로 이를 일러 4을(四乙)이라고 표현한 것으로 해석됨

三數之理 弓乙田一理貫通 三妙之十勝 全全田田 陰陽兩田之間
삼수지리 궁을전일리관통 삼묘지십승 전전전전 음양양전지간

弓弓雙弓 左右背弓之間 乙乙四乙 轉背四方之間
궁궁쌍궁 좌우배궁지간 을을사을 전배사방지간

해설 >>> 삼수의 이치와 궁을(弓乙)과 전(田)은 하나의 이치로 서로 이어져서
통하는 것으로 삼(삼각형)의 묘한 십승이네. 전능하고 전능한 것이
전전(田田)이네. 음양의 양쪽의 전(田)자 사이에서 궁궁(弓弓)인 쌍
궁(두개의 弓)이 나오고, 좌우로 등을 보인 궁(弓)자와 궁(弓)자 사
이에서 을을(乙乙)인 4개의 을(乙)자가 나오네. 서로 등을 대고 돌
린(회전하는) 사방 사이에서(궁궁, 을을, 전전 이) 모두 다 나오네.

* 소울음소리나는 무리들의 "무한의 상징 문양"(궁을도)을 보면 좌우로 산모양이 있어 이
  것을 궁궁(弓弓)이라 하여 활궁(弓)모양 2개와
* 가운데에는 절 만(卍)자가 있어 이것을 을을(乙乙)이라 하여 새을(乙)모양 2개 또는 4개
* 그리고 앞으로 봐도 밭전(田)자 형태가 있고 뒤집어 보아도 밭전(田)자 형태가 있어 이
  것을 전전(田田)이라 하고 있으며
* 가운데에는 열십(十)자 형태가 나올 수 있으며,
* 삼각형 형태가 위 아래로 겹쳐져 있어서 이를 삼수(三數)로 볼 수 있고
* 이들 모두가 끊어진 곳 없이 계속 이어져 있어 하나로 관통하고 있음

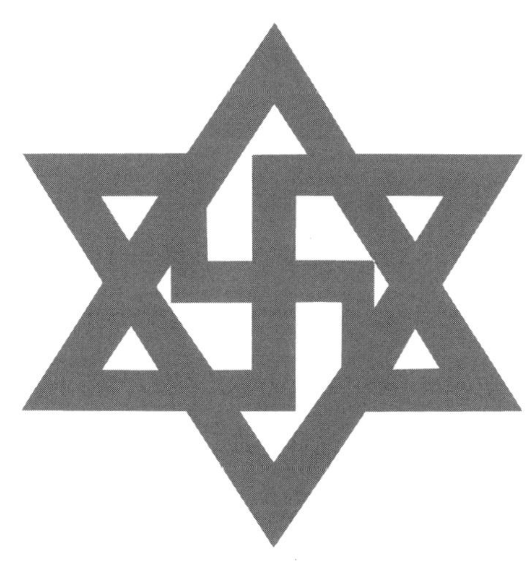

此時 訪道僉君子들 弓弓乙乙何不知 左弓右弓弓弓이요 臥立從橫
차시 방도첨군자들 궁궁을을하부지 좌궁우궁궁궁이요 와립종횡
乙乙이라
을을이라

해설 >>> 이 시대에 도를 찾는 군자들아 어찌 궁궁을을을 모르는가? 왼쪽의
궁(弓)과 오른쪽의 궁(弓)이 궁궁(弓弓)이요, 눕고 서고 세로와 가로
가 을을(乙乙)이네.

 * 궁궁을을(弓弓乙乙)은 조선시대의 정북창 선생의 궁을가(弓乙歌), 동학의 경전 등에서
   도 무수히 언급되고 있음

弓弓之圖詳見이면 左山右山兩山이니 所謂兩山兩白이요 亦謂兩山
궁궁지도상견이면 좌산우산양산이니 소위양산양백이요 역위양산
雙弓이라
쌍궁이라

해설 >>> 궁궁(弓弓)의 그림을 자세히 보면 왼쪽의 산(모양)과 오른쪽의 산(모
양)이 양산이니 이르기를 양산을 양백이라 하고, 또한 이르기를 양
산(두개의 산 모양)을 쌍궁(궁궁)이라 하네.

 * 소울음소리나는 무리들의 '무한의 상징 문양 (궁을도)에는 삼각형 두 개가 위아래로 겹
   쳐있고 가운데에는 절 만(卍)자가 들어있으며 끊임없이 이어지는 원리를 갖고 있음
 * 이 모양을 보면 좌우로 산과 같은 모양이 나타나고 있어 이것을 일러 양산(兩山)으로도
   표현할 수 있으며, 바로 이 모양이 또한 궁궁(弓弓)이라고 알려주고 있음

·· 甲乙歌 갑을가

庚子閣蔽甲乙立 亞裡嶺有停車場
경자각폐갑을립 아리령유정거장

해설 >>> 경자년(庚子年, 2020년)에 집을 허물고 갑을(甲乙, 하늘에서 내려온 이들이 머무는 집)을 세우네, 아리령(亞裡嶺, 하늘에서 내려오는 이들이 중간에서 쉴 곳)에 정거장이 있네.

·· 甲乙歌 갑을가

寅卯始形計劃一 死者廻生此事業 無碍是非先進耶
인묘시형계획일 사자회생차사업 무애시비선진야

해설 >>> 인묘년〔壬寅(2022년)과 癸卯(2023년)〕에 비로소 하나로 통일되는 그 형체의 계획이 시작되어 죽은 자를 다시 살리는 이 사업이 어찌 장애와 시비 없이 먼저 나아갈 수 있겠는가?

* 인묘(寅卯)년도 12년을 주기로 계속 오겠지만 소울음소리나는 무리들이 이르기를 향후 20년을 전후해서 새로운 시대가 전개될 것으로 예상하는 것과 맞춰 보니 임인(壬寅)년인 2022년과 계묘(癸卯)년인 2023년을 이르는 것으로 예상됨

궁을도(弓乙圖)는 소울음소리나는 무리들의
'무한의 상징'을 나타내는 문양이다

　격암유록에서는 궁을도를 찾아 이를 따르라고 알려주고 있습니다. 이를 따르는 것을 일러 궁궁(弓弓)의 도(道)에 합하는 것이라고 강조하고 있습니다. 말세에 온 세상을 구원할 도(道)가 바로 궁궁(弓弓)의 도(道)라고 격암유록 전체를 통하여 계속 강조하고 있습니다. 궁을도(弓乙圖)란 그림이나 문양 등을 이르는 것으로 해석됩니다. 그 단체나 무리들이 사용하는 상징적인 문양(궁을도, 弓乙圖)에서 활 궁(弓)모양 두 개를 찾을 수 있고 새 을(乙)자 모양 네 개를 찾을 수 있다고 하면서 그것(弓弓乙乙, 궁궁을을)을 따르라고 하고 있습니다. 어느 방향(4방향)에서 보더라도 칠(七)자가 나올 수 있고 새 을(乙)도 나올 수 있는 만(卍)자가 을을(乙乙)임을 암시하고 있으며, 여기에 삼(三)을 더하라는 뜻으로 만(卍)자에다 삼각형 모양(△▽)을 겹쳐서 만들면 여기에서 양산(兩山)이 나오고, 이것이 궁궁(弓弓)이라고 알려주고 있습니다.

　여기에서 궁궁(弓弓)모양과 을을(乙乙)모양도 나오게 되니 이것이 궁을도(弓乙圖)라고 일러주고 있습니다. 또한 이러한 궁을도(弓乙圖)에서 밭전(田)자도 나오고 열십(十)자도 나온다고 하면서 이것을 일러 하늘에서 내려온 궁부(弓符)라 하고 있으며 "이 궁부(弓符)에 하늘의 뜻이 있고 온 세계의 창생을 구제하는 권능과 사명이 있음을 누가 알겠는가?"라고 하면서 대부분의 사람들이 이를 모르고 있으며 믿으려하지도 않음을 아쉬워하고 있습니다. 이것을 알고 따르면 늙은이, 젊은이, 남자, 여자, 유식한 자, 무식한자 모두 학문을 많이 배우지 않아도 도통(道通)하게 되는 것임을 세상 사람은 알지 못한다고 알려주고 있습니다. 이것도 찾고 보니 소울음소리나는 무리들이 사용하고 있는 '무한을 상징하는 문양'이었습니다.

이와 비슷하면서 궁을도의 원리에 맞는 것으로 행성활성화그룹에서 사용하는 '움막단 문양'도 있다는 것을 확인했습니다. 천도교에서도 그들이 사용하고 있는 상징마크를 궁을도라고 하고 있습니다. 이는 동경대전 등의 천도교 경전에도 궁을(弓乙)이라는 표현이 많이 나오고 있는 점과 무관하지 않습니다. 동경대전 등의 내용 전반에 걸쳐 궁을이 무수히 나오는 것으로 보아 동학의 창시자인 수운(水雲) 최제우 대신사도 오늘날의 마지막에 나올 궁을에 대해 신인(신 같은 사람)으로부터 들어왔던 것으로 보입니다.

그러나 천도교에서 사용하는 궁을도는 격암유록에서 일러주고 있는 궁을도의 모양과는 거리가 있는 것으로 보여집니다. 그리고 격암유록에서는 이 소울음소리나는 무리들이 우리나라에 무한을 상징하는 집〔弓乙亭(궁을정) 또는 甲乙閣(갑을각)〕을 짓는다고 하고 있습니다. 찾아보니 아직은 우리나라에 이러한 집이 세워져 있지는 않았습니다. 그러나 소울음소리나는 무리들에게서 앞으로 우리나라에 삼팔선 비무장지대 일대에 이러한 집이 세워져야 한다고 주장하는 것을 들을 수 있었습니다. 그 집이 세워지면 집 위에 '무한을 상징하는 문양'이 걸리게 될 것이라고 합니다. 이로써 궁을도가 걸려지는 집이 바로 궁을정이 될 것임은 충분히 짐작할 수 있게 되었습니다.

해외에서 오직 자기들만이 하느님을 믿으며 선택받은 사람들이라고 독실하게 주장하는 민족(이스라엘)이 있으나 이들에게 그들의 영토 내에 이런 집(弓乙亭, 우주인의 대사관)을 지을 수 있도록 수락하기를 요청하나 그들이 그 큰 복을 거부하게 된다고 격암유록에서 예언하고 있습니다. 이 내용도 소울음소리나는 무리들에게서 들을 수 있었습니다. 그 큰 복이 결국에는 우리나라로 돌아오게 된다는 내용을 격암유록에서는 강조하고 있습니다.

경자년(庚子年, 2020년)에 갑을각(甲乙閣) 또는 궁을정(弓乙亭)이 세워지고 아리령(亞裡嶺)이라는 정거장이 있게 됨을 알려주고 있으며, 그 다음으로 인묘년(寅卯年 : 2022년, 2023년)에 천국의 계획도(計劃圖)가 마련될 것임을 알려주고 있습니다. 이것으로 보아 신비기(神飛機)를 타고 궁을정(弓乙亭)으로 내려오는 도중에 쉬었다가 내려올 수 있는 아리령(亞裡嶺)이라는 정거장이 우주공간에 마련될 것임을 짐작할 수 있었습니다.

소울음소리나는 무리들은 궁을정(弓乙亭) 또는 갑을각(甲乙閣)에 대해서는 전혀 모르고 있었습니다. 그들은 궁을정으로 표현하지 않고 신비기(神飛機, UFO)를 타고 오는 이들을 맞이할 집(우주인의 대사관)을 지어야 한다고 표현하고 있습니다. 이러한 집을 지어야 하는 이유는 현재의 지구인들은 그 폭력성 때문에 결코 외계인들이 무단으로 방문하는 것을 용납지 않을 것이며, 지구상의 각종 최첨단 무기와 전투기 등을 동원하여 격퇴할 것이 자명하다고 합니다. 이런 과정에서 잘못되면 지구상에 상상할 수 없는 혼란과 핵무기의 남발로 인하여 신비기를 타고 오는 이들이 원치 않는 참혹한 결과가 초래될 수 있다고 합니다. 그러므로 신비기를 타고 올 이들은 반드시 지구상의 인류가 자신들을 평화적으로 맞이해 줄 때에 한하여 각 국의 대사관과 같이 치외법권을 갖는 궁을정(弓乙亭, 우주인의 대사관)으로 내려오게 될 것이라고 합니다.

격암유록에서 알려주고 있는 이러한 갑을각 또는 궁을정은 어느 개인이나 몇몇 위정자들이 인정한다고 세워지는 것이 아니고 그 나라 국민 대다수의 의식이 깨어 있고 이를 인정하는 수준에 이르렀을 때 비로소 세워질 것이라고 합니다. 이러한 집이 세워지면 이곳에서 전 세계의 지도자들을 초빙하여 텔레비전으로 지구상의 현생인류를 지은 방법을 생중계하여 모든 인류에게 자신들이 이렇게 태초에 지구상의 현생인류를 만들었다는 내용을 확인시켜주고, 그들이 누리고 있는 최고의 과학 수준을 우리 지구인들에게 선수시켜주게 된다고 말하고 있습니다. 이 내용은 앞으로도 관심을 갖고 계속 지켜보려고 합니다. 정말로 이러한 집이 우리나라에 세워진다면 격암유록의 예언내용이 다 맞게 되는 것입니다. 독자 여러분도 한번 관심을 갖고 지켜보시기 바랍니다.

✿ 천부경(天符經)의 비밀이 풀렸다

丹書用法天符經에 無窮造化 出現하니 天井名은 生命水요 天符經은
단서용법천부경에 무궁조화 출현하니 천정명은 생명수요 천부경은
眞經也
진경야

해설 >>> 하느님의 말씀과 이치와 용법이 기록된 천부경에 무궁한 조화가 나
타나네. 하늘이 내린 우물은 생명수요 천부경은 진경이네.

우리나라에 태고적부터 전해오는 천부경이 바로
궁을도를 설명하고 있는 경전이다

천부경(天符經)은 태고적부터 우리 민족에게 전해오는 난해한 경
전입니다. 단군 할아버지와 환웅, 환인 천제가 그 가르침의 바이블
로 삼았던 것이 바로 천부경(天符經)입니다. 우리 민족이 천부경(天
符經)에 대해 갖고 있는 자부심은 그것이 단순히 우리 민족의 사상
적ㆍ정신적 뿌리가 되는 데 그치는 것이 아니라 그것이 세계의 모
든 종교ㆍ철학ㆍ사상의 뿌리가 된다고 믿어왔습니다. 최초로 활자
화된 천부경의 주해서를 쓴 전병훈은 이렇게 말하고 있습니다. "그

런 즉 이것(천부경)이 세계일신(世界一身), 오주일가(五州一家)의 천서(天書)가 어찌 아니겠는가, 태초에는 나라마다 국경이 없었으니 장차 이 글로써 만세(萬世)를 균화(均化)할 것은 필연이다." 이러한 그의 예언은 이제 그 실현을 눈앞에 두고 있습니다.

세계는 지금 최첨단의 정보통신체계로 인해 세계일가(世界一家)를 이미 이루어가고 있으며, 바야흐로 세상은 우리 앞에 새로운 철학을 요구하고 있습니다. 그것도 유·불·선·기독교나 동학 서학 등으로 각기 조각난 그런 사상이 아니라 그 모든 것이 하나로 갈무리되는 그런 통합된 체계의 완전무결한 철학을 요구하고 있습니다. 이러한 철학은 천부경을 통하여 그 원리를 밝힌 후에 접근할 수 있을 것입니다.

그 동안 수많은 사람들에 의하여 천부경에 대한 해석이 시도되어 왔지만 만인이 공감할 수 있는 해석은 아직 나오지 못하고 있습니다. 그만큼 천부경의 해석이 난해하다는 것을 말하고 있는 것입니다. 전부경을 해석하기 위해서는 먼저 천부경이 뜻하는 글자 그대로의 의미부터 상기시켜볼 필요가 있습니다. 천부경이란 하늘이 내린 부적(符籍)을 설명한 경전이라는 뜻입니다. 하늘이 내린 부적 또는 그런 부적의 성격을 가진 그림을 먼저 찾아보고서 거기에 맞는 해석을 시도해보는 것이 순서라고 봅니다. 이런 의미에서 무한을 상징하는 궁을도가 하늘이 내린 부적이며 그러한 의미를 지닌 그림이라고 가정해보고 해석을 시도해 보았습니다. 신기하게도 전부경의 내용이 바로 무한의 상징인 궁을도의 원리를 그대로 설명하고 있는 것이었습니다.

천부경의 시작 내용과 마지막 내용만을 예로 들어 보면 "하나가 시작되었으나 그 하나가 시작이 아니다⋯하나가 끝났으나 그 하나는 끝난 것이 아니다(一始無始一⋯⋯一終無終一)."라고 표현하고 있어 궁을도에서 나타내고 있는 무한성(시작도 없고 끝도 없음)을 그대로 설명하고 있는 것이었습니다. 뫼비우스의 띠처럼 시작되었으나 시작이 없고 끝났으나 끝이 없는 그런 무한의 원리가 바로 궁을도에 담겨있습니다. 물론 천부경에 있는 그 외의 내용도 바로 궁을도의 원리를 그대로 설명하고 있는 것이었습니다. 이로써 저는 태고적부터 우리나라에 전해 내려오는 천부경을 비로소 제대로 해석했다고 나름대로 자부하고 있습니다. 하늘이 내린 부적(符籍)인 궁을도를 찾았고 그 부적인 궁부(弓符)의 원리를 설명하고 있는 것이 바로 천부경이라는 사실을 최초로 밝힌 것입니다.

격암유록에서도 천부경이 진경(眞經)임을 강조하고 있습니다. '천부경이 소울음소리나는 무리들의 무한의 상징 문양을 설명하고 있는 경전이다' 라는 명제에 대한 진실지수를 오링테스트한 결과 1,000이 나왔습니다. 그리고 '소울음소리나는 무리들의 무한의 상징문양이 격암유록에서 말하는 궁을도이다' 라는 명제 또한 진실지수 1,000이 나왔습니다.

이로써 천부경이 설명하고 있는 부적이 궁을도라는 사실이 확인되었다고 믿게 되었습니다. 우리는 이제 천부경을 통해 그 원리가 설명하고 있는 무한의 철학을 일으켜 세우고 그러한 철학의 근원을 찾아 따름으로써 수천 년 동안의 깊은 잠에서 깨어나야만 합니다.
그리하여 그 옛날의 황금시대, 지복의 시대가 다시 지상에 이루어
질 수 있도록 온 인류를 이끌고 나가야 합니다. 이러한 길이 있음을
궁을도를 따르는 소울음소리나는 무리들이 이미 메시지로 지구상
의 인류에게 전달하였고 지금도 계속 전파하고 있습니다. 이는 우
리의 7대 환인, 18대 환웅, 47대 단군께서 오늘날의 부족한 후손들
을 저 아득히 높은 최고천(最高天)에서 내려다보시면서 안타까워하
며 일러주고 있는 것입니다. 천부경이 알려주고 있는 궁을도의 철
학을 따르라고 강조하고 있음을 깊이 새겨야할 때입니다.

•• 천부경 81자

一始無始一 析三極無盡本 大一一地一_人一二 一積十鉅無櫃化三
일시무시일 석삼극무진본 천일일지일이인일삼 일적십거무궤화삼
天二三地二三人二三 大三合六生七八九 運三四成環五七
천이삼지이삼인이삼 대삼합육생칠팔구 운삼사성환오칠
一妙衍萬往萬來用變不動本 本心本太陽昂明 人中天地一 一終無終一
일묘연만왕만래용변불동본 본심본태양앙명 인중천지일 일종무종일

* 천부경에 대해서는 조선하 저, 『베일 벗는 천부경』을 많이 참조하였음

해설 >>> 하나가 시작되었으나 시작된 하니기 없으며(一始無始一),
　　　　 삼극으로 나뉘었지만 그 근본은 다함이 없다(析三極無盡本).

천(天)하나가 하나요, 지(地)하나가 둘이요, 인(人)하나가 셋이 되는(삼각형) 이치이니(天一一地一二人一三).

하나가 쌓여서 십으로 커지고 다함이 없는 것이 셋(삼각형)으로 화하였다(一積
十鉅無匱 化三).

천(天)이 둘 있는데 삼(삼각형)이요, 지(地)가 둘 있는데 삼(삼각형)이요, 인(人)이 둘 있는데 삼(삼각형)이니(天二三地二三人二三),

큰 삼(삼각형)이 합하여져 여섯(육 : 두 개의 삼각형이 엇갈려 있는 것)이 되었는데 이 합하여진 여섯(육)에서 칠팔구가 생긴다(大三合六生七八九).

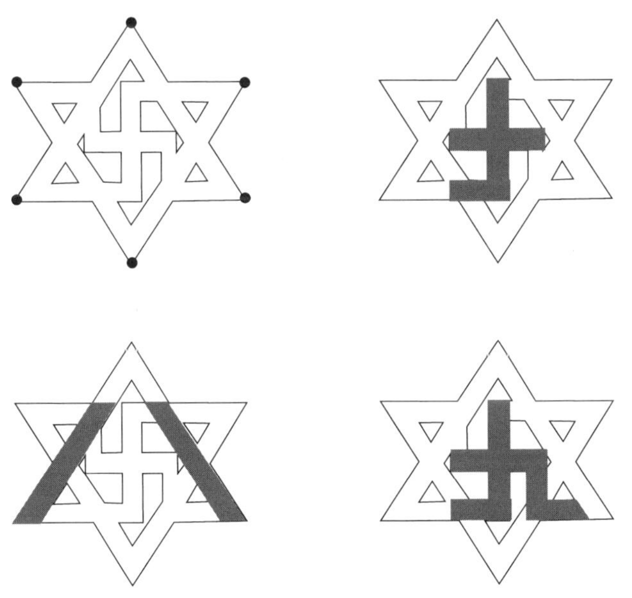

삼(삼각형)과 사(사각형)를 운용하여 오와 칠의 고리를 이루었으니(運三四成環 五七),

하나가 묘하게 순행하여 무수히 오가며 쓰임은 변하지만 근본은 움직임이 없다(一妙衍萬往萬來用變不動本).

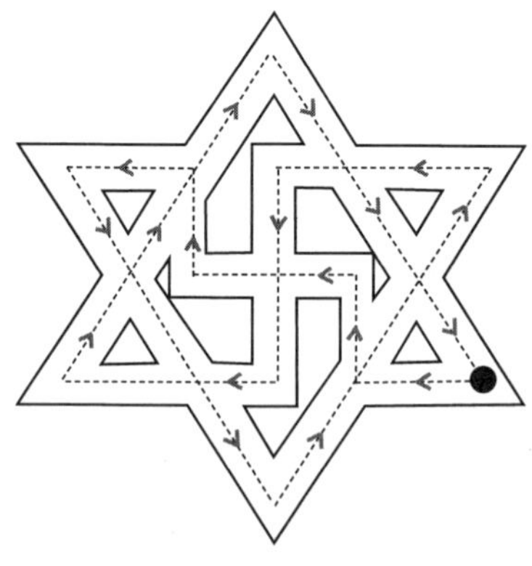

본심은 본래 태양을 우러러 밝으니(本心本太陽昻明) 사람을 중심으로 하늘과 땅이 하나로다(人中天地一).

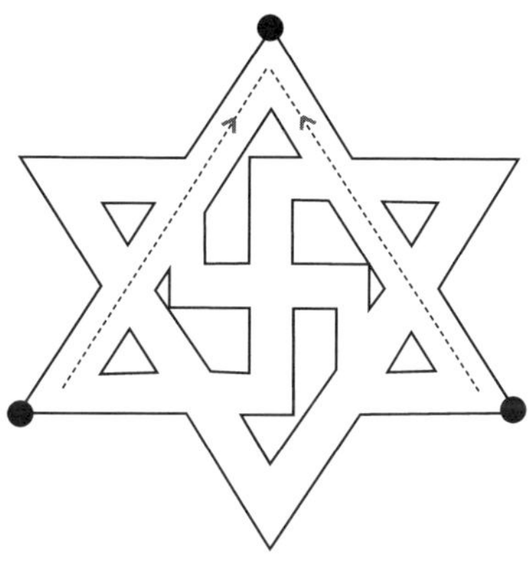

하나가 끝났다하나 그 하나는 끝남이 없다(一終無終一).

〈궁을도〉 무한의 상징

  궁을도는 수승화강(水勝火降)의 원리에 따라 삼각형 두 개
(△▽)를 정확히 대칭이 되게 위 아래로 겹쳐놓고 그 안에 만
(卍)자를 넣어 끝임이 없이 이어지는 원리로 만들어져 있어
무한을 상징하고 있음

라엘리안무브먼트에서 사용하는 '무한의 상징' 마크

* 도형으로 나타낸 오행상의 수(水)는 바른삼각형(△)으로 표시
  되고, 화(火)는 역삼각형(▽)으로 표시됨
* 이 문양에서 유대교의 다윗별도 나오고, 불교의 만(卍)표시도
  나오고 기독교의 십자가(＋)도 나올 수 있어 대부분의 종교의
  상징마크는 이곳에서 근원을 찾을 수 있음

격암유록에 나오는 어려운 용어는 궁을도에서 모두 풀린다

격암유록에는 이해하기 어려운 용어들이 많이 등장합니다. 시중에 나와 있는 격암유록해설 책자를 보면 이런 용어에 대해서는 구체적으로 설명을 하지 못하고 이 용어들을 나열하는 수준에서 그치고 있습니다. 저 또한 이 용어들을 보고 많이 고민하고 연구해 보았으나 궁을도를 찾기 전에는 별다른 도리 없이 그저 용어를 나열하는 수준에서 그치게 됨을 느꼈습니다. 그만큼 이 용어들은 난해한 부분이었습니다. 그러나 그동안 난해한 용어로 알아 왔던 것들이 궁을도를 찾고 보니 그 속에서 다 풀리게 됨을 알게 되었습니다. 해석하기 어려운 용어들로는 삼풍(三豊), 삼신산(三神山), 양백(兩白), 양산(兩山), 궁궁을을전전(弓弓乙乙田田), 갑을(甲乙), 낙반사유(落盤四乳), 수승화강(水勝火降), 사답칠두(寺畓七斗), 십승(十勝) 등등이 있었습니다.

먼저 수승화강(水勝火降)은 궁을도에 있는 심긱형 두 개(△▽)를 겹친 모습을 이르는 것이었습니다. 음양오행(陰陽五行)을 도형으로 나타내면 수(水)는 바른 삼각형(△)으로 표시되어 위로 올라가는 형상이므로 수승(水勝)이라 하였고, 화(火)는 역삼각형(▽)으로 표시되어 아래로 내려오는 형상이므로 화강(火降)이라 하였던 것입니다. 수승화강(水勝火降)의 원리는 우주만물을 소생시키고 건강하게 자라도록 하는 이치가 담겨있습니다. 이런 오묘한 이치를 도형으로 나타낸 것입니다. 또한 궁을도에 있는 이 삼각형 두 개가 겹쳐지는 가운데에서 좌우측에 산과 같이 생긴 모양이 나타나고 있어 이를 양산(兩山)이라 하고, 양산(兩山)이 양백(兩白)을 이른다고 하고 있습니다. 이 양산(兩山)과 양백(兩白)이 또한 궁궁(弓弓)임을 알려주고 있습니다. 궁을도에 있는 삼각형모양이 삼풍(三豐)이며 또한 삼신산(三神山)이 되는 것입니다. 갑을(甲乙)은 궁을(弓乙)의 또 다른 표현일 뿐입니다.

낙반사유(落盤四乳)는 밥상의 네 귀퉁이가 떨어져나간 모양으로서 궁을도 안에 있는 만(卍)자를 이르는 것이었습니다. 만(卍)자는 밭 전(田)자에서 네 귀퉁이가 떨어져나간 모양이기 때문입니다. 또는 열 십(十)자도 밭 전(田)자에서 네 귀퉁이가 떨어져 나간 모양으로 낙반사유(落盤四乳)를 의미하고 있습니다. 또한 만(卍)자를 풀어 쓰면 을을(乙乙)이 되니 이곳에서 을을(乙乙)이 나오는 것으로 보고 있습니다. 또한 앞으로 봐도 가운데에 전(田)자가 있고 뒤집어 봐도 가운데에 전(田)자가 있어 이를 일러 전전(田田)이라 하고 있었습니다. 열십(十)자도 만(卍)자 모양 안에서 나오니 이것이 십승(十勝)이었습니다. 격암유록에서 다양하게 나오는 이해하기 어려운 용어 모두가 궁을도로서 풀리게 되어 있었습니다. 이러한 내용을 밝힌 것도 이 책이 처음입니다. 여러분도 한번 잘 음미해 보시기 바랍니다.

사답칠두(寺畓七斗)라는 용어도 격암유록에 수없이 나오는 용어입니다. 일부 종교에서는 이것을 '금산사의 절에 딸린 일곱 마지기'이라고 해석하는 곳도 있었습니다. 그러나 지금까지 해석해온 바와 같이 칠두(七斗)는 현생인류를 지은 우성인(牛性人)이 거주하고 있는 북두칠성을 이르는 말입니다. 그리고 사답(寺畓)은 토촌수전(土寸水田)으로 풀어쓸(파자)수 있습니다. 파자된 것을 해석하면 '흙의 마디와 물의 밭'을 이르는 것으로 북두칠성이 흙과 물로 이루어져있음을 이르는 것으로 해석됩니다. 사답칠두(寺畓七斗)를 종합해 보면 '흙과 물로 이루어진 북두칠성'이라고 해석할 수 있습니다. 흙과 물이 있는 곳에는 반드시 생명체가 존재한다는 것을 과학적으로 입증할 수 있습니다.

그러므로 북두칠성(北斗七星)에는 생명체가 존재한다는 것을 강조하는 의미로서 사답칠두라고 표한 것으로 해석할 수 있습니다. 또한 사답칠두라고 표기한 곳도 있는데 이것은 토촌수일(土寸水日)로 파자할 수 있으며 이것은 '흙과 물과 햇빛이 있는 북두칠성'으로 해석할 수 있습니다. 이것으로 보아 '흙과 물이 있고 햇빛이 있는 북두칠성' 역시 생명체가 존재한다는 사실을 강조한 표현으로 보입니다. 여기에 더하여 사답칠두락(寺畓七斗落)이란 용어도 격암유록에 등장하고 있는데 이깃은 '생명체가 있는 북두칠성으로부터 지구상으로 내려왔다(떨어졌다)'라는 뜻으로 해석할 수 있습니다.

기존의 종교(宗敎)나 도(道)는 구원받지 못한다

末世汨染儒佛仙 無道文章無用世 孔孟讀書稱士子 見不覺無用人
말세골염유불선 무도문장무용세 공맹독서칭사자 견불각무용인

阿彌陀佛道僧任 末世舊染失眞道 念佛多誦無用日 彌勒出世何人覺
아미타불도승임 말세구염실진도 염불다송무용일 미륵출세하인각

自稱仙道呪文者 時至不知恨歎 西學立道讚美人 海內東學守道人
자칭선도주문자 시지부지한탄 서학입도찬미인 해내동학수도인

舊染失道無用人 枝枝葉葉東西學 不知正道何修生 再生消息春風來
구염실도무용인 지지엽엽동서학 부지정도하수생 재생소식춘풍래

無聲無臭別無味 大慈大悲博愛萬物 一人生命貴宇宙 有智先覺合之合
무성무취별무미 대자대비박애만물 일인생명귀우주 유지선각합지합

人人還本道成德立 人人不覺寒心 孔孟士子坐井觀天 念佛僧任 不染
인인환본도성덕립 인인불각한심 공맹사자좌정관천 염불승임 불염

塵世如言將談 各信生死從道不知 虛送歲月恨歎 海外信天先定人
진세여언장담 각신생사종도부지 허송세월한탄 해외신천선정인

唯我獨尊神天任 降大福不受 我方東道呪文者 無文道通主唱
유아독존신천임 강대복불수 아방동도주문자 무문도통주창

生死之理不覺 不知解冤無用 道道敎敎獨主張 信仰革命不知 何不覺
생사지리불각 부지해원무용 도도교교독주장 신앙혁명부지 하불각

而亂世生 千降大道此時代 從道合一解冤知
이난세생 천강대도차시대 종도합일해원지

 말세에 유불선이 타락했네, 도(道)가 없는 문장이니 세상에 쓸모가 없네, 공자 맹자를 읽는 사람을 선비라 이르지만, 보고도 깨닫지 못하니 쓸모없는 사람이네. 아미타불의 도를 따르는 승려들도 말세에 참된 도를 잃었으니, 염불을 많이 외워도 쓸모없는 날이네. 자칭 선도(仙道)를 주장하며 주문을 외우는 자도 때가 이른 것을 알지 못하니 한탄스럽네. 서학(西學)의 도(道)를 세우고 찬미하는 사람들과 국내에서 동학(東學)을 따르는 사람들도 옛것에 물들어 도를 잃었으니 쓸모없는 사람이 되네. 나뭇가지와 잎과 같이 무수히 나누어진 동학과 서학이 정도를 모르니 어떻게 도를 닦아 살 수 있으리오. 하느님의 재생소식이 봄바람을 타고 오네. 소리 없고 냄새도 없고 별로 맛도 없이 대자 대비하여 만물을 널리 사랑하네, 한 사람의 생명을 우주보다 귀하게 여기네. 지혜 있고 먼저 깨달은 자는 합하소서.

사람마다 근본으로 돌아와 도를 이루고 덕을 세워야하나 사람마다 깨닫지 못하니 한심하네. 공자 맹자를 믿는 선비들은 우물에 앉아서 하늘을 바라보는 좁은 편견 속에 있고, 염불하는 승려님들은 세속에 물들지 않았다고 장담하며 각기 삶과 죽음을 믿고 따르나, 도를 모르며 허송세월하며 지내니 한탄스럽네. 해외에서 오직 자기들만이 하느님을 믿으며 선택받은 사람들이라고 독실하게 주장하는 민족이 있으나, 하늘이 내려주는 큰 복을 받지 못하네. 우리나라 동도 주문자는 글 없이 도통한다고 주장하나 삶과 죽음의 이치를 깨닫지 못하고 해원을 모르니 쓸모가 없네.

각종 도(道)와 교(敎)들이 각기 홀로 제일이라고 주장하나 신앙혁명을 모르네. 어찌하여 깨닫지 못하고 세상의 삶을 어지럽게 하는가? 하늘에서 내려와 이 시대에 대도를 펼치고 있으니 모든 도를 하나로 합하여 해원시키고 있음을 아소서.

入山訪道 저 君子들 山門열일 何歲月고 阿彌陀佛念佛僧道 避凶
입산방도 저 군자들 산문열일 하세월고 아미타불염불승도 피흉
推吉下山時라 時物文理잘살펴서 生死보아 去來하소 疑心없는
추길하산시라 시물문리잘살펴서 생사보아 거래하소 의심없는
快知事를 四月天中 일럿다네
쾌지사를 사월천중 일럿다네

해설 >>> 산 속에 들어가 도를 찾는 저 군자들아 산의 문을 열 때가 어느 세월
인가? 아미타불 염불 외는 불도들이여 흉한 것을 피하고 길한 것을
찾아 산에서 내려올 때이네. 시대와 만물의 이치를 잘 살펴서 생사
(生死)를 보아 가고 오소. 의심 없이 믿을 수 있는 통쾌한 일을 사월
천중 일렀다네.

•• 格庵歌辭 격암가사

合德今日大道出을 有名學識英雄으로 科學의열인丈夫 機械發達
합덕금일대도출을 유명학식영웅으로 과학의열인장부 기계발달
되단말 天文地理達士덜도 時言不知非達士요 各國遊覽博識哲人
되단말 천문지리달사덜도 시언부지비달사요 각국유람박식철인
時至不知非哲이요 英雄豪傑 제藉浪도 方農時를 不知하면 農事力이
시지부지비철이요 영웅호걸 제자랑도 방농시를 부지하면 농사력이
不足이라 愚夫愚女氓虫人도 知時來이 英雄이요 高官大爵豪傑들도
부족이라 우부우녀맹충인도 지시래이 영웅이요 고관대작호걸들도

知時來이 傑士라네
지시래이 걸사라네

해설 >>> 덕을 합하여 오늘 대도가 출현하네. 유명한 사람, 학식 있는 사람, 영웅들, 과학을 열은 장부들이 기계문명을 발달시키지만, 대도가 출현하는 때를 모르니 천문지리에 밝은 달사들도 달사가 아니요, 각국을 유람하여 학식이 풍부한 철학자들도 때가 이른 것을 모르니 철학자가 아니네. 영웅호걸의 자기자랑도 바야흐로 농사지을 때를 모르면 농사짓는 힘이 부족한 것이네. 어리석은 지아비와 어리석은 지어미, 벌레 같은 사람도 때가 옴을 알면 영웅이요, 고관대작 호걸들도 때가 옴을 알면 참 선비라네.

弓乙圖歌 궁을도가

東西多敎來合하소 弓乙외는 不通일세 어서오소피난처로 不老不死
동서다교래합하소 궁을외는 불통일세 어서오소피난처로 불로불사
仙境일세
선경일세

해설 >>> 동양과 서양의 수많은 종교들이여 궁을의 도에 합하소. 궁을 외는 통할 수 없네, 피난처로 어서 오소, 늙지 않고 죽지 않는 선경이네.

阿彌陀佛佛道人들 八萬經卷工夫하야 極樂간단말은하나 가난길이
아미타불불도인들 팔만경권공부하야 극락간단말은하나 가난길이
希微하고 西學入道天堂人들 天堂말은참조으나 九萬長天멀고머니
희미하고 서학입도천당인들 천당말은참조으나 구만장천멀고머니
一平生엔다못가고 詠歌時調儒士들은 五倫三綱正人道나 倨慢放恣
일평생엔다못가고 영가시조유사들은 오륜삼강정인도나 거만방자
猜忌嫉妒 陰邪情慾뿐일러라
시기질투 음사정욕시일러라
儒佛仙이 各分派로 相勝相利말하지만 天堂인지 極樂인지 彼此
유불선이 각분파로 상승상리말하지만 천당인지 극락인지 피차
一般다못하고 平生修道十年工夫 喃嘸阿彌陀佛일세
일반다못하고 평생수도십년공부 나무아미타불일세

해설 >>> 아미타불 불도인들이여 팔만대장경을 공부하여 극락 간다고 말하지
만 가는 길이 희미하네. 서학입도 천당인들이여 천당말은 참 좋으나
구만장천 멀고머니 한평생엔 다 못 가고, 노래 읊고 시조 읊는 유교
의 선비들이여 오륜삼강이 비록 인간의 정도이나, 거만하고 방자하
고 시기하고 질투하고 음해하고 거짓되고 정욕뿐이네.
유불선이 각각 분파되어 서로 자신이 가장 뛰어나다고 말하지만 천
당인지 극락인지 저도 못 가고 나도 못 가기는 다 마찬가지이네. 평
생수도 십년공부 나무아미타불 일세.

眞僧下山急破하소 佛道大昌何時望고 都是仙中人間事라
진승하산급파하소 불도대창하시망고 도시선중인간사라

해설 >>> 참된 승려들은 산에서 내려와 급히 깨어버리소. 불도(佛道)가 크게
　　　 창성하길 어느 때를 바라는가? 모두 이 선도(仙道)가운데에 인간사
　　　 가 있네.

入山修道念佛님네 彌勒世尊苦待치만 釋迦之運去不來로 한번가고
입산수도염불임네 미륵세존고대치만 석가지운거불래로 한번가고
아니오니 三千之運釋迦豫言 當末下生彌勒佛
아니오니 삼천지운석가예언 당말하생미륵불

해설 >>> 산에 들어가 수도하고 염불하는 승려들이여 미륵세손을 고대하시만
　　　 석가의 운수가 힌번 가고 이니 오네. 삼천 년의 운수로 자신의 도가 끝
　　　 남을 석가가 예언했네. 말세를 당하여 살아있는 미륵불이 내려오네.

* 소울음소리나는 무리를 이끄는 최고지도자가 불교의 3천 년 운이 다한 이때에 살아있는
　미륵으로 왔다고 함

斗牛在野勝地處면 彌勒佛이 出現컨만 儒佛仙이 腐敗하야 아는
두우재야승지처면 미륵불이 출현컨만 유불선이 부패하야 아는
君子 누구누구
군자 누구누구

해설 >>> 북두칠성의 주인인 우성인이 들판인 십승지에 미륵불로 출현하건만
유불선(儒佛仙)이 부패하여 아는 군자 누구인가?(아는 군자가 참으로
드무네)

一平之修道人 北邙山川不免時來
일평지수도인 북망산천불면시래

해설 >>> 일평생 도를 닦은 사람도 북망산천(죽음)을 면하지 못하는 때가 오네.

道者弓弓之道 無文通也 行惡之人不覺之意 尋道之人覺之得也
도자궁궁지도 무문통야 행악지인불각지의 심도지인각지득야

해설 >>> 도란 궁궁의 도요, 글 없이도 통하네. 악을 행한 사람은 그 뜻을 깨

닫지 못하나, 도를 찾고자 하는 사람은 그 뜻을 깨달아 얻을 수 있네

•• 鷄龍歌 계룡가

山不近에 轉白死니 入山修道下山時라
산불근에 전백사니 입산수도하산시라

해설 >>> 산에 가까이 가서는 안 되며 산에 가면 죽게 되니 입산하여 도를 닦
는 자는 산에서 내려올 때이네.

•• 聖山尋路 성산심로

强亡柔存革心從心 舊染者死從 新者生
강망유존혁심종심 구염자사종 신자생

해설 >>> 강한 자는 망하고 부드러운 자는 살게 되니 마음을 혁신하여 그 마
음을 따르라, 옛 것에 물드는 것은 죽음을 따르는 것이니 새로운 것
을 따라야 살게 되네.

* 기존에 있던 옛 것은 아니 되니 지금까지 있던 것과는 완전히 다른 새로운 것을 찾아 따
라야한다고 강조하고 있음

自古由來預言中 革舊從新訪道覺
자고유래예언중 혁구종신방도각

해설 >>> 예로부터 내려온 예언서에 옛 것을 고쳐 새 것을 따라 도를 찾고 깨
달으라 했네.

기존의 종교는 아니 되니 새로운 궁궁(弓弓)의 도(道)로 합하라

우리나라에 현재 존재하는 종교를 보면 서학(西學)이라 일컫는 기
독교 등의 계통과 이에 대응하여 우리나라 구한말에 형성된 동학
(東學), 수련을 주로 하는 선도(仙道), 유학을 따르는 유교(儒敎), 불
교(佛敎) 등으로 크게 분류할 수 있습니다. 과연 이중에 말세의 성
인이 있는 무리가 있을까? 이점에 대해서 격암유록에서는 명쾌하
게 제시해 주고 있습니다. 기존의 종교에 대해 하나하나 열거하면
서 이들은 진정한 신앙혁명을 모르고 삶과 죽음의 이치를 모르니
모두 쓸모없다고 일러주고 있습니다. 제 자신이 스스로 현장에 참
여하면서 확인해 보니 이전에 우리가 익히 알고 있는 대부분의 종
교는 막연하게 신비적인 신이나 상제, 부처 등에 의존하여 인간의
능력으로는 감히 의심할 수 없는 초월적인 대상을 내세워 이루어지
고 있었습니다. 우리나라에 존재하는 종교나 수련단체를 보면 그
명칭이나 내용이 무엇이든 대부분이 서학(西學, 기독교 계통), 동학

(東學), 불교(佛敎), 유교(儒敎), 선도(仙道), 단군이나 무속 등에서 분파된 것이었습니다.

　이들에 대해서는 이미 격암유록에서 그 본류에서 여러 갈래로 나뉘어질 것을 예측하고 있으며, 그렇게 나뉘어 진 모두가 다 소용없다고 알려주고 있습니다. 또한 진정한 무리를 판단하는 중요한 기준으로 '한사람의 생명을 우주보다 귀하게 여기는 사람들이 따르는 길' 이 바로 참된 길이니 지혜 있고 먼저 깨달은 자는 그곳으로 합하라고 격암유록에서 알려주고 있습니다. 이것은 학문으로 배우지 않고 마음으로 통하는 도(道)이며 항상 기쁜 마음으로 노래하며 춤추게 되는 것이며, 유(儒)·불(佛)·선(仙)과 서학(西學)·동학(東學) 등 일체의 종교와 철학을 하나로 통합하는 신앙혁명이라고 일러주고 있습니다. 그러므로 모두를 아우르는 그러한 길을 찾는 것이 필요합니다.

　격암유록에서도 아비타불의 불도를 따르는 승려들도 밀세의 참된 도를 잃었으니 염불을 많이 외어도 소용없고, 서학(西學)의 도를 세우고 찬미하는 사람들과 국내의 동학(東學)을 따르는 사람들도 옛 것에 물들어 도를 잃었으니 쓸모없는 사람이 된다고 말하고 있으며, 공자·맹자를 믿는 선비들은 우물에 앉아서 하늘을 보는 좁은 편견을 갖고 있고, 각종 도(道)와 교(敎)라는 명칭을 쓰고 있는 종교단체들이 각기 홀로 제일이라고 주장하나 진정한 신앙혁명을 모르니 쓸모가 없으며, 우리나라 동도(東道)를 외는 주문자는 무문도통(無文道通)을 주장하나 삶과 죽음의 이치를 깨닫지 못하고 해원

(解冤)을 모르니 쓸모없다고 알려주고 있습니다.

그렇다면 기존의 종교와는 완전히 다른 무언가가 이미 세상에 나와 있을 것이라는 생각이 들었으며 이것을 찾는 작업을 시작하기로 하였습니다. 지금까지 존재했던 지구상의 인류 중에 가장 지능지수가 높았다고 알려진 아인슈타인은 '원초적인 종교가 지나면 우주를 대상으로 하는 궁극적인 종교'가 등장할 것이라고 예측한 적이 있습니다. 이점을 상기시켜 우주를 대상으로 하는 종교나 단체가 존재하는지를 찾아보았습니다. 격암유록에서도 옛것에 물들지 말고 벗어나서 새로운 것을 따르라고 알려주고 있는 점과 연관시켜 많은 시간을 찾아본 결과 현재 우리나라에 우주를 대상으로 하는 믿음의 단체들이 있는 것을 확인할 수 있었습니다. '라엘리안무브먼트'와, '행성활성화그룹'이라는 비영리 단체 2곳을 찾을 수 있었습니다.

이들의 시작은 서양에서 비롯되어 1980년대 초와 1990년대 말에 우리나라에 유입된 것으로 확인되었습니다. 이들을 찾은 후에는 바로 이들에 대한 확인 작업을 해나갔습니다. 다른 종교에 대한 확인 작업 시에도 그렇게 했듯이 이들의 모임에도 스스로 참석하고 그들의 의식에 동참하면서 이들의 의식과 행동양식 또는 추구하는 가치기준이 과연 격암유록에서 예언하고 있는 내용과 일맥상통하면서 구원의 방법도 격암유록에 근거한 방법으로 이루어진다고 하는지를 유심히 확인해 나갔습니다. 격암유록 전체를 통하여 수없이 강조하고 있는 소울음소리가 나는지를 확인해보았습니다. 먼저 '라엘리안무브먼트'에 참석하여 이들의 발성명상법을 들으며 따라하는 순간 일단은 소울음소리에 가장 가깝다고 생각되는 발성을 들을 수 있었습니다. 〔아 - 오 - 옴 - (심호흡) 아 - 오 - 옴 - (심호흡) 아 -〕하는 발성명상을 지속적으로 하는 것을 확인할 수 있었습니다. 이 과정에서 심호흡(深呼吸)도 같이 이루어지고 있었습니다.

이 발성을 들으면서 격암유록에서 알려주고 있는 엄마 엄마 하는 발성과 상통하는지를 유심히 가늠해 보았습니다. 이 발성을 중간부분에서 들어 보니 〔옴 - (심호흡) 아 - 옴 - (심호흡) 아〕로 들려오는 것이었습니다. 이에 더하여 멀리서 들어 보니 〔엄 - 마 - 엄 - 마〕하는 발성으로 들려오고 있었습니다. '엄' 이라는 부분의 발성이 길게 나오다가 당분간 소리가 멈춘 뒤에(이 사이에 충분히 숨을 들이쉬는 심호흡이 이루어짐) '아' 라는 발음이 이어지는 현상을 확인했습니다. '엄' 이라는 발음이 끝난 상태에서는 입술이 다물어져 있다가 '아' 라는 발음이 날 때는 다물어진 입술이 벌려지면서 나오다 보니 "마" 라는 발음으로 들릴 수밖에 없다는 점을 감안해 보니 분명 엄마 엄마 하는 소리가 계속해서 들리는 것 같았습니다.

드디어 엄마 엄마하는 소울음소리나는 곳을 찾았다고 생각하고, 왜 이런 발성을 하는지가 더 중요하다고 판단되어 이들에게 지금하고 있는 발성을 하는 근본 이유를 물어보았습니다. 이들은 사람이 할 수 있는 발성 중에서 〔아 - 옴〕의 발성만이 두뇌가 가장 명상에 잠길 수 있는 파장이 형성되어 신체적 건강은 물론 정신적인 건강에도 가장 좋으며 맑은 의식수준이 형성되어 우주의 기운과 상통하게 된다는 설명을 하는 것이었습니다. 이것은 그들이 개발한 것이 아니라 지구상의 현생인류를 지은이들이 알려준 명상법이라는 말을 덧붙였습니다.

현재 지구상에서 행해지고 있는 각종 명상은 태초에 지구상의 현생인류를 창조한 이들이 전해준 것이었으나 계속 내려오면서 많이 변형되었다고 하면서 태초에 명상법을 전해준 이들로부터 최근에 전수받아 수행하고 있는 아옴 명상법이야 말로 조금도 변형되지 않은 그대로의 명상법임을 강조하고 있었습니다. 이에 더하여 격암유록에서 알려주고 있는 소울음소리에 대해서 아는지를 물어보니 이들은 격암유록이 무엇인지도 모르고 있었으며 우리나라에 그런 예언서가 있는지조차도 전혀 모르고 있었습니다. 그리고 그런 예언서에 의하여 신비적인 것으로 비화되는 것을 가장 금기하고 있었습니다. 항상 이성적인 사고와 깨어있는 의식수준을 높이는 것이 우리들이 할 수 있는 일이라며 미래를 확정적으로 예언하는 것은 우리들이 할 바도 아니며 더욱이 이것에 의존하는 것은 삼가야 한다고 말하는 것이었습니다.

이전에 확인한 바 있는 증산도에서는 소울음소리를 자신들이 하고 있다고 주장하는 것을 들을 수 있었습니다. 그들이 하고 있는 주문 중에 태을주라는 것이 있는데 이 주문의 서두에 한문으로 〔훔치 훔치〕라는 구절이 있었습니다. 이때 '훔' 자는 소울음 '훔' 자이고 '치' 자는 입 크게 벌릴 '치' 자 라는 것을 들어 이것이 바로 격암유록에서 알려주고 있는 소울음소리라고 강조하는 것을 들은 적이 있었습니다. 이러한 태을주는 강증산 상제께서 이전에 불교에서 내려오던 주문과 김경수 선사가 추가한 주문에다 소울음소리를 추가하기 위하여 앞부분에 '훔치'를 중복해서 더한 것이었습니다. 이미 강증산 상제께서도 소울음소리나는 곳이 마지막에 구원받는 곳이라는 사실을 익히 알고 있었던 것으로 보여집니다. 증산도의 도전이나 대순진리회의 대순전경을 보면 강증산 상제께서 미래에 전개될 현상들에 대하여 말씀한 것이 많았으며 그대로 실현되고 있다는 것을 느낄 수 있었습니다.

그러나 격암유록에서는 소울음소리를 분명히 엄마 엄마하는 발음으로 난다는 것을 명확히 밝혀주고 있습니다. 소울음소리나는 무리들이 이르기를 우주 삼라만상 어디에도 신은 없으며 사탄과 같은 악한 신도 존재하지 않는다고 합니다. 또한 우주는 무한하여 시간적으로나 공간적으로도 시작도 없고 끝도 없는 무한 그 자체라고 합니다. 그리고 지구보다 상상할 수 없이 발달된 과학문명을 누리고 있는 행성에서 온 이들이 현재의 지구상의 인류를 그들의 최고도로 발달한 과학에 의하여 창조했다고 주장합니다.

그리고 그들은 평화와 사랑, 비폭력, 무한 우주와의 조화, 평화적인 최첨단과학의 발달을 통한 지상낙원 건설, 명상 등을 통하여 오감을 발달시키고 즐겁게 춤추고 노래하며 인생을 즐기는 생활을 최고의 가치로 삼고 있었습니다. 다만 자신의 유전자를 손상시키는 마약, 담배, 술, 카페인음료 등은 일체 금기하도록 하였습니다. 그리고 머시않아 향후 20년 전후해서 지구상의 현생인류를 창조한 이들이 지구상으로 귀환한다고 합니다. 만약 현재의 폭력성을 버리지 못하고 전쟁에 휘말려 급기야 핵폭발 등으로 지구상의 인류가 멸종되는 불행한 사태가 벌어지게 되면 이들을 따르는 무리들을 UFO(미확인비행물체)에 태워 구원한다는 내용이 있었습니다.

다음으로 '행성활성화그룹'을 확인해 보았습니다. 소울음소리나는 무리들은 매월 첫째 주는 전체적인 모임을 갖고 기타 다른 주의 일요일은 자발적으로 모임을 갖는데 비해 이들(행성활성화그룹)은 아직 정기적인 모임이 형성되지 않고 지역적으로 모임일자를 잡아서 하기도 하고 전국적인 모임일자를 잡아서 모이기도 하는 등 모임에 대한 주기성이 아직은 체계적으로 이루어지지 않고 있는 것 같았습니다. 그리고 일관성 있는 의식이나 명상법도 정해지지는 않고 있는 것 같았습니다.

또한 소울음소리도 이곳에서는 전체적으로 일관성 있게 나오는 것은 아니고 그 중에 하나로 생각되는 곳에서 〔아 – 옴〕 발성명상을 하는 정도에 그치는 것을 확인할 수 있었습니다. 이들은 영적인 존재를 인정하고 윤회도 인정하며 창조주도 인정하고, 전 우주적인 행성연합체인 은하연합을 따르고, 우주의 역사와 지구의 역사, 우리가 알고 있는 달은 우주인들이 인공적으로 만든 것이라는 내용 등, 우주를 대상으로 하되 그 범위가 너무나도 광범위하고 접근하는 사람마다 각양각색의 개념으로 해석하고 있어 일목요연한 체계가 형성되었다고 보기에는 미흡하다는 생각이 들었습니다.

접근범위에서는 '라엘리안무브먼트'에서 다루는 우주인의 개념을 훨씬 능가하는 더 넓은 개념으로 보았습니다. 이들(행성활성화그룹)은 지금은 은하연합의 작용에 의하여 현재 지구상에 있는 악의 무리들은 서서히 퇴각하게 되어 있으며, 머지않아 2010년을 전후해서 UFO(미확인비행물체)를 타고 외계의 선한 그룹들이 대거 착륙하는 지구인과의 첫 접촉이 이루어진다고 주장하고 있습니다. 그리고 매주 은하연합에서 지구상에 메시지를 보내주면 영적인 대화가 가능한 체널러들이 이 메시지를 받아서 회원들에게 인터넷을 통하여 배포하고 있었습니다.

이 두 개의 그룹을 비교해 보면 소울음소리는 '라엘리안무브먼트'가 보다 일관되게 전체적인 발성명상법으로 이루어진다는 것을 확인했고, 소울음소리 외에는 격암유록에서 설명하고 있는 핵심내용인 궁을도와 신비기(神飛機, UFO)에 대한 것은 '행성활성화그룹'에서도 찾을 수 있었습니다. 궁을도에 해당하는 것으로 '라엘리안무브먼트'에는 '무한의 상징'이라는 문양이 있고, '행성활성화그룹'에는 '움막단'이라는 문양이 있는 것을 확인하였습니다. 이들 두 문양은 상당히 흡사한 모양을 하고 있었습니다. 신비기(神飛機)에 해당하는 것으로는 양쪽 그룹 둘 다 UFO(미확인비행물체)를 인정하고 따르고 있었습니다. 그러나 신비기(神飛機, UFO)를 타고 오는 천사(우주인)들이 내려올 수 있는 갑을각이나 궁을정과 같은 엄택곡부(奄宅曲埠)에 대한 내용으로 '라엘리안무브먼트'에서는 우주인의 대사관을 지어야한다고 표현하고 있어 격암유록의 내용에 가까운 것으로 인정되었으나 '라엘리안무브먼트'에서는 이에 대하여는 다루어지지 않고 있었습니다.

'라엘리안무브먼트'는 1970년대 초에 프랑스에서 시작되었고, '행성활성화그룹'은 1990년대 초에 미국에서 시작된 것으로 확인되었습니다. 이렇게 두 그룹을 비교하고 확인하면서 지금에 이르렀습니다. 이 두 그룹 외에는 아직 유불선(儒佛仙)과 서학(西學, 기독교 등)·동학(東學)에 해당하지 않는 것으로서 새롭게 나타난 종교적인 그룹은 찾지 못했습니다. 이것으로 일단 현재 우리나라에 존재하는 대부분의 종교에 대한 확인 작업을 마쳤다고 가정하고, 다시 격암유록으로 돌아가 보겠습니다.

격암유록에서는 기존의 종교나 그 분파에 해당하는 것은 다 소용없으니 옛것에 물들지 말고 새로운 궁궁(弓弓)의 도(道)로 합하라고 강조하고 있습니다. 이것으로 보아 기존의 종교에서 탈피하여 궁궁(弓弓)의 도(道)를 찾아가야 한다는 결론이 나오게 됩니다. 마지막의 진정한 길인 궁궁(弓弓)의 도(道)를 찾는 것으로 모든 문제는 해결되는 것입니다. 이러한 궁궁(弓弓)의 도(道)가 소울음소리나는 무리가 따르는 도(道)이고, 신비기(神飛機)를 따르는 이들의 도(道)이고, 갑을각 또는 궁을정에 내려오는 천사들의 도(道)이며, 궁을도를 따르는 이들의 도(道)로서 이들 여러 가지가 모두 하나의 도(道)로 귀착되는 것입니다.

왜 기존의 종교가 아니고 다시 새로운 것으로 나오는가

새로운 궁궁(弓弓)의 도(道)가 마지막에 살아남는 진정한 길이라면 그동안 정통성을 유지하면서 내려온 기존의 종교는 어떻게 되는 것인지에 대해 의문을 가져보았습니다. 역사적으로 보아도 메시아(진인)는 새로운 곳에서 나오는 것이 그 원리임을 알 수 있습니다. 예수가 처음 세상에 나타났을 때도 기존의 유대인 율법학자나 정통성을 유지하고 있는 곳에서 나오지 않고 다른 곳에서 나왔으며, 처음에 예수가 등장했을 때 대부분의 기존 종교를 따르던 이들은 이를 부인하고 오히려 학대하고 탄압하는 쪽으로 기울었습니다. 그리고 많은 세월이 흐른 뒤에 비로소 예수를 주축으로 하는 부류가 다시 주류를 이루어 오늘날의 정통종교로 이어져 왔으며 이들은 구약과 신약을 아우르면서 현대 기독교로 발전해 왔습니다. 예수 이전의 종교인 유대교는 예수를 부인하고 그 나름대로 지금까지 이어져 왔습니다.

불교에서의 석가부처도 그 이전에 존재했던 수도인들이나 그 당시 주류를 이루었던 정통종교에서 나오지 않았습니다. 다른 곳에서 나와서 세월이 흐르면서 다시 이것이 주류를 이루어 오늘날의 정통불교로 이어져 왔던 것입니다. 이슬람교의 마호메트(무하마드) 또한 같은 과정을 겪었습니다. 현재의 전통종교에서 마지막 메시아(진인)가 나온다면 과연 몇 사람이나 이를 믿고 따르겠습니까. 대부분의 사람들은 이를 믿으려하지도 않을 것이며 오히려 자신이 메시아라고 주장하는 자가 있다면 정통종교에서는 이 사람을 정신병원에 수용하고 말 것입니다. 특히 기존종교의 지도자들이 용납하지 않을 것입니다. 아무리 현실적인 방법을 연구해보아도 기존의 종교에서는 말세의 진인이 나올 수 없습니다. 더구나 현재 세상에 존재하면서 역사성 있는 종교의 숫자는 우리가 상상할 수도 없을 만큼 무수히 많습니다. 이들 중에 어느 곳을 택하여 메시아를 보낼 수 있겠습니까. 같은 기독교 내에서도 그 종파가 무수히 많은 것은 물론이며, 여타의 다른 종교도 마찬가지로 그 분파가 헤아릴 수 없이 많이 갈라져 있습니다.

이런 현실을 감안하면 기존의 역사성이 있는 종교에서 마지막 메시아(진인)가 나올 가능성은 희박하다고 봅니다. 그 옛날 석가모니 부처나 마호메트(무하마드), 예수가 출현했던 방식과 같이 새로운 곳으로 마지막 메시아(진인)를 보내는 것만이 현실적으로 택할 수 있는 유일한 방법이 될 것입니다. 기독교가 유대교의 구약과 예수로부터 시작된 신약을 모두 아우르듯이 또 많은 세월이 흐른 뒤에는 새로 시작된 메시아를 주축으로 구약과 신약은 물론 새로운 메시아에 의해 이루어진 행적을 모두 아우르는 일이 반복될 것입니다. 다만 새로운 메시아를 모르고 살아온 이들에 대해서는 기존의 종교에 흠취되어 있든 또는 종교와는 무관하게 살아왔든 어느 경우를 막론하고 마지막 메시아에 대한 정보를 접하지 못하고도 인류를 위해 지대한 공로가 있었던 분들에 대하여는 개별적으로 구원의 가능성이 있다고 보는 것이 가장 타당한 접근법이라고 생각합니다.

어떻게 그 많은 지구상의 현재인류는 물론 과거에 존재했던 인류 모두를 개별적으로 판단할 수 있을지에 대해 의문을 가질 수도 있을 것입니다. 지구상에 존재했던 인류의 숫자가 얼마나 될지 모르겠지만 그 숫자가 헤아릴 수 없이 많다 해도 우성인(지구상의 현생인류를 지은이)들의 고도로 발달된 컴퓨터는 지구상에 존재했던 모든 인류의 일거수일투족을 기억할 수 있는 능력이 있을 것으로 생각합니다. 우리 지구상의 컴퓨터 역사는 겨우 50여 년밖에 되지 않아도 그 처리능력과 기억 저장능력은 우리가 상상할 수도 없는 범위에 달하고 있습니다. 태초에 지구상의 현생인류를 지을 수 있는 정도의 과학 수준에 있었던 우성인(牛性人)에게 있어서 지구상에 존재했던 인류의 숫자만큼을 관리하는 것은 오히려 쉬운 일이 될 것입니다. 그러므로 지구상에 존재했던 인류에 대해 개별적으로 판단하는 일도 충분히 가능할 것입니다.

가장 의식 있는 사람들은 우주를 대상으로 말하고 연구한다

지구상에서 가장 의식이 깨어있는 이들은 언제나 우주를 말하고 우주를 대상으로 연구하고 있습니다. 우리가 잘 알고 있는 아인슈타인 박사도 우주를 대상으로 말하고 있으며, 스티븐 호킹 박사도 "우주를 대상으로 탐험하여 지구상의 환경여건이 인류가 살 수 없는 지경에 이르면 다른 행성으로 이주하여 살아야 한다."고 주장하면서 항상 우주를 대상으로 연구하고 우주를 말하였습니다. 우리나라 자생종교의 화운(火運)천사 강증산 상제도 구천(九天)을 말하여 하늘도 끝이 없으며 그 곳에도 사람이 산다고 하였습니다. 이렇듯 가장 깨어있는 의식을 가진 분들은 궁극적으로 우주를 대상으로 연구하고 말하였습니다. 이제는 우리 지구인들도 우주에 눈을 뜨고 우주 속에서 지구의 위치와 우리 인간의 역할을 이해하여야 할 때가 되었습니다. 무한한 우주 속에서 미약한 지구 위에 살고 있음을 자각하고 우리가 앞으로 가야할 방향이 어디인지를 깨달아야할 때입니다. 지구 밖으로 시야를 넓히고 우주를 향해 나아가야 합니다. 마지막에 가야할 길은 우주를 대상으로 무한의 원리를 깨닫고 이에 맞는 의식혁명과 평화적인 최첨단과학의 발달로 가야한다고 생각합니다.

✿ 신(神)은 과연 있는가

平和文云 天性人心人性天心 性和心和天人和
평화문운 천성인심인성천심 성화심화천인화

해설 >>> 평화의 글에 이르기를 천성(天性)이 사람의 마음이요, 인성(人性)이

하늘의 마음이다. 본성이 화평하면 마음이 화평하고, 하늘과 사람이
화평하네.

天耶人耶不知神 神耶人耶不知天 神亦人耶天亦人 人亦神耶人亦天
천야인야부지신 신야인야부지천 신역인야천역인 인역신야인역천
人之神兮知期天 神之人兮知期地
인지신혜지기천 신지인혜지기지

해설 >>> 하늘과 사람을 모르면 신을 알지 못하고, 신과 사람을 모르면 하늘
을 알지 못하네. 신 또한 사람이며 하늘 역시 사람이네. 사람 또한
신이며 사람 또한 하늘이네. 사람이 신을 알면 그 하늘을 알 수 있
고, 신이 사람을 알면 그 땅을 알 수 있네.

* 소울음소리나는 무리들은 우주 삼라만상 어디에도 신이나 사탄은 없으며 우리가 신으로
믿어왔던 그들도 바로 사람이라고 주장함
* 소울음소리나는 무리들이 이르기를 현재 지구상에 존재하는 대부분의 종교의 사원은 지
구상의 현생인류를 지은이들이 보낸 사람에 의하여 시작되었으며, 처음에는 원시인류에
게 과학적으로 설명하여도 이해할 수 없기에 자신들(지구상의 현생인류를 지은이들)을
신으로 비치게 하였다고 하면서 이제는 모든 것을 과학적으로 설명하여도 이해할 수 있
는 수준이 되었으므로 비로소 신으로 비친 신비성을 벗어버리고 자신들도 우리와 같은
사람이라고 강조하고 있음
* 1975년 7월 22일 밤 외계의 행성 우주인들이 일본 선통사에 있는 기다노 승정을 찾아와
대단히 충격적인 메시지를 전해주었다고 함. 그 내용은 "우주인은 다른 천체에도 살고
있습니다. 생활의식, 사고방식, 기후, 그리고 정밀도 등이 제각기 다르며 문명의 차이가
있을 뿐입니다. 그리고 우리 우주인이 살고 있는 행성은 친구가 살고 있는 지구행성보다
문명이 월등히 발달하였습니다. 대단히 살기 좋은 낙원이요 큰 이상세계를 이루고 있습
니다. 지구 성인이 다 같이 그리워하고 선망하며 갈망하는 천당이라고 하는 한 행성입니
다. 내가 이렇게 말한다고 조금도 실망하거나 부러워할 것 없습니다. 지구도 우리가 살

고 있는 행성과 동등하게 된다는 사실을 예고합니다. 그러나 그렇게 되기까지는 불원한 장래에 일대 환란을 겪어야 할 것입니다. 환란 후에 펼쳐질 새 땅에는 우리 우주인이 일시에 지구로 이주하여 무궁한 조화세계를 이룩할 것입니다. 친구가 원하는 그야말로 진(眞) 선(善) 미(美)의 극치를 이룬 지상 천국이지요. 불원한 장래에 친구가 살고 있는 지구가 지상낙원이 될 것이니 그 때에 다시 만납시다. 친구여 안녕"이라 하였다고 함(대원출판사 발행 『이것이 개벽이다』에서 인용)

* 미국의 예언가 루스몽고메리는 "과거에 신으로 숭배받던 우수한 정신을 가진 이들이 지구로 돌아와 환란에서 살아남은 사람들이 새 질서에 적응할 수 있도록 도와준다. 그때의 인류는 지금의 인류와는 다른 신체적 구조를 가지게 될 것이며, 투쟁과 증오에서 해방되어, 정신적인 성숙을 위해서 매진할 것이다. 새 시대의 사람들은 생명의 존재 의미를 깨닫게 되고 서로 서로를 도와주는 삶을 살게 되며 인간계와 영혼계와의 장벽이 사라진다. 새롭게 펼쳐지는 신시대(New Age)는 인간 정신이 맑고 고결했던 초기 아틀란티스 시대 이래 최고의 기쁨과 행복의 시대가 될 것이다."라고 예언하고 있음(대원출판사 발행 『이것이 개벽이다』에서 인용)

* 몰몬교에서도 모든 장막이 걷히면 우리가 신으로 믿고 있는 하나님도 우리와 같은 사람이라는 것이 드러나게 된다고 알려주고 있음

•• 精覺歌 정각가

無聲無臭別無味 大慈大悲博愛萬物 一人生命貴宇宙 有智先覺合之合
무성무취별무미 대자대비박애만물 일인생명귀우주 유지선각합지합

해설 >>> 소리 없고 냄새 없고 별로 맛은 없으나 대자 대비하여 만물을 사랑하네. 한 사람의 생명을 우주보다 귀하게 여기네. 지혜 있고 먼저 깨달은 자는 합하고 합하소.

* 소울음소리나는 무리들은 한 사람의 생명을 우주보다 귀하게 여김
* 우주에서 사람과 동물은 물론 식물이나 무생물까지도 상생하게 만들 수 있는 것은 오직 사람만이 할 수 있는 일이므로 사람을 우주보다 귀하게 여기는 것으로 해석됨

天無窮而人心이요 人無窮而天心이라 天心人心明明
천무궁이인심이요 인무궁이천심이라 천심인심명명

해설 >>> 하늘이 무궁한 것이 사람 마음이요, 사람이 무궁한 것이 하늘의 마음이네, 하늘의 마음이 사람의 마음임이 분명하네.

우주 삼라만상 어디에도 신(神)은 없다

격암유록에서는 삼라만상 광활한 우주에 과연 일반 종교에서 믿고 있는 신은 존재하는지에 대해서도 언급하고 있습니다. 우리가 신으로 믿고 있는 이도 사람이고, 사람도 신이라 하여 신과 사람을 동일시하고 있습니다. 즉 신이 있다고 믿는다면 사람도 신과 같으며, 신 또한 사람이라고 하여 우리가 믿고 있는 그 신도 우리와 마찬가지로 사람이라고 알려주고 있습니다. 결론적으로 우리가 지금까지 믿어 왔던 '절대적이고 전지전능한 신'은 없다는 결론에 도달하게 됩니다. 동학에서도 인내천(人乃天)이라 하여 '사람이 곧 하늘이다'라고 표현하고 있습니다. 우리를 창조한 그들도 우리와 마찬가지로 사람이라는 사실을 강조하고 있습니다. 물론 격암유록의 다른 구절에서는 또 '신이 없다고 하지 마라'는 내용도 비치고 있어 상반되는 듯 보입니다만 이때의 신은 신이 없다고 생각한 나머지 올바르지 못한 행동이나 죄악을 거리낌 없이 저지르지 않도록 하기 위하여 억제적인 장치로서 언급한 내용으로 보입니다. 우리를 창조한 그들이 비록 신은 아니라 할지라도 지구상의 사람들이 죄악을 저지르는 것을 경계하기 위한 수단으로써 자신들을 우리에게 신으로 비치게 한 것으로 보입니다. 또한 우리들 지구인도 앞으로 우리가 신이라고 믿고 있는 이들과 같이 될 수 있다는 가능성도 같이 다루어진 것으로 보입니다.

지금까지 연구하고 접해본 종교단체 중에서 신을 믿지 않는 것으로는 전통적인 순수불교와 '라엘리안무브먼트', 각종 수행단체인 선도(仙道) 등이 있었습니다. 이외의 대부분의 종교는 절대자인 신을 믿고 있었습니다. 일단은 격암유록의 내용에 따라 유추해 본다면 절대적인 신의 존재는 없으며, 우리가 신으로 믿어왔던 그들도 우리와 같은 인간이라는 인식의 전환이 필요한 것으로 보여 집니다. 이런 이유로 마지막의 진정한 길은 신을 인정하지 않는 무리들을 찾아 따라야 한다는 결론에 도달하게 됩니다. 지금까지 대부분의 종교에서 믿어왔던 전지전능한 신은 우주 삼라만상 어디에도 없으며, 우리가 신으로 믿어 왔던 그들도 우리와 같은 사람이라고 주장하는 단체도 알고 보니 소울음소리나는 무리들이었습니다.

이들은 전지전능한 신은 물론 우리가 악한 신으로 믿고 있는 사탄도 마찬가지로 없다고 주장합니다. 무한한 우주 속에 우리와 같은 지적생명체가 오직 지구상에만 존재한다는 생각과 믿음은 너무나 지구적인 발상에서 비롯되고 있다고 봅니다. 무한한 우주 속에 존재하고 있는 지적생명체는 지구상의 인간 외에도 다른 행성에도 존재할 가능성은 얼마든지 있다고 봅니다. 이러한 지적생명체는 우주 속에서 그 존재의 가치가 무엇과도 바꿀 수 없는 고귀한 존재일 것입니다. 우리가 살고 있는 태양계나 은하에는 그렇게 많은 지적생명체가 존재하지는 않는 것 같습니다. 그러므로 그 존재의 희소성과 역할 면에서 우주 속의 지적생명체는 무엇보다도 존귀할 수밖에 없다고 봅니다. 만일 이들 지적생명체가 우주 속에서 사라지고 나면 현재의 우주자체가 사라지고 다시 새로운 우주가 생성될 때까지 영원히 지적생명체가 없게 되는 결과가 초래되므로 우주보다 인간을 귀하게 여기는 것입니다.

지적생명체가 없는 우주는 그 존재가치가 무의미해질 것입니다. 우주의 존재가치가 무의미해진다면 무한한 우주의 존속도 더 이상의 의미를 상실하게 됩니다. 그럴 바에는 차라리 현재의 우주는 종식되고 다시 우주의 생성이 시작되는 편이 나을 정도로 우주 속에서 인간의 존재는 희귀성과 힘께 그 역할 면에서도 너무나 지대한 위치를 차지하고 있습니다. 왜냐하면 우주 삼라만상 어디에도 신은 없으며, 인간은 결코 신에 의하여 창조된 것이 아니고 우주의 생성과 함께 그렇게 처음부터 존재해 왔으므로 사라진 인간을 다시 복원하는 일도 새로운 우주의 생성에 의존할 수밖에 없다는 결론에 도달하기 때문입니다. 그러므로 지구상에 존재하는 우리는 물론 다른 행성에 존재하는 지적생명체들도 기왕에 존재하고 있는 우주 속의 지적생명체를 보존하고 늘리는 데 주력하여야 할 것입니다. 서로가 싸우거나 전쟁으로 치달아 하나의 생명이라도 소멸시키는 일은 너무나도 무지한 지구인들의 소치라고 봅니다. 이런 지적생명체의 존귀함을 이미 깨달은 다른 행성의 지적생명체들은 우주 속에 얼마 안 되는 희소한 지적생명체를 멸종되지 않도록 보존하고 늘려나가고자 노력하고 있을지도 모릅니다.

다른 행성의 앞선 지적생명체에 의하여 지구상에도 인간이 존재할 수 있게 되었을 지도 모릅니다. 격암유록에서도 이미 지구상의 현생인류를 지은이들(우성인)도 우리와 같은 사람이라고 강조하고 있어, 앞에서 다룬 내용들이 허구만이 아니라 실제에 가까운 가정일 수 있다는 근거를 제시하고 있습니다. 제가 그동안 터득해 온 여러 가지를 종합해 보면 인간은 단순한 생명체에 그치는 존재가 아니라 우주 삼라만상의 모든 정보를 알 수 있는 '시공을 초월한 전천후 만능 생체 컴퓨터' 라는 사실입니다. 특히 오링테스트 방법은 우리가 눈으로 확인할 수 있는 인체의 신비한 능력중의 하나입니다. 모든 정보를 확인할 수 있는 능력을 우리 인체는 이미 태고적부터 가지고 있었습니다. 이런 연유로 사람을 우주보다 귀하게 여기는 것으로 보입니다. 신의 창조에 의해서 인간이 존재할 수 있었다면 굳이 인간을 우주보다 귀하다고 할 필요는 없었을 것입니다.

인간의 시작이 신에 의한 창조 원리에 의한 것이라면 우주 속에서 인간이라는 지적생명체가 없어지면 언제든지 다시 또 신에 의하여 창조되면 되는 것을 굳이 인간에게 그토록 엄청난 가치를 부여할 필요는 없었을 것이라고 생각합니다. 우주 삼라만상을 창조할 능력이 있는 절대의 신이 있다면 인간이라는 생명체를 다시 창조하는 정도는 너무도 하찮은 사건일 수밖에 없을 것입니다. 하나의 인간이 우주보다 귀하게 여겨질 정도의 가치를 가지기 위해서는 신에 의한 창조논리는 배척되어야만 가능합니다. 무한으로 이루어진 우주에서 전지전능하고 스스로 존재하는 신이 있어 인간을 창조하고 생명체를 창조했다는 논리는 이제는 배척되어야 할 때가 된 것 같습니다. 그런 신은 또 어디로부터 왔는지 그 연원을 밝힐 수 없으며, 무한한 우주에서 어디까지를 창조하고, 어디까지를 관장하는지를 설명할 수 없습니다. 마치 586컴퓨터를 보고 이것은 슈퍼펜티엄 컴퓨터가 만들었다고 설명하고서는 슈퍼펜티엄 컴퓨터는 전지전능하고 스스로 존재하는 것이라고 설명하고 있는 것과 다름이 없는 것입니다.

✿ 어떤 가치 기준을 가지고 있는 데가 진정한 곳인가

•• 精覺歌 정각가

無聲無臭別無味 大慈大悲博愛萬物 一人生命貴宇宙 有智先覺合之合
무성무취별무미 대자대비박애만물 일인생명귀우주 유지선각합지합

해설 >>> 소리 없고 냄새 없고 별로 맛은 없으나 대자 대비하여 만물을 사랑하네. 한 사람의 생명을 우주보다 귀하게 여기네. 지혜 있고 먼저 깨달은 자는 합하고 합하소.

老小男女有無識間無文道通世不知라
노소남녀유무식간무문도통세부지라

해설 >>> 늙은이 젊은이 남자 여자 유식한자 무식한자 모두 학문을 배우지 않
아도 도통함을 세상 사람들이 알지 못하네.

生而學而不知故로 困而知之仙運일세 儒佛道通難得코든
생이학이부지고로 곤이지지선운일세 유불도통난득커든
儒佛仙合三運通을 有無知者莫論하고 不勞自得될가보냐
유불선합삼운통을 유무지자막론하고 불로자득될가보냐

해설 >>> 태어나서 공부하여 아는 것이 아닌 까닭에 어렵게 알게 되는 신선의
운수이네. 유도(儒道)와 불도(佛道)의 통달도 어려운데 하물며 유불
선이 하나로 합하여 통하는 운수를 어찌 지혜로운 자나 지혜롭지 못
한 자나 막론하고 노력하지 않고 저절로 얻어질까 보냐.

지(至)공무사 하나님은 후박(厚薄)간에 다 오라네

해설 >>> 지극히 공평하고 사사로움이 없는 하나님은 부자나 가난한 자나 다
오라네.

지공(至公)무사 하나님은 불(不)고죄악 다 오라네.

해설 >>> 지극히 공평하고 사사로움이 없는 하나님은 죄악을 묻지 않고 누구
나 다 오라네.

陰轉陽强亡柔存 染色者誰無色者誰 存亡興敗必見此色
음전양강망유존 염색자수무색자수 존망흥패필견차색

해설 >>> 음지가 양지로 변하듯이 강한 자는 망하고 부드러운 자는 강한 자를
가엾게 여긴다. 색(色:여성성)에 물들은 자는 누구이고 색(色:여성
성)에 물들지 않은 자는 누구인가. 살고 죽고 흥하고 패하는 것이 반
드시 이 색(色:여성성)에 달려 있음을 볼 수 있네.

* 存 : 가엾게 여기다 는 뜻이 있음
* 강한 자가 망하고 부드러운 자가 산다는 앞 구절의 내용으로 보아 여기서 이르는 색(色)
  은 우리가 평소 알고 있는 여색(女色)에 빠지는 것을 의미하는 것보다는 여성성(부드러
  운 여성의 품성)을 의미하는 것으로 보여짐
* 사단법인 '생명과 평화의 길(이사장 김지하 시인)' 주최로 2005년 9월 2일부터 4일간
  경기도 파주 아시아출판문화센터에서 열린 제3회 '세계생명문화포럼-경기2005'에서는
  차가운 합리성과 효율성 추구로 생명과 환경이 파괴되고 있는 근대문명의 치유방안을
  논의하였는데, 개막행사부터 '여성시대'를 선언했다. 학술행사에서도 여성성에 대한 토
  론이 이어지는 등 이 행사에서도 여성성이 가장 주요한 테마가 되었다. 지구상의 64억
  인류가 평화롭게 더불어 살기 위해서 약자의 입장에서 모든 생명을 돌보고 보살피는 여
  성의 부드러움이 필요하다고 성찰했다. 이 행사에는 정현경(미국 유니온신학대학 교
  수), 크리스티나 보그렌(스웨덴고전연구소 연구원), 아에샤 오우다(팔레스타인 작가)
  등 세계 각국의 여성학자들이 참석하여 '생명운동과 여성주의'를 주제로 인류문명을 치

유할 처방을 논의했다. 특히 생명을 존중하는 종교와 문화유산을 간직한 동아시아 전통
   에서 서구 기술문명이 맞고 있는 위기를 치유하는 실마리를 찾을 수 있다고 보았음
 * 소울음소리나는 무리들은 지구상의 인류에게 무엇보다도 여성성을 강조하면서 이러한
   부드러운 여성성이야 말로 평화를 이루는 초석이 된다고 하고 있으며 지구인들 모두는
   이러한 부드러운 여성성을 갖도록 노력하여야 한다고 강조함

神道傳人天道國을男女合體음양道라
신도전인천도국을남녀합체음양도라

해설 >>> 신의 도를 사람에게 전하여 하늘의 도가 이루어지는 나라가 되니,
         남녀가 몸을 합하는 음양의 도이다.

 * 소울음소리나는 무리들은 성(性)에 관해서도 완전히 개방적이었음. 1대 1의 결혼 생활
   을 하든지, 한 사람이 여러 사람과 성적 관계를 하든지, 남녀 사이뿐만 아니라 동성 간에
   사랑을 하든지, 그것은 각자의 희망과 취향에 따라 서로 간에 합치만 된다면 어떤 형태
   의 사랑을 하든 모든 관계를 다 포용하는 곳이었음
 * 미국의 국제문제 전문지인 포린 폴리시 최신호는 창간 35주년을 맞아 앞으로 35년 이내
   에 사라질 것으로 보이는 사상 · 가치 · 제도를 열거하였다. 프랑스의 미래학자 자크 아
   탈리와 리처드 하스 미 외교협회장, 신학자 하비 콕스 등 각계 사상가 16명이 하나씩 꼽
   은 '멸종위기의 16가지' 는 윤리 · 종교에서 지정학 · 기술에 이르기까지 다양하다. 이중
   첫 번째로 일부일처제의 붕괴를 꼽고 있다. 오늘날 일부일처제의 실용적인 이유는 재산
   의 대물림이나 여성의 보호에 있다. 하지만 사회적 투명성이 높아지면서 여러 명의 연인
   (Multiple partners)을 갖고 있는 실상이 폭로되고 있다. 자유의 신장, 수명연장과 함께
   한 사람과의 연애에 만족하지 않을 것이다. 기술 발달로 인해 사랑 · 출산간의 연계 고리
   도 더욱 느슨해지고 남녀는 각각 동시에 여러 명의 연인을 갖는 형태로 옮겨갈 것이라고
   내다보고 있음
 * 2006년도 세계일보 제2회 세계문학상 당선작인 '아내가 결혼했다(박현욱 저)' 라는 소설
   에서는 Polygamy(일부다처 · 일처다부)의 결혼관을 거침없이 소설로 끌고 들어와 일처
   다부(一妻多夫)의 상황을 수용하게 만드는 도발적인 서사를 만들어감으로써 일부일처
   제(一夫一妻制)에 대한 고정관념을 깨는 대담한 판타지를 전개하고 있다. 이 소설은 부

부(夫婦)사이에서 오늘날의 독점적인 사랑과 결혼제도의 통념에 대해 발랄하게 문제제
기를 하고 있다.
* 연인 간에 사랑을 할 경우 도파민과 페닐에틸아민이라는 사랑의 호르몬이 평소보다 다
  량 분비되어 건강에 좋은 효과가 나타나는 것으로 실험결과 확인됨
* 특히 공포나 스릴을 느낄 수 있을 때 연인 간에 친밀감과 사랑하는 마음을 더 많이 갖게
  되는 것으로 실험결과 나타남. 또한 오래된 연인 사이보다 1년 미만의 연인 사이에서 더
  많은 사랑의 호르몬이 분비되는 것으로 확인됨
* 연인 간의 교제기간이 18개월이 지나면 사랑의 뇌파도 일반적으로 줄어드는 것으로 나타남

•• 弄弓家 농궁가

西氣東來此運回에 山澤通氣配合하여 陰陽相親하고보니
서기동래차운회에 산택통기배합하여 음양상친하고보니
十五眞主鳥乙矢口
십오진주조을시구

해설 >>> 서방의 기운이 이 운수(십자운)로 동방에 돌아오네. 소남(少男)과 소
        녀(少女)가 기우을 통하고 배합하여 음(陰)과 양(陽)이 서로 친하니
        십오진주(진인)이네. 참으로 좋을 시구(좋은 줄 알라).

* 소울음소리나는 무리들에는 젊은 남녀가 많았으며 대부분 나이에 비해 10년 이상 젊어
  보이고, 순수한 이미지를 느낄 수 있었음
* 소울음소리나는 무리에 들어가기에는 미혼의 사람들이 현실적인 어려움 없이 더 쉽게
  들어 갈수 있었음
* 증산도 도전에도 초립동이가 증산상제가 예견한 미래의 일을 한다고 하고 있음(초립동
  이는 미혼의 젊은이를 이름)
* 십오진주(十五眞主)는 궁을도에 나오는 십(十)과 오(五)를 이르는 것으로 궁을도의 주
  인인 진인을 이르는 것으로 해석됨
* 산(山)은 주역 팔괘상 간(艮)이며 사람으로는 소남(少男)
* 택(澤)은 주역 팔괘상 태(兌)이며 사람으로는 소녀(少女)
* 시구(矢口)는 알 지(知)자를 이르는 파자임

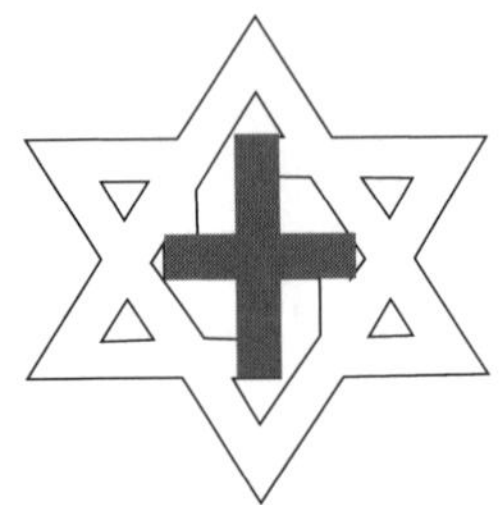 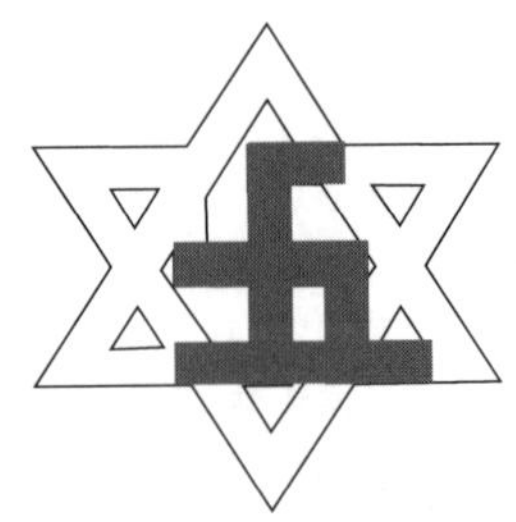

·· 嘲笑歌 조소가

乙矢口節矢口 不遊好日何望生
을시구절시구 불유호일하망생

해설 >>> 을시구 절시구(궁을을 알고, 때를 아소) 이 좋은 날에 아니 놀고 무엇
을 바라며 살겠는가.

* 소울음소리나는 무리들은 항상 즐겁게 놀고 춤추며 행복하게 사는 것을 생활로 하고 있
음. 다만 자신의 유전자를 파괴하는 해로운 것은 금하고 있음(담배, 카페인류, 취할 정도
이상의 음주 등)

·· 末中運 말중운

博愛萬物慈悲之心 愛憐如己내몸같이 天眞스런 婦女子가 너도나도
박애만물자비지심 애련여기내몸같이 천진스런 부녀자가 너도나도
되자구나
되자구나

해설 >>> 만물을 사랑하는 자비심으로 이웃을 내 몸과 같이 사랑하는 천진스런 부녀자가 너도나도 되어보세.

* 소울음소리나는 무리들은 대부분 순진하고 착한 마음의 소유자들이었음. 또한 타인을 배려하고 극진히 인정하고 사랑하는 마음이 가득함을 느낄 수 있었음

·· 聖山尋路 성산심로

各者異異念念唯行 必有大慶
각자이이념념유행 필유대경

해설 >>> 사람들마다 각기 다르게 생각하고 행동하나 반드시 크게 경사스러운 일이 있네.

* 소울음소리나는 무리들은 각자의 개성을 존중하고 있는 그대로를 서로 인정하며, 타인이 좋아하고 즐거워하는 것을 서로 인정하고, 각자의 생각과 행동이 타인에게 피해를 주지 않는 한 자신과 다르다 해도 서로를 존중하고 있음

한 사람의 생명을 우주보다 귀하게 여기는 곳으로 합하라

말세에 구원받을 수 있는 진정한 무리를 판단하는 기준으로 '한 사람의 생명을 우주보다 귀하게 여기는 곳'이라고 표현하고 있습니다. 대부분의 종교는 '사람이 존귀하다'라고 표현하고 있습니다. 소

울음소리나는 무리들의 최고지도자는 '한 사람을 희생시켜서 지구를 살릴 수 있다면 그대로 지구가 망하는 편이 낫다' 라고 하여 한 사람의 생명을 지구보다 더 존귀하게 보는 것은 물론 우주보다 귀하게 여기고 있는 것을 확인할 수 있었습니다. 또한 만물을 사랑하고 이웃을 내 몸 같이 사랑하는 천진스런 사람이 되어야 한다고 알려주고 있습니다. 기독교에서는 '원수를 사랑하라' 는 예수님의 가르침이 있습니다. 불교에서는 대자 대비한 자비심으로 인간은 물론 동물에게도 사랑을 베풀어 살생을 금하는 등 그 범위가 광범위함을 확인할 수 있었습니다. 물론 대부분의 종교가 타인을 사랑하라고 하고 있습니다. 소울음소리나는 무리의 최고지도자도 '원수를 사랑하는 것이 진정한 사랑이다.' 라고 표현하여 타인에 대한 사랑을 강조하고 있습니다.

구원의 대상으로는 남녀노소 불문이고 유식·무식을 가리지 않으며 가진 자와 없는 자도 가리지 않고, 굳이 학문을 많이 하지 않아도 도를 통하는 것이라고 알려주고 있습니다. 대부분의 종교는 그 교리를 익히기 위해서도 공부가 필요하고, 그 경전을 터득하기 위하여도 많은 공부가 필요한 것이 현실입니다. 과연 공부하지 않고도 도를 통하는 그런 종교나 수행단체가 있을지에 대해 많은 의문 갖고 찾아보았습니다. 수없이 찾아본 중에서 소울음소리나는 무리들을 만났을 때 이곳은 공부도 필요 없고 도를 닦을 필요도 없고, 항상 즐거운 마음으로 오감과 의식을 발달시켜 최대한 즐기는 것이 전부라는 그들의 말을 듣고 확인해보니 그들의 철학과 가치 기준이 바로 그런 것이었습니다. 또한 대부분의 종교 경전(성서 등)에는 부자가 천국에 가기는 낙타가 바늘구멍을 통과하기보다 더 어렵다고 표현하여 부자는 구원받을 가능성조차도 없는 듯이 표현하고 있었습니다. 그러나 소울음소리나는 무리들 속에는 부자(가지고 있는 재산측면에서 보다는 수입면에서)도 있고 가난한 자도 있고, 남녀노소 모두 각자의 개성을 존중하면서 서로를 지극히 아끼고 인정하면서 사랑하는 모습이 인상적이었습니다.

격암유록에서는 남녀 간의 관계도 금욕을 요구하지 않고 서로 몸을 합치는 길이 하늘의 도라고 알려주고 있습니다. 이렇게 하는 곳이 진정으로 구원받는 무리들에게서 나타나는 현상으로 판단됩니다. 소울음소리나는 무리들에게서 이런 현상이 나타나고 있음을 보았습니다. 우리 인간들이 현재의 가치 기준으로 판단하지 말고 격암유록에서 알려주는 현상위주로 판단하는 노력이 필요하다고 생각합니다. 이 내용은 현재 지구상의 윤리기준으로는 쉽게 납득하기 어려운 부분이나, 남녀가 서로 사랑하고 서로 다른 개체로서 존중하며 화합하는 것이 사람의 길이지 상대방을 자신의 소유로 생각하여 서로를 구속하는 것은 분명 구원받는 무리에 들지 못하는 것으로 보입니다.

격암유록의 내용에서 남녀합체(男女合體)의 의미를 보다 상세히 살펴보면 남녀, 남남, 여녀 등의 관계로 분석할 수 있습니다. 몸을 힙하는 관계가 반드시 남자와 여자 사이에서만 이루어지는 것이 아니라 남자와 남자 사이 또는 여자와 여자 사이에서도 가능하다는 결론에 도달하게 됩니다. 다음에 나오는 내용을 보면 성교하지 않고도 생산하는 미래사회가 전개될 것으로 예언하고 있습니다. 이런 세상에서는 굳이 남녀가 2세를 생산하기 위하여 몸을 합할 필요는 없다고 봅니다. 인간에게 있어서 성교(섹스)는 종족번식과 쾌락의 두 가지 기능을 하고 있습니다. 두 가지 중에서 종족번식 기능을 제외하면 남는 것은 유일하게 쾌락기능 밖에 없게 됩니다. 이때가 되면 굳이 쾌락을 위한 섹스를 즐기기 위해 남자와 여자사이에서만 몸을 합할 필요는 없게 될 것으로 판단됩니다. 즐기기 위한 섹스라면 각자가 더 즐겁게 느낄 수 있는 파트너를 찾아 서로가 즐기는 관계가 되면 충분하다고 봅니다. 이런 관계에서는 성별의 구분도 필요 없고, 현재와 같은 윤리적 가치 기준도 그 끝을 다하고 말 것입니다. 그러므로 격암유록에서 말하는 남녀합체(男女合體)의 관계를 사람과 사람사이에서 이루어질 수 있는 파트너의 전체 조합관계(남녀, 남남, 여녀)로 보는 것은 타당한 예측이 될 것이라고 생각합니다. 이런 관계가 모두 가능하게 이루어지고 있는 곳은 오직 소울음소리 나는 무리들에게만 국한되어 있었습니다. 기타 다른 대부분의 종교는 남녀관계의 사랑만을 다룰 뿐 동성(同性)간의 사랑은 터부시하고 있었습니다.

　미래에 전개될 인간들의 생활상을 예측해보면 이런 동성(同性)간의 사랑도 충분히 가능하며, 사람이 사람을 사랑하는데 남녀의 구분을 두어야 할 이유는 없어질 것입니다. 다만 저 개인적으로는 현재 지구상에서 에이즈(AIDS)와 기타 성병 등이 완전히 정복되기 전까

지는 다른 사람들과의 성적(性的) 접촉은 하지 않고, 지구상에 새로
운 시스템이 전개되어 모든 질병이 없는 세상이 시작될 때에 비로소
서로 좋아하는 사람과는 누구라도 사랑하는 생활을 하고자 합니다.

❀ 먹지 말아야 할 것은 무엇인가

無物不食人人知 何物食生命 何物食死物 艸早三鷄愛好者 不失本
무물불식인인지 하물식생명 하물식사물 초조삼계애호자 불실본
心皆寃死 陰陽果豚鼠食 雖訪道君子 怨無心
심개원사 음양과돈서식 수방도군자 원무심

해설 >>> 먹지 못할 물건이 없다고 사람들은 알고 있으나 어떤 것이 생명을 보
존하는 음식이며 어떤 것이 생명을 죽게 하는 음식인가? 초조는 곧
담배요, 삼계는 술이니 담배와 술을 좋아하는 사람은 본래의 마음을
잃어버려 모두 원통하게 죽게 되네. 음양의 과일(마약 등)과 돼지고
기, 쥐 고기를 먹는 자는 도를 찾는 군자라 할지라도 죽게 되네.

* 소울음소리나는 무리들은 마약, 담배, 술, 카페인음료나 카페인이 포함된 각종 차등을
즐기면 자신의 유전자가 상하게 된다하여 금기하고 있음, 다만 돼지고기와 쥐고기에 대
한 언급은 없었음
* 이슬람교에서는 술과 돼지고기를 금기하고 있음

陰陽木田鷄水邊의 脫退冠家二十日草 愛好者는 亡하나니 末世君子
음양목전계수변의 탈퇴관가이십일초 애호자는 망하나니 말세군자
銘心하소 無勿不食過去事요 食不食은 來運事라
명심하소 무물불식과거사요 식불식은 래운사라

해설 >>> 음양목전(陰陽木田)은 음양과(陰陽果)로 마약이고 계수변(鷄水邊)은
닭(酉)에 물 수변 이니 술 주(酒)가 되고, 집가(家)에서 위에 쓴 관을
벗어버리면 돼지 시(豕)자가 되고 이십일초(二十日草)는 담배가 되
니, 마약과 술과 돼지고기와 담배를 좋아하는 자는 망하나니, 말세
에 군자들은 명심하소. 먹지 못할 것이 없다하는 것은 지난 과거의
일이요, 먹을 것과 먹지 못할 것이 있다는 것은 앞으로 오는 운으로
되는 일이네.

* 앞으로 소울음소리나는 무리들에 의해 돼지고기와 쥐고기도 먹지 말라는 금기사항이 추
가된다면 격암유록의 예언 내용과 합치되는 것으로 볼 수 있음. 이 부분도 앞으로 지켜
볼 필요가 있는 내용임

마약(또는 카페인류), 술, 담배, 돼지고기, 쥐고기는 먹지 마라

격암유록에서 일정 시기가 되면 담배, 술, 마약류, 카페인류, 돼지
고기, 쥐고기는 먹지 말고 금기할 것을 알려주고 있습니다. 이러한
것을 계속하는 자는 아무리 도를 통하고 수도를 해도 살아남을 수
없음을 강조하고 있습니다. 이 내용도 소울음소리나는 무리들에게
서 들을 수 있었습니다. 이러한 식품을 상용하는 자는 자신의 유전

인자인 DNA가 파괴되어 그 폐해가 7대까지 유전되는 무서운 결과를 가져온다고 하고 있습니다. 이들이 말하기를 자신의 몸을 잘 보호해서 깨끗한 DNA를 유지하는 사람만이 다음의 지상낙원에서 오래도록 살 수 있는 신체적 여건을 갖추게 되는 것이라고 하고 있습니다. 그렇지 못한 자는 비록 소울음소리나는 무리에 들어온다 해도 자신의 DNA가 이미 손상되어 있으므로 진정한 소수의 무리에 들어갈 수 없다고 하고 있습니다.

현재는 저 자신도 술과 담배를 끊지는 못 하고 있습니다. 직장생활을 하면서는 이런 것을 완전히 끊고 하기란 어려운 것이 현실입니다. 그러나 커피 등의 카페인 음료는 최대한 절제하고 있습니다. 혹자는 술은 몰라도 담배는 끊을 수 있지 않느냐고 반론을 제기합니다만, 담배는 끊고 술은 끊지 않은 상태에서는 그 만큼 술을 더 마시게 되어 몸에 해로운 정도가 담배를 피울 때나 같다는 것을 느껴왔습니다. 그러므로 저는 끊는 시기의 상한선을 2008년 초로 정해놓고 술과 담배를 같은 비중으로 보고 둘 다 동시에 끊기로 마음먹고 있습니다. 세상의 가치 있는 것에 대한 미련은 서서히 접고서 미래에 전개될 새로운 세상에 초점을 맞추고 다시금 인생을 설계하고자 합니다. 저 자신은 지난 세월 동안 세상의 가치 있는 것을 찾아 부단히 노력해왔고 그렇게 함으로써 현재는 남부럽지 않은 사회적 위치와 남에게 아쉬운 소리하지 않을 정도의 생활을 하고 있습니다.

그러나 이제는 세상의 가치 기준에 낮춰 사는 시기는 거의 다 지나갔다고 판단합니다. 이제부터는 미래에 전개될 지상낙원에 맞춰 인생방향을 잡아야 한다고 결론을 내렸습니다. 현재의 세상에서 가진 것에 연연하지 않고 누리는 것에 연연하지 않으며, 오히려 가진 것이 많음과 누리는 것이 많음을 나 자신의 발목을 잡는 족쇄로 생각하는 수준에 이르게 되었습니다. 가까운 시기에 자연으로 돌아가 자연과 함께 살면서 소울음소리나는 무리를 따르고 이들의 철학을 실천하면서 살아가려 합니다. 이때까지 소울음소리나는 무리들의 철학과 행태가 계속적으로 격암유록과 일치하는지를 유심히 가늠한 연후에 최종 판단을 내리려 하고 있습니다.

❀ 말운은 언제인가

末世灾 初問其何時 午未申三
말세재 초문기하시 오미신삼

해설 >>> 말세에는 재앙이 있네. 처음으로 그 일이 언제인가 물어보니 오미신(午未申, 말띠 · 양띠 · 원숭이띠, 2002~2004년)의 3년이네.

* 격암유록의 전체 내용을 종합해 볼 때 오미신(午未申) 삼년을 2002년(임오년), 2003년(계미년), 2004년(갑신년)으로 해석할 수 있음

初發 問於何時 玄蛇前三 再發何時 牛虎兩端 雪胃長安 燕鴻去來
초발 문어하시 현사전삼 재발하시 우호양단 설위장안 연홍거래
之月也 三發天下何之年 未詳不設
지월야 삼발천하하지년 미상불설

해설 >>> 처음 발생한 것이 언제인가 물어보고 다시 환란이 재발하는 때는 언
제인가 물어보니 현사(계사년 2013년) 3년 전인 우호(소띠·호랑이띠
해, 2009·2010년) 두 해의 양단이네. 눈이 장안에 내리고 제비와
기러기가 날아가는 달이네. 세 번째 천하의 대란이 어느 해에 발생
하는가에 대해서는 자세한 말이 없네.

* 현사(玄蛇) : 검을 현(玄), 뱀 사(蛇)
  검은 것은 오행상 수(水)이고, 천간으로는 임(壬)과 계(癸)임
  뱀 사(蛇)는 지지로는 사(巳)를 의미함
* 현사(玄蛇)는 계사(癸巳)년이 되며 계사년은 2013년을 이름

天受丹書何之年 神妙無弓造化難測 鷄龍基礎何之年 病身之人
천수단서하지년 신묘무궁조화난측 계룡기초하지년 병신지인
多出之時
다출지시

해실 >>> 하늘이 단서를 주는 해는 언제인가? 신묘한 무궁소화를 부리니 예
측하기 어렵네. 계룡에 하느님의 역사를 기초하는 해는 언제인가 병

신년(2016년)에 다쳐서 병신이 되는 사람이 많이 나오는 때이네.

* 병신(病身)년은 병신(丙申)년을 은유적으로 표현한 것으로 해석됨

•• 歌辭總論 가사총론

玄兎癸卯末運으로 弓弓之生전했다네
현토계묘말운으로 궁궁지생전했다네

해설 >>> 현토(玄兎)인 계묘년(癸卯, 2023년)이 말세의 운인데 궁궁(弓弓)에서
만이 살길이라 전했네.

* 계묘(癸卯)년은 60년을 주기로 계속되겠지만 소울음소리나는 무리들이 이르기를 향후
20년 전후해서 새로운 시대가 전개될 것으로 예상하는 것과 맞춰보니 2023년에 오는 계
묘(癸卯)년이 말세인 것으로 예상됨

•• 甲乙歌 갑을가

庚子閣蔽甲乙立 亞裡嶺有停車場
경자각폐갑을립 아리령유정거장

해설 >>> 경자년(庚子年, 2020년)에 집을 허물고 갑을(甲乙, 하늘에서 내려온 이
들이 머무는 집)을 세우네, 아리령(亞裡嶺, 하늘에서 내려오는 이들이 중
간에서 쉴 곳)에 정거장이 있네.

* 우리 민족이 즐겨 부르던 민요 아리랑이 우주 정거장을 이르는 것으로 해석됨

●● 甲乙歌 갑을가

寅卯始形計劃一 死者廻生此事業 無碍是非先進耶
인묘시형계획일 사자회생차사업 무애시비선진야

해설 >>> 인묘년〔壬寅(2022년)과 癸卯(2023년)〕에 비로소 하나로 통일되는 그
형체가 계획되어 죽은 자를 다시 살리는 이 사업이 어찌 장애와 시
비 없이 먼저 나아갈 수 있겠는가?

* 인묘(寅卯)년도 12년을 주기로 계속 오겠지만 소울음소리나는 무리들이 이르기를 향후
20년을 전후해서 새로운 시대가 전개될 것으로 예상하는 것과 맞춰 보니 임인(壬寅)년
인 2022년과 계묘(癸卯)년인 2023년을 이르는 것으로 예상됨

●● 弓乙圖歌 궁을도가

世界萬民安心地요 保惠大師계신곳이 弓乙之間 仙境일세 失時中動
세계만민안심지요 보혜대시계신곳이 궁을지간 선경일세 실시**중동**
부디마소 末動而死가련하다 白鼠中心前後三을 心覺者가누구런고
부디마소 말동이사가련하다 백서중심전후삼을 심각자가누구런고

해설 >>> 세계만민이 안심하고 살 수 있는 땅이요 보혜대사 계신 곳이 궁을
(弓乙)사이의 선경일세. 중동하는 때를 잃지 마소. 말동하면 죽게 되
니 가련하다. 백서년(경자년, 2020년)을 중심으로 전후하여 3년간을
마음에서 깨닫는 자 누구인고?

* 백서(白鼠)는 천간지지로 보면 경자(庚子)년에 해당히는 2020년이며 앞으로 오는 가장
가까운 시기의 경자(庚子)년은 2020년임
* 백(白)은 오행상 금(金)이고 천간으로는 경(庚)과 신(辛)임
* 서(鼠)는 쥐를 이르는 것이므로 지지로는 자(子)임

靑龍黃道大開年이 王氣浮來太乙船을 靑槐滿庭之月이요 白楊無芽
청룡황도대개년이 왕기부래태을선을 청괴만정지월이요 백양무아
之日이라 靑龍之歲利在弓弓 白馬之月利在乙乙
지일이라 청룡지세이재궁궁 백마지월이재을을

해설 >>> 황도(皇道)가 크게 열리는 해는 청룡인 갑진(甲辰)년인 2024년이네.
왕의 기운이 태을선을 타고 떠오니 푸른 회화나무가 뜰에 가득한 달
이요. 흰 버드나무가 싹이 없는 날이네. 청룡인 갑진(甲辰)년인
2024년에는 궁궁(弓弓)에 이로움이 있고 백마의 달은 임오(壬午)월
로 2025년 음력 6월에는 을을(乙乙)에 이로움이 있네.

* 청룡(靑龍)은 갑진(甲辰)년으로 2024년을 이름
* 백마(白馬)월은 임오(壬午)월로 2025년 음력 6월을 이름
* 소울음소리나는 무리의 최고지도자가 이르기를 지구상의 현생인류를 지은이들이 서기
  2025년쯤에 지구상으로 귀환할 것이라고 알려주고 있음

말운은 경자년을 전후한 3년간이다

말세의 시작에 따른 재앙은 2002년부터 2004년에 걸쳐서 닥칠 것
을 예언하고 있습니다. 그 다음으로 2009년과 2010년의 두 해에 걸
쳐서 다시 재앙이 있을 것이라고 알려주고, 그런 후에 2016년에 하
늘의 역사가 시작되는 것으로 예언하고 있습니다.

마지막 말세는 백서(白鼠)년인 경자년(2020년)을 전후한 3년간이

니 마음에서 깨달으라고 강조하고 있습니다. 경자년(2020년)에 갑을각(甲乙閣)이 세워지고 인묘년(임인년인 2022년과 계묘년인 2023년)에 비로소 지구상에 천국이 건설되는 계획이 세워질 것으로 예언하고 있습니다. 이와 같은 육십갑자(六十甲子)에 해당하는 해는 60년을 주기로 계속 있게 마련인데 너무 주관적으로 앞당겨 판단하는 것이 아닌가라는 의문이 생길 수도 있습니다. 이러한 의문을 풀기 위해 이런 내용에 가장 가까운 행태를 나타내고 있는 소울음소리나는 무리들에게 과연 삼팔선에 엄택곡부(奄宅曲埠, 우주인의 대사관)가 언제쯤 세워지고 우성인(牛性人, 현생인류를 지은이)들이 언제쯤 지구상으로 귀환할 것으로 예측하는지를 물어보았습니다.

소울음소리나는 무리의 최고지도자가 이르기를 향후 20년을 전후해서 이러한 일들이 이루어질 것으로 말하고 있었습니다. 우성인(牛性人)들이 소울음소리나는 무리의 최고지도자에게 그 시기를 텔레파시로 전달해 주었다고 표현하고 있습니다. 아리령이라는 정거장이 격암유록에 나오는데 이런 정거장이 세워질 계획이 있는지를 물어보니, 지구로 오는 중간에 우성인(현생인류를 지은이)들이 인공으로 만든 우주정거장이 이미 설치되어있다고 하면서, 어떤 것은 그 크기가 우리 한반도보다 더 큰 것도 존재한다고 답변하기도 하였습니다. 이들이 말하는 내용이 격암유록에서 알려주고 있는 일련의 내용과 가장 상통하고 있다는 느낌을 받았습니다. 이들의 답변내용과 격암유록의 예언내용을 결부시켜보니 현재와 같은 지구상의 시스템은 비로소 2023년쯤에 막을 내리고, 우성인들의 도움으로 새로운 지상천국이 건설되는 것으로 해석되었습니다.

　말세에 대한 내용은 다루기가 가장 어려운 부분입니다. 이미 많은 종교에서 말세의 시기를 구체적으로 다루었다가 낭패를 본 경우도 많은 것이 사실입니다.　지구상의 현생인류가 진화나 자연적으로 생겨났다면 말세에 대한 언급 자체를 할 수 없다고 봅니다. 그러나 앞에서도 다루었듯이 지구상의 현생인류는 자연적으로 생겨난 것이 아니고 북두칠성에 있는 우성인(牛性人)에 의하여 시작된 것이기에 우리보다 최소한 2만 5천 년이나 앞서가고 있는 우성인들이 알려주는 말세의 시기를 무시할 수는 없다고 봅니다. 이 시대를 살고 있는 우리들은 이런 내용이 과연 맞는지를 흥분과 공포 속에 지켜볼 수 있을 것입니다. 물론 대부분의 많은 사람들은 허황되다 조소하고 비난으로 일관하다가 그때를 맞이할 것입니다. 다른 사람들은 그렇다 치더라도 본인의 부모형제, 일가친척, 배우자나 자식 중에서도 대부분이 이렇게 허황되다고 조소하고 비난하는 사람들 중에 포함되어 있을 것입니다.

말운에 살아남는 길을 언제까지 찾아들어야 하나

•• 末運論 말운론

新天新地別天地 先擇之人不受皆福 中擇之人受福之人 后入之人不
신천신지별천지 선택지인불수개복 중택지인수복지인 후입지인불
福亡
복망

해설 >>> 새 하늘과 새 땅이 열리는 별천지이네. 먼저 택함을 받은 사람은 모
두 복을 다 받지는 못하나, 중간에 택함을 받은 사람은 복 받은 사람
이네. 마지막에 들어간 사람은 복을 받지 못하고 죽게 되네.

* 소울음소리나는 무리에 일찍 들어온 사람들은 대부분 떠나서 다른 곳으로 가고 있으며,
중간에 들어오는 사람들은 주로 지금 들어오는 사람들로서 이들은 떠나지 않고 확고한
신념으로 소울음소리나는 무리를 따르고 있음. 마지막인 2010년 이후에 들어오는 사람
은 소울음소리나는 무리에서 받아들이지 않을 것으로 예상됨

•• 末運論 말운론

勝者出人人人從 有智者世思勿慮 中入生 中入何時午未申酉 先入
승자출인인인종 유지자세사물려 중입생 중입하시오미신유 선입
何時辰巳午未 末入何時此運之后 末入者死 吉運十勝何地 南朝鮮
하시진사오미 말입하시차운지후 말입자사 길운십승하지 남조선
四面如是 如是三年工夫 無文道通
사면여시 여시삼년공부 무문도통

 이긴 자가 나오니 사람마다 그를 따라야 하네. 지혜 있는 자는 세상 생각을 하지 마소. 중간에 들어간 자는 사는데 중입 시기는 언제인가? 오미신유년(말띠, 양띠, 원숭이띠, 닭띠 해)이네. 먼저 들어오는 시기는 언제인가? 진사오미년(용띠, 뱀띠, 말띠, 양띠해)이네. 마지막에 들어오는 때는 언제인가? 이 운(말입운) 이후에 마지막에 들어오는 자는 죽게 되네. 좋은 운수의 십승지는 어느 땅인가? 남조선의 어느 곳이나 십승지이네. 이와 같은 공부는 삼 년만 하면 글을 배우지 않고도 도통하네.

* 먼저 들어오는 시기인 진사오미(辰巳午未)년과 중입 시기인 오미신유(午未申酉)년에서 오미(午未)년은 양쪽으로 중복되고 있음. 이것으로 보아 먼저 들어오는 시기와 중입시기의 경계가 상황에 따라 변동될 수 있음을 시사하고 있는 것으로 해석됨

• • 無用出世智將 무용출세지장

辰巳入於十勝 三時中取 辰巳午未先動之反 申酉戌亥中動之生
진사입어십승 삼시중취 진사오미선동지반 신유술해중동지생
寅卯辰巳未動之死 巳午未樂堂
인묘진사말동지사 사오미낙당

 3번의 진사년(용띠, 뱀띠 해)중에 가운데 진사년을 취하여 십승(十勝)에 들어가소. 진사오미년(용띠, 뱀띠, 말띠. 양띠 해)에 먼저 움직이나 돌아서네. 신유술해년(원숭이띠, 닭띠, 개띠, 돼지띠 해)에 중간시기에 들어가면 살 수 있네. 인묘진사년(범띠, 토끼띠, 용띠, 뱀띠 해)에 마지막 시기에 들어가려 하면 죽게 되네. 사오미년(뱀띠, 말띠, 양띠 해)에 즐거움이 집에 있네.

* 3번의 진사(辰巳)년은 다음과 같이 해석할 수 있음

  첫 번째 진사(辰巳)년은 2000년과 2001년을 이르고

  두 번째 진사(辰巳)년은 2013년과 2014년을 이르고

  세 번째 진사(辰巳)년은 말세인 2023년 이후의 2025년과 2026년을 이르는 것으로 해석
  이 가능함

* 선동하는 시기인 진사오미(辰巳午未)년은 2000년에서 2003년이고, 중동하는 시기인 신
  유술해(申酉戌亥)년은 2004년에서 2007년까지이고, 말동하는 시기인 인묘진사(寅卯辰
  巳)년은 2010년에서 2013년까지를 이르는 것으로 해석됨

* 특히, 중입시기인 2004년부터 2007년까지가 가장 중요한 시기로 표현하고 있음. 다음에
  서는 중입시기를 2004년부터 2009년까지로 표현한 곳도 있으나, 이곳에서는 2008년과
  2009년은 공백으로 비워놓고 있는 점을 감안하면, 진정으로 실질적인 중입시기는 2004
  년부터 2007년까지로 보아야 기회를 놓치지 않을 것으로 해석됨.

天地循環往來하야 運去運來終末日에 不入中動無福者로 未及
천지순환왕래하야 운거운래종말일에 불입중동무복자로 미급
以死可憐쿠나
이사가련쿠나

해설 >>> 천지가 순환하고 왕래하여 운수가 가고 운수가 오는 종말일이 다가
오네. 중동(中動)할 때 들어가지 못해 복을 받지 못하는 자는 마침내
죽게 되니 가련한 일이네.

天路一坼鼓再明 呼甲聲이 들려온다 時運時運時運이라 中入時末
천로일탁고재명 호갑성이 들려온다 시운시운시운이라 중입시말
分明쿠나 黑虎以前中入之運 訪道者게 傳했으나 不散其財富饒人과
분명쿠나 흑호이전중입지운 방도자게 전했으나 불산기재부요인과
不退其地高貴들이 時勢不覺不入
불퇴기지고귀들이 시세불각불입

해설 >>> 하늘로 가는 길을 한 번에 열어주는 북소리가 다시 밝아오니 호갑성
이 들려온다. 때가 급하고 급하구나. 중입시기의 끝이 분명하네. 흑
호년(임인년, 2022년) 이전이 중입의 운수가 되는 것을 도를 찾는 자
에게 전했으나 그 재물의 부유함을 흩어버리지 않는 사람과, 그 지
위의 고귀함에서 물러서지 않는 사람들이 시간이 갈수록 그 힘이 더
함을 깨닫지 못하고 들어가지 않네.

* 흑(黑)은 오행으로는 수(水)이고, 천간으로는 임계(壬癸)이고, 호랑이띠는 지지로는 인
  (寅)이니 흑호는 임인년(壬寅年)을 말함
* 임인년(壬寅年)은 2022년을 이름
* 중입시기(中入時期)를 흑호년인 임인년(2022년) 이전으로 해석하면 다음에서 알려주고
  있는 후우육축(猴牛六畜)의 육 년간은 2016년(병신년)부터 2021년(신축년)까지로 해
  석할 수도 있음

先中末運三生運 好事多魔忍不耐 三生得運誰可知 擘離矢口節矢口
선중말운삼생운 호사다마인불내 삼생득운수가지 얼리시구절시구

해설 >>> 선입·중입·말입의 삼생의 운수이네. 좋은 일에는 마귀의 장난이 많으므로 참아야지 참지 않으면 안 되네. 삼생의 운수를 얻게 됨을 누가 알겠는가. 세속(꾸미고 치장하는 일, 무너지는 곳)에서 떠나야 됨을 알고(知=矢+口) 그 절기를 아소.

* 얼(孼) : 꾸미고 치장하다. 무너지다
* 리(離) : 떠나가다. 떼놓다. 물러나다

先入者還心不覺 馬羊二七洪烟數 中入者生何時定 猴牛六畜當運時
선입자환심불각 마양이칠홍연수 중입자생하시정 후우육축당운시
末入者死虎兎爭 天下紛紛大亂世 入者動理同一理 訪道君子尋牛活
말입자사호토쟁 천하분분대란세 입자동리동일리 방도군자심우활

해설 >>> 선입자(먼저 들어온 사람)는 마음을 돌이켜 깨닫지 못하네. 말과 양띠(임오년=2002년과 계미년=2003년)해에 큰 물난리와 연기가 일어나는 재난을 당할 운수이네. 중입자(중간에 들어온 사람)가 살 수 있는 때를 어느 때로 정하였는가? 원숭이띠 해(갑신년, 2004년)부터 소띠 해(기축년, 2009년)까지 여섯 가축의 해(6년간)로 정하였네. 말입자(마지막에 들어온 사람)는 죽게 되네. 호랑이띠 해(경인년, 2010년)와 토끼띠 해(신묘년, 2011년)에 전쟁이 일어나니 천하가 분분하여 큰 난리가 나네. 은혜를 받으러 들어온 자가 움직이는 이치는 모두 한 가지 이치이네. 도를 찾는 군자는 우성(牛性)을 찾아야 살 수 있네.

* 마양이칠(馬羊二七)은 말의 해와 양의 해로 2014년(갑오년)과 2015년(을미년)으로 해석할 수도 있음
* 후우육축(猴牛六畜)의 중입시기 육 년 간을 2016년(병신년)부터 2021년(신축년)까지로 볼 수도 있으나 늦은 시기에 맞춰 판단하는 것은 위험성이 있음

중입시기(中入時期)를 놓치지 말라

격암유록에서 이르기를 소울음소리나는 무리에 먼저 들어오는 선입자(先入者)는 마귀의 기운을 받아 음십자(陰十字)의 도를 따르는 사람이나 중간에 들어오는 복 있는 중입자(中入者)는 하느님의 기운을 받아 양십자(陽十字)의 도를 따르는 사람이라고 알려주고 있습니다. 새로운 도를 펼칠 때가 참으로 복된 운수임을 모르는 선입자(先入者)는 그 도를 배신하고 나가 결국 죽게 되나 인내하여 참는 자와 중입시기(中入時期)에 들어간 사람은 영원한 복을 받는다고 강조하고 있으며 끝까지 세인의 조소를 참아가며 따르는 중입자(中入者)는 복이 있다고 합니다.

이것을 끝까지 따르지 못한 자는 나중에 그것을 끝까지 따르지 못함을 뼈저리게 느낄 때가 온다고 하고 있습니다. 생사의 판단이 모두 마음에 달려 있으니 죽음의 종말에 살아남는 사람이 그 얼마나 되겠는가? 라고 하면서 중입시기(中入時期)를 놓치지 않으면 소원이 이루어진다고 알려주고 있습니다. 이 내용도 소울음소리나는 무리들이 얘기하는 것과 일치하고 있음을 알게 되었습니다.

이 소식이 우리나라에 전해진 것은 1980년대라고 하면서 처음에 들어온 사람들 대부분이 떠났다고 합니다. 지금 들어오는 이들은 대부분이 누구의 권유나 전파에 의하여 들어오기보다는 스스로 고민하고 찾고 찾아서 오고 있다고 합니다. 이렇게 스스로 찾아온 이들은 그 마음이 확고하기 때문에 떠나는 비중이 예전에 비해 거의 없다고 합니다. 이것으로 보아 지금부터가 중입시기(中入時期)라고 판단됩니다. 이러한 중입시기(中入時期)를 격암유록에서는 후우육축(猴牛六畜)이라 하여 원숭이 해(2004년)부터 소(丑)의 해 (2009년)까지 여섯 가축의 해라는 뜻으로 육 년간이라는 것을 강조하고 있습니다. 물론 같은 띠에 해당하는 해는 12년 후에도 있으므로 2016년부터 2021년까지로 해석할 수도 있으나, 격암유록에서 지구상의 현재시스템이 끝나는 종말은 계묘년(癸卯年 2023년)으로 표현하고 있는 것과 연관지어보면 이때는 마지막 시기에 해당한다고 판단됩니다. 그러므로 늦은 시기보다는 빠른 시기에 맞춰 판단하도록 안내하는 것이 각자의 생사가 달린 판단을 내려야하는 기로에 유익한 정보를 제공하는 것이라 생각합니다.

그러나 우성인(牛性人, 현생인류를 지은이)은 참으로 변화를 예측하기 어려워 상황에 따라 그 시기가 변할 수도 있다고 일러주고 있습니다. 이렇듯 마지막 시기는 비록 격암유록과 같이 적중률이 높은 예인서라도 그 시기를 단정짓시 못하고 있습니다. 위에서 제시한 마지막 시기를 감안하여 중입시기(中入時期)를 판단해보면 도움이 될 것입니다. 격암유록 전체를 분석해서 중입시기를 종합적으로 판단해 보면 2004년부터 2009년까지의 6년간이나 그 이전에 중입시기가 끝날 수도 있으므로 2004년부터 2007년까지의 4년간에 최종적인 초점을 맞추고 각자의 판단을 하는 것이 가장 안전하다고 생각합니나. 왜냐하면 늦은 시기에 맞주고 판단하면 천추에 두고두고 후회할 수 있으므로 빠른 시기에 맞춰 판단하는 편이 가장 현명한 결단이 될 수 있기 때문입니다. 저 자신은 격암유록을 종합하여 판단한 결과 2007년을 상한선으로 하여 2008년 초까지는 소울음소리나는 무리에 합류하려고 계획해 놓고 있습니다. 이 내용을 읽고 계시는 독자들께서도 각자 참고해 보시기 바랍니다.

❀ 말운의 진인(眞人)은 누구인가

鄭本天上雲中王 再來春日鄭氏王 馬枋兒只誰可知 馬姓何姓世人察
정본천상운중왕 재래춘일정씨왕 마방아지수가지 마성하성세인찰
眞人出世分明知
진인출세분명지

해설 >>> 정씨는 본래 천상의 운중왕이네. 봄에 다시 오는 정씨 왕이 마방아지인 줄을 누가 가히 알 수 있으리오. 세상 사람들이여! 마씨 성이 어떤 성씨로 오는지 잘 살펴보소. 진인이 출세함을 분명히 아소서.

 * 정(鄭)씨에서 정(鄭)자를 분해(파자)하면 팔유대마을(八酉大邑)로 해석할 수 있으며, 이는 팔레스타인이나 유대마을에서 태어난 성씨를 의미하는 것으로 예수와 같은 성씨를 이르는 것으로 해석할 수 있음
 * 마방아지(馬枋兒只)는 말구유에서 태어난 성씨라는 뜻으로 마성(馬姓)은 예수와 같은 성씨를 이르는 것으로 해석할 수 있음

儒佛仙三各人出　未復合一聖一出
유불선삼각인출　말복합일성일출
彌勒上帝鄭道令　未復三合一人定
미륵상제정도령　말복삼합일인정

해설 >>> 유교, 불교, 선교에서 각각 한 사람이 나왔으나 말세에는 다시 합하
여져 한사람의 성인으로 나오네.

미륵, 상제, 정도령은 말세에 다시 셋이 합하여져 한사람으로 정해
져 있네.

* 소울음소리나는 무리의 최고지도자가 이르기를 유불선과 지구상에 존재한 각종 종교의
창시자들은 현생인류를 지은이들로부터 왔으며, 자신은 모든 종교에서 이르는 최후의
마지막 마이트레야(메시아)로서 한 사람으로 온 것이라고 주장함
* 불교에서는 부처 이후 3천년 만에 나오는 미륵(彌勒)의 출세를 기다리고, 기독교에서는
예수 이후 마지막에 오는 메시아(마이트레야)를 기다리고, 우리나라에서는 수천 년간
정도령(鄭道令)의 출세를 기다리고 있음. 소울음소리나는 무리의 최고지도자가 스스로
불교에서 기다리는 미륵이요, 기독교에서 기다리는 마지막 메시아(마이트레야)이며, 세
계 여러 나라의 종교에서 기다리는 마지막 메시아(진인)임을 강조하고 있음

何姓不知天生子로　無父之子傳했으니　鄭氏道令알랴거든　馬枋兒只
하성부지천생자로　무부지자전했으니　정씨도령알랴거든　마방아지
問姓하소　鷄龍都邑海島千年　上帝之子無疑하네
문성하소　계룡도읍해도천년　상제지자무의하네

해설 >>> 하늘의 아들로 태어난 성씨가 어떤 성씨인지 모르므로 아버지 없는
자식이라 전했네, 정씨도령을 알려거든 마방아지의 성씨를 물어보
소. 계룡산 도읍지에 해도천년의 주인공인 상제의 아들이 틀림없네.

* 소울음소리나는 무리의 최고지도자가 이르기를 자신이 예수의 동생이며, 지구상의 현생
  인류를 지은이들의 최고 우두머리(여호와)의 아들이라고 함
* 마방아지(馬枋兒只)는 마구간에서 태어난 아기인 예수를 이르는 것으로 해석됨
* 손석우 저, 『터』라는 책에는 우리나라가 통일이 되면 만주와 연변 등을 아우르는 통일이
  되며, 이때의 수도는 압록강 위에 있는 계룡산 인근에 위치하게 된다고 함

•• 世論視 세론시

苦盡甘來 天降救主 馬頭牛角 眞主之幻
고진감래 천강구주 마두우각 진주지환

해설 >>> 괴로움이 다하면 기쁨이 오듯 하늘에서 구세주가 강림하네. 말의 머
리 형상에 소뿔 모양을 한 이가 진정한 주인이 변화된 모습이네.

* 소울음소리나는 무리의 세계적인 최고지도자의 형상을 보면 관상적으로는 말의 형상이
  며, 머리 위에는 상투를 튼 모습을 하고 있어 소뿔 모양을 하고 있음

•• 格菴歌辭 격암가사

人心大道天助來라 此堂彼堂急破하소 無疑東方天聖出이라 若是東方
인심대도천조래라 차당피당급파하소 무의동방천성출이라 약시동방
無知聖커든 英美西人이 更解聖하소
무지성커든 영미서인이 갱해성하소

해설 >>> 사람들의 마음속에 대도를 심어주기 위해 하늘에서 도우러 오네. 이
당 저 당 급히 깨뜨리소. 틀림없이 동방에 하늘의 성인이 출현하네.
만약 동방에서 성인을 몰라보면 영국·미국 등의 서양인을 통해 다
시 성인을 알아보소.

* 소울음소리나는 무리의 세계적인 최고지도자는 프랑스에서 태어난 유태인임

•• 末運歌 말운가

柿謀者生弓乙裏 釋迦之運三千年 彌勒出世鄭氏運 斥儒尙佛西運來
시모자생궁을리 석가지운삼천년 미륵출세정씨운 척유상불서운래

해설 >>> 궁을(弓乙) 속에서 감람나무를 따르는 사람은 살고, 석가의 운수가
삼천 년 후에 미륵불로 출세하여 정(鄭)씨의 운수로 온 것이네. 유교
를 배척하고 불교를 숭상하는 서방의 운수로 온 것이네.

* 소울음소리나는 무리는 서양에서 시작되었으며, 이 무리의 최고지도자가 스스로를 석가
이후 3천년 만에 온 미륵이라고 2003년부터 공언하고 있음
* 기존 북방불교의 정설을 따르면 갑인년(甲寅年, 1974년)이 불기 3,000년이라고 함, 소울
음소리나는 무리의 최고지도자가 1974년부터 비로소 활동을 시작하였음. 당시의 역과
현재의 서력기원과의 차이에 따라 북방불교 기원 3,000년은 1973년과 1974년 양쪽에 해
당할 수 있음
* 불교경전인 화엄경에는 '불기 3,000년에 삼세(과거, 현재, 미래)의 불을 밝히는 진실이
드러나고, 그 7일 후에 불당(미륵)이 나타난다.'고 예언되어 있음. 소울음소리나는 무리
의 최고지도자가 1973년 12월 13일에 우성인(지구상의 현생인류를 지은 우주인)을 만
나 6일간에 걸쳐 지구상의 현생인류의 과거와 현재, 미래에 관한 메시지를 전해 받고,
그들의 지구대사로 임명되었으며, 제7일째부터 지구상에서 인류의 마지막 예언자로서
활동을 시자했음

知三千年後名三世明燈悉能現見一切如來諸本事海次如七日後
지삼천년후명삼세명등실능현견일체여래제본사해차여칠일후
佛當出現
불당출현

해설 >>> 삼천년 후 일체여래는 삼세(과거, 현재, 미래)의 불을 밝히고 만물의 근
본인 해인을 보여주며 그 칠일 후에 부처(미륵)가 마땅히 출현한다.

* 불교경전인 증일아함경 등에는 계두국(鷄頭國)에서 마이트레야(미륵, 彌勒)가 출세하여
인류를 구원할 것을 예언하고 있음. 프랑스의 국조(國鳥)는 닭으로 프랑스월드컵에서도
그들의 마스코트로 닭을 사용하였음. 불경에서 이르는 계두국(鷄頭國)은 닭을 국조(國
鳥)로 하는 프랑스를 일컫는 것으로 해석되며, 소울음소리나는 무리의 최고지도자가 바
로 프랑스 출생의 유태인임. 닭은 고대 주화에서 현대의 지폐에 이르기까지 프랑스 화폐
에서 쉽게 발견되고 있음. 프랑스인들은 조상대대로 '닭' 을 숭배해 온 민족이었기 때문
에 프랑스를 닭을 숭배하는 민족 즉 '골' 족이라 일컬었음. 이와 같이 프랑스와 닭은 분
리될 수 없는 관계임. 특히 2차 대전 후에는 드골장군이 프랑스의 국가 원수가 되었음.
드골이란 '닭' 을 의미함. 소울음소리나는 무리의 최고지도자가 태어난 시기도 닭이라는
뜻의 이름을 가진 드골이 프랑스의 최고 통치자로 집권 중인 1946년 9월 30일에 '닭' 을
국조(國鳥)로 하는 프랑스의 중심부에 위치한 뷔시에서 출생하였음

將來之世有佛彌勒出現於世 爾時國界名鷄頭王所治處
장래지세유불미륵출현어세 이시국계명계두왕소치처

해설 >>> 장차 세상에는 미륵이라는 이름의 부처가 나오는데 이때 그 나라는
계두왕이 다스리는 곳이다.

* 정(鄭)씨에서 정(鄭)을 파자(분해)하면 팔유대마을(八酉大邑)이라고 풀어 쓸 수 있음.

즉 정(鄭)씨는 팔레스타인이나 유대 마을에서 태어난 성씨라는 의미를 갖고 있는 것으로 해석할 수 있음(즉 예수와 같은 성씨인 팔레스타인이나 유대인이라는 의미를 내포하고 있음)

* 소울음소리나는 무리들이 이르기를 기독교의 역사는 끝났으며, 순수한 불교의 철학이 우주원리와 자신들의 철학에 가장 일치하고 있다고 말함

•• 格菴歌辭 격암가사

天然仙中無疑言하니 何不東西解聖知 時言時言不差言
천연선중무의언하니 하부동서해성지 시언시언불차언

해설 >>> 하늘에 자연스런 신선 속의 말이니 틀림없네. 어찌 동양과 서양이 성인을 알지 못하겠는가. 그때그때 하는 말씀마다 틀림없는 말씀이네.

•• 生初之樂 생초지락

相生相克待對法 水火旣濟相望好 木火通明春風長 水火未濟混沌世
상생상극대대법 수화기제상망호 목화통명춘풍장 수화미재혼돈세
東西分明大亂年 運回周流西域道 一筐春心萬邦和 雲開萬里同看日
동서분명대란년 운회주류서역도 일광춘심만방화 운개만리동간일

해설 >>> 상생(相生)이 상극(相克)을 이어받기 위해 기다리고 대답하네(상극이 상생으로 순환하네). 수운(水雲)과 화운(火雲)이 이미 세상을 어려움에서 구제하기로 하고 서로 바라보며 기뻐하네. 목운(木運)이 화운(火雲)과 통하여 봄바람이 오래도록 부네. 수운(水雲)과 화운(火雲)이 이른 대로 어려운 세상을 구원하지 못하면 혼돈스런 세상이 되어 동양과 서양이 분명 큰 난리가 나는 해이네. 운수가 서역으로 두루 돌아

도(道)가 들어오네. 하나의 광주리에 담긴 춘심(三人日心 : 세 사람의
태양과 같은 마음)이 세계만방을 화평케 하네. 구름이 걷히니 만 리를
대낮같이 볼 수 있네.

* 濟 : 어려움에서 구제하다는 뜻이 있음
* 待 : 기다리다, 대비하다, 갖추다
* 對 : 대하다, 대답하다, 짝하다, 상대하다
* 筐 : 광주리
* 수운(水雲)은 실존 인물로서 동학의 창시자 수운(水雲) 최제우 대신사를 말함
* 화운(火雲)은 실존 인물로서 최제우 대신사 사후(死後)에 온 증산(甑山) 상제 강일순을
  이름
* 목운(木運)은 오행상 목(木)으로서 우리나라를 이르는 것으로 해석되며, 우리나라에 임
  하는 말세의 진인이 목운(木運)인 것으로 해석됨
* 춘심(春心)에서 춘(春)은 삼인일(三人日)로 분해(파자)되어 세 사람(수운천사, 화운천
  사, 말세의 진인인 목운)의 태양으로 해석할 수 있음. 세 사람(수운천사, 화운천사, 목운
  으로 오는 말세의 진인)이 같은 맥락으로 세상에 왔으므로 하나의 광주리에 담길 수 있
  는 것으로 해석할 수 있음
* 수운(水雲) 최제우 대신사의 용담유사와 동경대전 등 동학의 경전에도 궁을(弓乙)이라
  는 용어가 무수히 많이 나오고 있어 소울음소리나는 무리의 '무한 마크'에 나오는 궁을
  (弓乙)을 이르는 것으로 보임
* 동학에서는 사람이 곧 한울님이라는 인내천(人乃天)과 사람을 한울님 섬기듯 섬기라는
  사인여천(事人如天)의 가르침이 있어 사람과 하늘을 동일시하여 인간이 곧 하늘이라고
  가르치고 있음
* 하늘 또한 사람이고 사람 또한 하늘이라는 격암유록의 내용과 동학의 가르침이 같음. 소
  울음소리나는 무리들의 철학과 동학의 철학이 일치하고 있는 것으로 보임
* 증산도 도전에 의하면 수운(水雲) 최제우 대신사께서 자신의 사후에 뒤에 올 이를 일러
  "더디다 더디다 8년이 더디다"라고 하였다고 하며, 화운(火雲)천사 강증산 상제께서는
  수운(水雲) 최제우 대신사 사후(死後) 8년 뒤에 태어났다고 함
* 증산도 도전에 의하면 강증산 상제께서는 상극(相克)의 세상을 상생(相生)으로 전환한
  다고 말씀하셨음. 강증산 상제께서도 마지막에는 엉뚱한 곳에서(판 밖에서) 인물이 난
  다고 함
* 화운(火雲)천사 강증산 상제도 마지막에 살아남는 무리들이 소울음소리나는 무리이며
  후천 5만 년 동안 마을마다 동리마다 소울음소리나는 주문이 끊이지 않을 것임을 강조
  하였음
* 화운천사 강증산 상제께서 오늘날의 삼팔선에 대해 이미 100년 전에 언급하였으며, 삼

팔선에 소(牛)가 나가면 현재와 같은 남북분단과 한반도에서의 열강들의 각축도 모두 끝난다고 예언하였음

* 삼팔선에 소가 나가는 것은 후일에 엄택곡부(奄宅曲埠：일명 갑을각, 궁을정, 우주인의 대사관)가 삼팔선 일대에 세워지고 이곳으로 우성인이 신비기를 타고 왕래하며 이곳에서 소울음소리 발성명상이 나는 때를 이르는 것으로 해석할 수도 있음

* 화운천사 강증산 상제께서는 100여 년 전에 와서 오늘날 이루어질 일들을 이미 예언한 부분이 많이 있으며 대부분 그대로 진행되고 있는 것으로 보임

* 증산도 도전에 의하면 화운천사 강증산 상제께서 자신은 하늘의 상제인데 인간세상이 진멸지경에 이르게 되어 이를 구하고자 서양 대법국(大法國, 프랑스)의 천개탑(天蓋塔, 에펠탑)에 내려와 30년 간 주유(周遊)하다가 금산사로 넘어와 인간으로 세상에 태어났다고 함

* 소울음소리나는 무리의 최고지도자는 서양의 프랑스에서 태어나 30년 간 유럽일대를 주유하며 전파하다가 최근에는 동양에 역점을 두고 서서히 그 거점을 동양(특히 일본)으로 옮기려 하고 있음

* 격암유록에 근거해서 보면 마지막 성인은 북위 38도 위쪽에서 태어나 남해도(南海島)로 이주해왔다가 마침내 근화조선(槿花朝鮮) 우리나라로 들어오게 된다고 함
    · 프랑스의 위도는 북위 48도이며 경도는 2도임
    · 소울음소리나는 무리의 최고지도자가 현재는 일본을 좋아하며 일본 내에 자신이 거처할 곳을 마련해 달라고 요청하고 있음
    · 남해도(南海島)는 일본을 이르는 것으로 해석할 수 있음

* 소울음소리나는 무리의 최고지도자의 거처가 일본에 마련되어 그곳에서 거주하다가, 그 다음으로 우리나라 삼팔선 일대에 엄택곡부가 세워져 이곳으로 다시 거처를 옮긴다면 격암유록의 예언내용과 일치하는 것으로 볼 수 있음

* 격암유록의 예언 내용과 동학과 증산상제의 말씀 등을 종합해 보면 수운천사 후에 화운천사가 왔고 화운천사 후에 마지막 성인인 소울음소리나는 무리의 최고지도자가 하늘의 일관된 계획에 의하여 목운으로 온 것으로 해석할 수도 있음

* 아프리카 콩고의 킴방구라는 종교 지도자는 그들이 기다리는 마지막 메시아(구원자)가 바로 현재 소울음소리나는 무리의 최고지도자라고 공언하고 있음. 킴방구의 신도는 1천만이 넘는다고 함

三八之北出於聖人 天授大命 似人不人 柿似眞人 馬頭牛角兩火冠木
삼팔지북출어성인 천수대명 사인불인 시사진인 마두우각양화관목
海島眞人渡南來之眞主 出南海島中紫霞仙境 世人不覺矣
해도진인도남래지진주 출남해도중자하선경 세인불각의

해설 >>> 삼팔선 북쪽에서 성인이 출현하네. 하늘이 큰 사명을 준 분이며, 사
람 비슷하지만 사람이 아닌 감람나무 사람이 진인이네. 말머리 형상
에 소뿔 모양을 한 하늘의 영광이 함께 하는 사람으로 해도의 진인이
요, 남(조선)으로 건너오는 진인이네. 남해도의 자하선경에 출현하지
만 세상 사람들이 깨닫지 못하네.

* 화(火)가 2개에 관(冠)이 있고 목(木)이 있으면 영(榮)자가 됨
* 남해도(南海島)는 현재의 일본을 이르고 있는 것으로 해석할 수 있음. 후일 일본이나 우
  리나라에 진인이 머무르는 곳이 자하선경(紫霞仙境)이 될 것으로 예측됨
* 소울음소리나는 무리의 최고지도자는 북위 48도인 프랑스에서 태어났고, 머리의 모양은
  말머리형의 관상에 머리 위에는 소뿔모양으로 머리에 상투를 틀어 올린 모양이었으며,
  최근에는 일본에 자신의 거처를 마련해 달라고 요청하여 일본 내의 소울음소리나는 무
  리 회원들이 주축이 되어 만들려 하고 있음

嗚呼悲哉聖壽何短
오호비재성수하단

해설 >>> 오호라 슬프도다. 성인의 수명이 어찌 이렇게 짧은가?

聖壽何短十勝設 入於三時無用 忠則盡命悲極運
성수하단십승설 입어삼시무용 충칙진명비극운

해설 >>> 성인의 수명이 십승설에 있는 것처럼 어찌 이리 짧은가. 세 때에 들
어가는 것이 소용없네. 생명을 다하여 충성을 본받으나 비참함이 극
에 달하는 운명이네.

化於千萬理有海印 一人擇之化敏過自責 吸海印無不通知
화어천만리유해인 일인택지화민과자책 흡해인무불통지
天意理奚如天遠返低 古人鄭氏牛性夭死 人作蘖自取禍 無可歎奈何
천의리해여천원반저 고인정씨우성요사 인작얼자취화 무가탄내하

해설 >>> 천 가지 만 가지 이치로 변화되는 해인(海人)을 가진 한 사람을 택하
여 스스로 민첩하게 책망하여 변화되소. 해인(海人)을 호흡하면 모르
는 것이 없도록 통하여 하늘의 뜻과 이치가 먼 하늘에서 낮은 곳으로
내려온 것과 같네. 아주 옛날 사람인 정씨(鄭氏)가 우성인(牛性人)으
로 출현하였으나 왕성한 때에 죽네(요사하네). 사람들이 스스로 화를
취하여 화가 싹트는 그루터기(움)를 만들었네. 탄식해도 소용없으니
어찌할 것인가.

* 蘖(얼) : 그루터기

桑田碧海地出 鷄龍山下定都地 白石之化日中君
상전벽해지출 계룡산하정도지 백석지화일중군
能知三神救世主 牛鳴在人弓乙仙
능지삼신구세주 우명재인궁을선

해설 >>> 뽕나무밭이 푸른 바다로 변하고 땅이 나타나는 천지개벽이 일어나
네. 계룡산 아래 도읍지가 정해지네. 백석으로 변화한 태양 가운데
임금이 있네. 그분이 삼신 구세주임을 능히 알아야 하네. 소울음소리
가 궁을(弓乙) 신선(神仙)인 사람에 있음을 능히 알아야 하네.

更逢今日修源旅 誰知今日修源旅 善人英雄喜逢年 英雄何事從盤角
갱봉금일수원려 수지금일수원려 선인영웅희봉년 영웅하사종반각
月明萬里天皇來 春香消息問英雄
월명만리천황래 춘향소식문영웅

해설 >>> 오늘 수원나그네(수련의 근원을 찾는 사람)를 다시 만나네. 누가 오늘
의 수원나그네(수련의 근원을 찾는 사람)를 알 수 있겠는가. 착한 사람
과 영웅이 기쁨으로 만나는 해이네. 영웅이 어떤 일을 따르는가 하면
반각[소반의 네 각을 떼어 낸 절만(卍), 즉 궁을도]을 따르는 이치이네.
달빛이 만리를 밝혀주니 하늘의 황제(상제)가 오네. 춘향[春香(三人日
香), 세 사람의 태양(수운, 화운, 목운)의 향기]을 영웅에게 묻네.

＊소울음소리나는 무리의 최고지도자는 명상, 발성명상, 호흡훈련 등 수행(修行)을 강조

하며, 매일 수행을 생활화하라고 가르치며, 이는 지구상의 현생인류를 지은이들(牛性人, 우성인)이 알려주는 수행법이라고 강조함. 이로 보아 수원려(修源旅)는 수행의 근원을 알려주려고 전 세계를 두루 다니는 나그네라고 해석할 수 있음

말운의 진인은 예수와 같은 성씨로서 상제의 아들이며 살아 있는 미륵이며, 유불선이 다시 하나로 합쳐 한 사람으로 왔다

말세에 진인의 성씨를 마방아지(馬枋兒只)라고 표현하고 있습니다. 마방아지라는 표현은 예수가 말구유에서 태어났기 때문에 세상의 성씨로 나타낼 때는 마방아지라고 표현한 것으로 해석됩니다. 방(枋)자는 다목(활엽수나무의 일종)을 이르는 한자로 말구유를 만드는 재료입니다. 지(只)자는 단지 또는 '~일뿐' 등의 어조사로 쓰이는 한자입니다. 한자의 의미를 종합하여 마방아지(馬枋兒只) 전체를 다시 해석하면 '단지 말구유에서 태어난 아기'로 됩니다. 말세에 나올 진인의 성씨가 마방아지(馬枋兒只)라는 것은 결국 예수와 조상이 같거나 형제지간이거나 예수의 자식이어야 가능할 것입니다. 그러나 성서에 의하면 예수는 자식을 두지 않았습니다. 그러므로 예수와 아버지가 같은 형제지간이거나 그 조상이 같을 수밖에는 없다고 판단됩니다. 예수와 형제지간이거나 그 조상이 같다고 스스로 나타내고 있는 종교의 지도자가 있는지를 찾아보았습니다.

기존의 종교 중에 예수와 연관된 경우를 보면 그 지도자가 자칭 재림 예수라고 하는 경우는 볼 수 있었으나, 예수와 형제지간이거나

그 조상이 같다고 주장하는 경우는 찾아보기 힘들었습니다. 이것도 소울음소리나는 무리들에게서 들을 수 있었습니다. 이들의 최고지도자를 일러 예수의 동생이라고 합니다. 예수와 아버지가 같다고 주장하고 있습니다. 예수의 아버지는 우리가 알고 있기로는 하느님(또는 하나님)으로 알고 있습니다. 바로 소울음소리나는 무리의 최고지도자가 스스로를 지구상의 현생인류를 창조한 이들의 최고 우두머리의 아들(상제의 아들)이라고 주장하고 있습니다. 이들의 주장이 허황된 것일 바에는 차라리 자칭 예수 또는 재림 예수나 하느님으로 주장할 것이지 예수와 형제지간이라고 주장한다는 것은 사뭇 색다르다는 느낌을 받았습니다.

우리나라 각종 예언서에서도 말세의 진인을 정도령(鄭道令)이라고 표현하고 있습니다. 정(鄭)자를 풀어쓰면 팔유대읍(八酉大邑＝鄭)이라고 쓸 수 있습니다. 이 파자한 것을 소리나는 대로하면 '팔유대마을'이라고 할 수 있습니다. 이것 또한 예수가 태어난 지역과 연관이 있는 듯합니다. 팔레스타인이나 유대마을에서 태어난 사람과 같은 성씨라는 뜻으로 정(鄭)도령이라고 표현한 것으로 해석할 수도 있습니다. 이런 맥락에서 마방아지(馬枋兒只) 성씨와 정도령(鄭道令)의 성씨는 상통한다고 볼 수 있습니다.

그리고 격암유록에서는 진인의 형상을 일러 말머리 형상에 소뿔 모양(馬頭牛角, 마두우각)을 하고 있다고 표현하고 있습니다. 이들 소울음소리나는 무리를 이끄는 최고지도자의 현재 모습을 보니 머리 모양의 형상은 관상적으로 말머리 형상이었습니다. 그리고 머리 위에는 옛날 우리나라 상투모양으로 머리를 틀어 감은 모습이었습니다. 멀리서보니 마치 머리가운데에 소뿔 모양이 하나 나와 있는 것 같았습니다. 이로써 마두우각(馬頭牛角)의 형상이 나타나고 있다는 생각을 하게 되었습니다. 또한 석가가 말하기를 자신의 도는 3천 년이 지나면 모두 끝나고 살아있는 미륵이 출현한다고 예언하였음을 격암유록에서 알려주고 있습니다. 이 또한 소울음소리나는 무리의 최고지도자가 스스로 자신이 석가의 도가 끝나는 3천 년 만에 미륵으로 이 세상에 출현하게 되었다고 공언하고 있습니다. 스스로를 예수의 동생이며 살아있는 미륵이라고 공언하고 있습니다.

대부분의 종교에서 그 지도자가 자신을 내세울 때는 예수면 예수 미륵이면 미륵 어느 한 쪽만을 주장하는 것이 지금까지 있어왔던 통례인데, 이들은 양쪽을 모두 아우르는 대 통합을 말하고 있으며, 격암유록에서 예언한 바를 그대로 말하고 있습니다. 이들이 격암유록을 연구하는 단체도 아니고, 격암유록이 우리나라에 있는지도 전혀 모르는 무리임에도 이토록 정확히 일치하고 있다는 점에서 저는 이들을 단순히 이단이나 사이비로 치부하고 넘어 갈 수는 없다고 판단했습니다.

우리나라에 자생적으로 존재하는 종교 중에는 격암유록을 알고 거기에 맞추려고 노력한 곳이 많다는 것을 확인하였지만 그런 곳은 사람의 의도에 의한 짜맞추기식 논리로 일관되다 보니 어딘가는 허점이 있었고, 아전인수식으로 해석하다보니 격암유록 전체에 흐르는 일관성과는 괴리된 부분이 많이 있음을 느껴왔습니다. 그러나 소울음소리나는 무리들은 서양에서 유래하여 전 세계로 파급되는 과정에서 우리나라에도 유입된 것일 뿐, 당초부터 우리나라를 목표지점으로 하는 것도 아니고, 격암유록 자체를 인용하지도 않고, 또한 그것이 존재하는지도 모르면서 이토록 일맥상통하게 일치하는 것은 이것(소울음소리나는 무리)이 처음이며, 지금까지 확인해온 바로는 마지막일 것이라고 생각합니다. 격암유록이 있는 지도 모르고 있으면서 소울음소리나는 무리의 철학과 의식이 격암유록과 일치한다는 점에서 저는 둘 다 모두 신뢰할 수 있다고 판단했습니다. 소울음소리나는 무리들에 의하여 격암유록이 인위적으로 만들어졌다는 흔적을 전혀 찾을 수 없고, 격암유록 또한 이들이 우리나라에 유입되기 전에 국립중앙도서관에 소장되었다는 점에서 둘 다 인위적인 방법에 의하여 이루어지지 않았음을 확인할 수 있었습니다. 격암유록과 소울음소리나는 무리는 서로가 대상이 있음을 먼저 알고 이루어지지 않았으면서도 정확히 일치하고 있다는 것은 놀라운 일입니다. 이런 연유로 저는 둘 다 신빙성이 있다고 확신하게 되었습니다.

격암유록에서는 '동방에(우리나라에) 반드시 성인이 출현하게 된다.'고 하고 있습니다. 그러면 지금 소울음소리나는 무리의 최고지도자와 동방에 출현할 성인과는 어떤 연관이 있을지를 생각해 보았습니다. 동방에 출현하는 성인을 모를 때에는 다시 미국·영국 등의 서양인을 통해 알아보라고 알려주고 있습니다. 소울음소리나는 무리의 최고지도자는 프랑스에서 태어난 유태인으로 서양인이었습니다. 그렇다면 바로 이 서양인을 통하여 다시 해석해 보고자 합니

다. 일단 소울음소리나는 무리의 최고지도자를 성인을 찾는 표본
으로 보고 두 가지의 경우를 가정해볼 수 있을 것입니다. 첫째는 현
재 이들 소울음소리나는 무리의 최고지도자를 성인으로 보고 바로
이분이 마지막에는 우리나라에 임하여 전 세계적으로 소울음소리
나는 무리를 이끄는 총본부를 두고 활동할 가능성도 있을 것으로
봅니다. 두 번째는 이분이 마지막 성인을 알아볼 수 있는 잣대역할
을 하고, 다음으로 이분의 뒤를 이을 소울음소리나는 무리의 최고
지도자가 우리나라 사람으로 이어지는 경우를 상정해 볼 수 있을
것입니다. 현재로서는 이 정도의 가정을 해보는 것으로 족하다고
봅니다. 그러나 어느 경우로 귀결이 되든 결국에는 동방에(우리나
라) 이들 소울음소리나는 무리를 이끄는 총 본부가 들어서게 되고,
이곳에 진정한 말세의 성인이 임하게 된다는 격암유록의 예언내용
을 유심히 지켜 보아야할 것입니다.

　저는 소울음소리나는 무리의 회원이 된 상태에서 이들을 평가한
것이 아니라 격암유록의 핵심 부분을 미리 정리한 후에 이 내용에
맞는 곳이 있는지를 찾아 헤매기를 5년여의 세월 끝에 얻은 결론입
니다. 그리고 지금도 저는 아직 이들 무리에 참여하여 활동하고 있
는 상태는 아닙니다. 계속 이들의 활동과 진행내용이 지속적으로 격
암유록과 일치하는 방향으로 움직여지고 있는지를 더욱 관찰한 연
후에 이들 무리에 들어갈 수 있는 중입시기(中入時期)의 상한선인
2007년도쯤에 최종적으로 결론을 내리고 2008년 초에 이곳에 합류
하려 하고 있습니다. 최종 결론을 내려 이들 무리에 합류한 후에는

모든 일거수일투족을 오직 이들이 추구하는 바를 따르고 활동하는
데에 전념할 계획입니다. 물론 이들을 따르는 길은 현실을 초월한
그런 세계는 아니라는 것을 이들을 통해 알게 되었습니다. 이들이
가는 길은 속세를 떠나 입산수도 하여야하는 길도 아니며, 현실을
초월하여 엄청난 도를 닦는 것도 아니었습니다. 언제나 현실 속에서
각자의 생활을 열심히 살면서 그 속에서 이들의 철학과 행동을 실천
하면 되는 것이었습니다. 격암유록에 이르기를 결국에는 마지막에
살아남는 무리를 따르지 않은 자들은 후회하게 된다고 알려주고 있
습니다. 현재의 인간적인 가치 기준으로만 판단하기에 앞서 멀리 보
는 안목을 갖고 깨어있는 의식으로 접근해 보시기를 권합니다.

✷ 사람들은 말운의 진인(眞人)이 가는 길을 어떻게 보는가

•• 嘲笑歌 조소가

所經不謁盲郎　道通知覺我人　糞通知覺道人也　無聲無臭無現跡何理
소경불알맹랑　도통지각아인　분통지각도인야　무성무취무현적하리
見而狂信徒愚者
견이광신도우자

* 소울음소리나는 무리들은 성서를 인용하되 기존의 기독교적인 방법이 아닌 과학적인 방
  법에 의하여 설명하고 있음
* 대부분의 사람들은 소울음소리나는 무리들을 미친 사람들이라고 함

·· 嘲笑歌 조소가

道人不顧家事狂夫女 一日三食何處生 彼笑我我彼笑 終結勝利誰人
도인불고가사광부녀 일일삼식하처생 피소아아피소 종결승리수인
言고
언고

해설 >>> 도인을 보고 가정 일을 돌보지 않는다 하여 미친 부녀(남편, 여자)라
하고, 하루에 세 끼를 먹지 않고 어찌 살 곳이겠는가? 라고 하네. 저
사람은 나를 비웃고 나는 저 사람을 비웃네. 마지막에 가서 승리하는
사람은 누구란 말인가.

* 소울음소리나는 무리들은 현재의 세상 시스템에 의한 가정에 중점을 두지는 않고 있음.
  과학적으로 영원히 사는 방법을 터득한 이들(지구상의 현생인류를 지은이들)에게는 현
  재의 지구상의 가정과 같은 시스템은 존재하지 않는다고 함
* 소울음소리나는 무리들은 일주일에 하루 정도는 주기적으로 단식을 실시하고 있음. 이
  방법이 심신을 건강하게 하는 좋은 방법이라고 함

天地合德父母님이　無知人間살니고자　天語傳이른말을　사람不知辱을
천지합덕부모님이　　무지인간살니고자　천어전 이른말을　사람부지욕을
하니 네 죄상이 더럽구나

해설 >>> 하늘과 땅의 덕을 합한 부모님이 무지한 인간을 살리고자 하늘의 말
씀을 전하여 일러준 말을 사람들이 알지 못하고 욕을 하니 네 죄상이
참으로 더럽구나.

無價之寶傳컨마는　呡虫不識不覺하야　倨慢謗姿猜忌嬌心　坐井觀天
무가지보전컨마는　맹충불식불각하야　거만방자시기교심　좌정관천
知識으로　不顧左右自欺로서　眞理不通彷徨霧中
지식으로　불고좌우자기로서　진리불통방황무중

해설 >>> 값없이 보배를 전해주지만 벌레 같은 인생들은 알지 못하고 깨닫지
못하네. 거만하고, 방자하고, 시기하고, 교만한 마음과 우물 속에서
하늘을 보는 좁은 지식으로 좌우를 돌아보지 않고, 자기 양심을 속임
으로 진리를 통달하지 못하며 안개 중에 방황하네.

대부분의 사람들은 말운에 진인이 가는 길을
허황되다고 비웃고 조소하며 따르려하지 않는다

말세에 진인이 가는 길을 따르는 소수의 무리를 보고 대부분의 사람들은 미친 사람이며 광신도라고 욕을 하니 그 죄상이 더럽다고 알려주고 있습니다. 벌레 같은 인생들은 깨닫지 못하고 거만하고, 방자하고, 시기하고, 교만한 마음과 우물 속에서 하늘을 보는 좁은 지식으로 좌우를 돌아보지 않고, 자기를 속임으로 진리를 통달하지 못하고 안개 속에서 방황하게 된다고 일러주고 있습니다. 또한 기존의 경전(성경, 불경, 동학의 경전, 증산계열의 경전, 유교 경전 등등)과 다른 것을 말하고 있다하여 도를 분간하지 못하는 눈먼 사람이라고 비웃는다고 강조하고 있습니다. 그러므로 말세에 진인이 가는 길은 우리가 알고 있는 기존 종교의 경전과는 다르게 말하고 있다는 점을 주의 깊게 살펴보아야 합니다.

전통석인 기독교(서학), 불교, 유교, 선도에서 쓰고 있는 경전과는 다른 내용을 말하는 곳을 찾아야 한다는 결론에 도달하게 됩니다. 이렇게 기존의 경전과 다르게 말하는 곳을 찾아보니 세상에는 이런 곳이 너무도 많았습니다. 이럴 때 저는 격암유록을 판단기준으로 세우고 접근하였습니다. 궁극적으로 찾았다고 판단한 소울음소리나는 무리들은 성서를 인용하되 현시대에 맞는 과학적 근거를 제시하여 새롭게 해석하고 있었습니다. 성서에 나오는 모세의 기석이나 예수의 기적 등은 모두 과학적인 작용에 의한 것임을 강조하고 있었습니다. 결코 신(하느님)에 의한 기적이 아니고 우리가 신으로 믿고 있는 그들(우리와 같은 인간임)이 고도로 발달된 최첨단 초과학을 이용하여 일어난 작용이라는 점을 강조하고 있었습니다. 이로써 성경에 있는 것과 다르게 말하고 있다는 내용과 일치함을 느꼈습니다.

말세에 진인을 찾기도 어렵지만 설령 찾았다 해도 그 길을 따르기는 결코 쉽지 않습니다. 그 길은 가정 일을 돌보지 않고 가야만 하는 길로 묘사되고 있습니다. 다시 말해 속세에서 벗어나야만 갈 수 있는 길임을 알려주고 있습니다. 왜 속세를 벗어나 가정 일을 돌보지 않는 상황이 되어야하는 것일까? 이 점에 대해 곰곰이 생각해 보았습니다. 미래에 전개될 지상낙원에서는 포태하고 잉태하여 생산하지 않아도 되고, 남녀가 성교하지 않고도 생산하는 그런 시대가 도래한다고 격암유록에서는 알려주고 있습니다. 그렇다면 굳이 남녀가 결혼할 필요성도 없으며 자연히 가정이 있을 수도 없고, 가문이 형성될 수도 없게 됩니다. 이런 상황에서는 돌봐야할 가정도 있을 수 없고, 현재와 같은 시스템으로 이루어지는 속세는 존재하지 않게 될 것입니다. 우리가 살고 있는 속세가 이렇게 변할 것이라면 비로소 속세를 떠나도 가능하다는 결론을 내릴 수 있게 됩니다.

다음에서도 다루겠지만 세상에서 가진 것이 많은 사람들과, 누리는 지위와 명예가 높은 사람일수록 그것을 버릴 수 없어 이 길로 들어서지 못하게 됩니다. 그러나 세상에서 가진 것도 없고, 누리는 지위와 명예도 없는 사람들일수록 이 길은 매력 있는 길이 되고, 가치 있는 길이 되어 따를 것입니다. 이 길은 가진 자나 없는 자나 모두

다 오라고 초청하고 있다는 점을 격암유록에서는 강조하고 있습니다. 각자 자신의 사려 깊은 판단을 통하여 확신이 가는 길을 알게 되었을 때에는 가진 것에 구애받지 말고 이 길로 합치는 용기가 무엇보다도 필요합니다. 가진 것을 가지고 갈 필요도 없습니다. 가진 것은 속세에 남은 사람들에게 다 주고 나는 내 마음과 몸만 가지고 가면 됩니다. 다만 마지막 시기까지는 자신의 노력으로 삶을 지탱하여야 할 것 같습니다. 이 길은 결코 절대의 신이 이끄는 길이 아니며 우리와 같은 인간들이 이끄는 길이기에 그 때가 올 때까지는 나 스스로 나의 삶을 지탱하여야 할 정도의 생활 능력은 가지고 있어야 할 것으로 보입니다. 만일 절대의 신이 이끄는 길이라면 모든 것은 절대의 신이 알서 해주겠지만 이곳은 신이 없기에 우리들이 구원의 그때까지는 자신을 지탱할 생활력은 가지고 살아야 할 것으로 보입니다.

✿ 말운에는 어떤 사람이 구원받는가

••聖山尋路 성산심로

强亡柔存革心從心 舊染者死從 新者生
강망유존혁심종심 구염자사종 신자생

해설 >>> 강한 자는 망하고 부드러운 자는 살게 되니 마음을 혁신하여 그 마음
         을 따르라, 옛 것에 물드는 것은 죽음을 따르는 것이니 새로운 것을
         따라야 살게 되네.

   * 강한 자보다는 부드러운 자가 살게 된다는 것을 강조하고 있음

·· 末運歌 말운가

善者多生惡者死 可笑可歎奈何
선자다생악자사 가소가탄내하

해설 >>> 착한 사람은 많이 살고 악한 사람은 죽게 되네. 가히 웃을 수밖에 없
         고 탄식할 수밖에 없으니 어찌하면 좋은가?

   * 대부분의 소울음소리나는 무리들은 착하고 선한 사람들이라는 인상을 받았음

·· 聖山尋路 성산심로

鄭堪豫言有智者生 無智者死 貧者生富者死 是亦眞理矣
정감예언유지자생 무지자사 빈자생부자사 시역진리의

해설 >>> 정감선사의 예언이네. 지혜로운 자는 살 수 있으나 지혜롭지 못한 자
         는 죽게 되네. 가난한 자는 살고 부유한 자는 죽으리니 이 또한 진리
         이네.

   * 소울음소리나는 무리들 중에는 가난한 사람들이 대부분이었음

·· 生初之樂 생초지락

知解此書有福家 未解此書無福家 此言不中非天語 是誰敢作此書傳
지해차서유복가 미해차서무복가 차언부중비천어 시수감작차서전

해설 >>> 이 글을 풀어 알면 복 받은 집안이나 풀지 못하면 복 없는 집안이네.
이 말 모두가 하늘의 말씀 아닌 것이 없네. 누가 감히 이 글을 지어서
전한단 말인가.

·· 生初之樂 생초지락

有勢弓弓去 屈無勢矢矢來 空中和言心中化 道通天地無形外
유세궁궁거 굴무세시시래 공중화언심중화 도통천지무형외

해설 >>> 세상에 권세 있는 자에게는 궁궁(弓弓)이 떠나나, 권세와 능력 없는
자에게는 살살 다가가 온화한 말로 그들의 마음을 위로하네. 하늘의
도는 천지를 두루 통하나 겉으로는 형체가 없네.

* 소울음소리니는 무리들은 대부분 세상에서 가난하고 권세 없고 곤궁한 자들임을 확인
할 수 있었음. 세상의 기준으로 보면 별 볼 일 없는 이들이 주로 모여 있다고 생각할 수
있음

·· 聖山尋路 성산심로

心覺心覺 貧者得生富者不得
심각심각 빈자득생부자부득

해설 >>> 마음으로 깨닫고 깨달으소. 가난한 자는 살고 부자는 죽네.

貴文章才士더라 時來運數不通인가 自下達上므르고서
귀문장재사더라 시래운수불통인가 자하달상므르고서
貧賤示知奴隷로다.
빈천시지노예로다.

해설 >>> 부귀한자 · 문장가 · 재주 있는 선비들아, 때가 이른 운수를 통달하지
못하느냐? 낮은(아래에 있는) 것이 높이(위로) 됨을 모르고, 가난하고
천하다고 노예로 여기는구나.

貧賤困窮無勢者야 精神차려 海人알소
빈천곤궁무세자야 정신차려 해인알소

해설 >>> 빈천하고 곤궁하고 세력 없는 자야! 정신 차려 해인(海印)을 아소.

가난한 자와 권세 없는 자가 먼저 구원받는다

현재의 세상 시스템에서는 착한 사람일수록 가난하고 권세가 없
는 경우가 많고 악한 사람일수록 부유하고 권세가 있는 경우가 많
은 것이 현실입니다. 착한 사람은 남을 먼저 생각하고 긍휼이 여기

는 마음을 가졌으므로 많은 것을 양보하고 빼앗겼으니 가진 것이 있을 리 없고, 권세를 차지할 수 없게 됩니다. 그러나 악한 사람은 항상 자기를 먼저 생각하고 욕심을 갖고 있으므로 차지한 것이 많아 부유하고 권세를 누리며 살게 됩니다. 이러한 세상이치를 알고 보면 이런 현상은 당연한 결과일 것입니다.

격암유록에서는 마지막 구원받는 무리에는 가난한 자와 권세 없는 사람이 많다고 합니다. 가진 것이 많고 누리는 것이 많은 사람은 이미 그 마음에 욕심이 과하기 때문에 가진 것을 버리고 오라는 길은 아예 보려고 하지도 않습니다. 가진 것을 더하고 누리는 것을 더할 수 있는 길에만 관심이 있을 뿐입니다. 그러나 가진 것이 없고 누리는 것이 없는 사람은 버릴 것도 없기에 어느 쪽으로 가든 손해 볼 것도 없습니다. 또 그 마음이 선하니 진정한 성인이 가는 길로 자연히 마음이 쏠리게 됩니다. 이러한 이치를 깨닫고 보면 현재에 가진 것과 누리는 것이 오히려 발목을 잡는 족쇄에 불과할 뿐입니다. 저 또한 현재는 가진 것도 있고 누리는 것도 있기 때문에 지금 당장 진인을 따르는 일을 행동으로 옮기지 못하고 있습니다. 한편으로는 마음이 불편할 수도 있지만, 이미 저는 소울음소리나는 무리를 따를 수 있는 시한(2008년초)을 정해놓고 있기에 반드시 이때까지는 최종 결론을 내리고 현재의 세상 속에서의 가진 것과 누리는 것에 연연하지 않으면서 이들에게 합류할 계획입니다.

세상에서 가진 자와 누리는 자는 이러한 메시지를 무조건 거부하지 마시고, 한 번쯤 그 속에 숨은 심오한 이치를 깨달으셔서 인생일대 최대의 기로점에서 현명한 판단을 하시기 바랍니다.

🔷 말운에는 어떻게 행동하여야 하는가

鷄龍論 계룡론

勿思世俗離脫하고 不顧左右前進하자 俗離者生鷄龍入에 仙官仙女
물사세속이탈하고 불고좌우전진하자 속리자생계룡입에 선관선녀
作配處
작배처

해설 >>> 세상을 생각지 말고 속세를 벗어나, 좌우를 돌아보지 말고 전진하소.
세속을 떠난 자는 살며, 계룡에 들어간 선관 선녀가 짝을 짓는 곳이네.

末運論 말운론

勝者出人人人從 有智者世思勿慮
승자출인인인종 유지자세사물려

해설 >>> 이긴 자가 나오니 사람마다 그 사람을 따라야 하네. 지혜 있는 자는
세상 생각을 말고 세상 염려 하지마소.

* 소울음소리나는 무리들은 현재의 세상에 중점을 두지 않고 있으며, 다음에 전개될 새로
운 세상에 맞춰 행동하고 생각하고 즐기면서 기쁘게 생활하고 있음

人人敍敍自身亡 去嬌慢心揚立身 屈之屈之人人屈
인인서서자신망 거교만심양입신 굴지굴지인인굴

해설 >>> 사람마다 교만한 자는 자신을 망하게 하네, 교만을 버리고 마음을 드
러내고 몸을 세워야 하네. 겸손하고 겸손하소, 누구에게나 겸손하소.

 * 소울음소리나는 무리들은 교만을 버리고 항상 겸손하라고 이르고 있음

•• 格菴歌辭 격암가사

和氣春風時來事를 無疑君子大覺年을 家家面面郡郡道道 時來自知
화기춘풍시래사를 무의군자대각년을 가가면면군군도도 시래자지
다알리라

해설 >>> 온화한 기운의 봄바람이 불어오는 일을 의심 없이 군자가 분명하게
깨딜을 해를 집집마다 면면 군군 도도마다 때가 온 것을 다 일리소.

•• 弓乙圖歌 궁을도가

晩時後悔痛嘆하리 一家親戚父母兄弟 손목잡고 갓치오소
만시후회통탄하리 일가친척부모형제 손목잡고 갓치오소

해설 >>> 시기가 늦으면 후회하고 통탄하리. 일가친척 부모형제 손목잡고 같
이 오소.

* 일가친척 부모형제는 손목잡고 같이 오라하나 처자식에 대한 언급은 없음

夢覺時라 人民들 農事를 不失하 日語저저 田耕하고 英學하계
몽각시라 인민들 농사를 불실하 일어저저 전경하고 영학하계
播種하고 支學하계 除草하야 霜雪時에 秋收하소 馬枋兒只
파종하고 지학하계 제초하야 상설시에 추수하소 마방아지
나오신다 蔑視말고 잘모시어라
나오신다 멸시말고 잘모시어라

해설 >>> 꿈에서 깨어날 때이네. 백성들아 농사 때를 잃지 마소. 일어(日語)하
는 시대에 밭을 갈고, 영학(英學)하는 시대에 씨를 뿌리고, 지학(支
學)하는 시절에 김을 매고, 서리와 눈이 내릴 때에 추수하소. 마방아
지 나오시니 멸시 말고 잘 모시어라.

愛憐如己天心和로 人人相對하엿에라
애련여기천심화로 인인상대하엿에라

해설 >>> 내 몸과 같이 남을 사랑하고 불쌍히 여기소서. 천심으로 서로 응하여
타인들을 상대하소.

家家面面郡郡道道 時來自知다알리라 天罰嚴命나릴世上 家家人人
가가면면군군도도 시래자지다알리라 천벌엄명나릴세상 가가인인
다사려라

해설>>> 집집마다 면면, 군군, 도도마다 때가 온 것을 다 알리라. 하늘의 천벌이
내리고 엄한 명령이 임하는 세상이네. 집집마다 사람마다 다 살리소.

老小男女上下階級 有無識을 莫論하고 生命路에 喜消息을 不遠
노소남녀상하계급 유무식을 막론하고 생명로에 희소식을 불원
千里傳하올제 自一傳十十傳百과 百傳千에 千傳萬을 天下人民
천리전하올제 자일전십십전백과 백전천에 천전만을 천하인민
다傳하면 永遠無窮榮光일세
다전하면 영원무궁영광일세

해설>>> 노인과 소년, 남자와 여자, 계급이 높은 사람과 낮은 사람, 유식하고
무식한 사람 모두를 막론하고 생명의 기쁜 소식을 천리 길을 멀다 않
고 전하면 하나가 열이 되고, 열이 백이 되고, 백이 천이 되고, 천이
만이 되어 세상 만민에게 다 전하면 영원무궁한 영광일세.

* 소울음소리나는 무리들은 이 기쁜 소식을 온 세상 사람들에게 전하여야 하는 의무가 있
  다고 함. 이 소식을 전해들은 사람들이 따르고 아니 따르고는 개의치 않으며 전하는 것
  으로 의무를 다하는 것이라고 함
* 기독교 계통의 여호와의 증인들도 모든 세상 사람들에게 복음이 전해져야 비로소 지상
  낙원이 도래한다고 함

此時何時運來時 時時忙忙急急傳
차시하시운래시 시시망망급급전

해설>>> 이때가 어느 때이며 어떤 운으로 오는 때인지 시시각각 급히급히 전하소.

기쁜 소식을 온 세상 사람들에게 전하고 때를 보아 속세를 떠나라

때가 되면 세상에 미련을 두지 말고 속세를 벗어나 좌우를 돌아보지도 말고 앞으로만 전진하라고 일러주고 있습니다. 앞에서도 말씀드렸듯이 이때가 되면 굳이 가정이나 속세에 미련을 둘 필요도 없고 그렇게 하여도 전혀 문제될 것이 없다고 보여집니다. 현재를 살고 있는 우리들의 세상기준으로 판단하지 말고, 앞으로 올 미래의 지상낙원에 기준을 두고 판단하라는 것으로 받아들여야 할 것 같습니다. 이렇게 속세를 떠난 사람들은 신선이 되어 짝을 맺게 된다고 일러주고 있습니다. 속세를 떠난 그들끼리 짝을 지어 재미있게 즐기고 산다는 내용으로 보입니다. 이렇게 속세를 떠나야할 때는 따로 정해져 있다고 보아야 할 것 같습니다. 지구상의 인류가 자멸의 길에서 스스로 벗어나 평화를 누릴 때에는 굳이 속세를 떠날 필요는 없는 것으로 판단됩니다. 그러나 지구상의 인류가 스스로 자멸의 길에서 벗어나지 못하고 전쟁과 증오로 일관하다가 전 세계적인 핵전쟁으로 치달을 때에 비로소 소울음소리나는 무리들은 속세를 떠나 우성인(현생인류를 지은이)들이 보내주는 신비기(神飛機, UFO)를 타고 하늘로 날아감으로써 구원받는 것으로 격암유록에는 묘사되고 있습니다. 바로 이때가 속세를 떠날 때로 보입니다. 또한 교만한 자는 자신을 망치게 되니 교만을 버리고, 마음을 드러내는 솔직함을 갖고, 아부하거나 아첨하는 자세를 버리고 당당하게 자신의 몸을 있는 그대로 세우되 진정으로 마음속에서 겸손하고 겸손하여 누구에게나 모두에게 겸손하라고 강조하고 있습니다. 진심으로 내 몸 같이 남을 사랑하고 불쌍히 여기고 천심으로 응하여 서로 타인을 상대하라고 알려주고 있습니다.

오늘을 살고 있는 세상 사람들에게 지금이 잠에서 깰 때임을 강조하면서, 일본어를 배우는 노력으로 생명의 밭을 갈고, 영학(영어로 된 학문)을 배우는 노력으로 생명의 씨를 뿌리고, 각종 지엽적인 학문을 배우는 노력으로 잡초를 제거하고, 서리와 눈 내릴 때 추수하라고 일러주면서 이때에 마방아지(馬枋兒只)가 나오시니 멸시 말고 잘 모시라고 알려주고 있습니다. 이러한 기쁜 소식을 깨달아 집집마다 면면, 군군, 도도마다 때가 온 것을 전파하라고 하면서, 시기를 놓치면 후회하고 통탄하게 되니, 일가친척 부모형제 손목잡고 다 같이 오라고 강조하고 있습니다. 그리고 세상의 모든 사람들에게 다 전해야만 영원무궁한 영광이 온다고 알려주고 있습니다. 아마도 이 기쁜 소식이 세상의 모든 사람들에게 다 전해졌을 때 비로소 영원무궁한 지상낙원이 도래할 것으로 보입니다. 어디까지나 전해주는 것으로 의무는 다해지는 것으로 보입니다. 일가친척 부모형제는 손목을 잡고 올 정도로 설득도 다소 필요한 것으로 보입니다만, 그 이외의 다른 세상 사람들에게는 이 기쁜 소식을 모두에게 전하는 것으로 족하고, 굳이 설득하여 손목을 잡고 올 필요까지는 없는 것으로 보입니다. 미리 이 내용을 알게 된 사람들은 이들 무리에 합류한 후에 이 소식을 전하는 것으로 그 의무를 다하는 것으로 보여집니다. 그 외의 다른 특별한 노력은 필요 없는 것으로 해석됩니다.

소울음소리나는 무리들의 메시지 전달방식은 색다르다

우리가 알고 있는 대부분의 기존 종교에서는 한 사람이라도 더 설득하여 자기의 종교를 따르도록 전도하고 있습니다. 자기들의 종교가 왜 좋은지를 자세히 설명하고 또 방문하여 일정기간 가르치는 등 많은 노력을 들여가며 자기들의 종교로 오기를 원합니다. 그러나 소울음소리나는 무리들은 결코 구성원들의 노력으로 설득하거나 설명하여 전도하지 않습니다. 다만 메시지를 전하고 있는 원본의 책(우주인의 메시지 Ⅰ, Ⅱ)을 소개하는 것으로 전도를 끝냅니다. 각자 한정된 인간의 능력으로 어설프게 설명하지 말라고 합니다. 메시지를 원하고 있을 의식 있는 사람들은 설명이 필요 없이 전하는 이보다 더 탁월한 이해능력을 가진 사람도 있다고 합니다. 설득하거나 구걸하는 식의 전도는 이곳에서는 금기사항이었습니다.

전도방식에서도 기존의 종교와는 사뭇 다르다는 것을 느꼈습니다. 이들이 추구하는 바가 자신들의 신도를 늘리기 위한 세속적인 방식이 아니라는 점에서 더욱 신뢰할 수 있었습니다. 저 또한 지금 제가 5년 이상의 세월을 투자하여 찾은 이 길을 타인들에게 알려주는 것 자체에 대해서도 상당히 두려운 마음을 갖고 있습니다. 혹시나 어설프게 알려주어 진정으로 메시지를 기다리는 사람들에게 피해를 주는 것은 아닌지 걱정하고 있습니다. 제가 연구하고 현장에 찾아다니면서 찾은 이 길을 그냥 저 혼자 사장하고 있는 것도 죄악이 될 수 있지 않는가를 조심스럽게 가늠하고 있습니다. 저는 오직 진정한 길을 찾아가는 방향을 제시하는 것으로 그 역할을 다할까 합니다. 그 이후에 그 곳에서 이루어지고 있는 더 깊은 내용은 독자 여러분들이 각자 경험하고 체험하여 습득하여야 할 부분으로 생각합니다. 저는 이 길의 입구까지는 우리나라 대 예언서인 격암유록을 통해 찾아왔습니다. 저 또한 이후의 길은 소울음소리나는 무리들이 안내하는 『우주인의 메시지 Ⅰ · Ⅱ』를 접하면서 디욱 깊이 있게 들어가고자 합니다.

어떤 방식으로 구원되는가

肉死神生道成人身 不死永生不老道라 죽어가는 險道길을 사라가기
육사신생도성인신 불사영생불로도라 죽어가는 험도길을 사라가기
경영이라

해설>>> 육(肉)이 죽고 신(神)이 살게 되는 도(道)가 이루어지면, 인간의 육체
　　　가 죽지 않고 영생하여 늙지 않는 도(道)가 되네. 죽어 가는 험한 길
　　　을 되살리는 묘책이네.

弓乙十勝易經法이 死中救生天恩일세
궁을십승역경법이 사중구생천은일세

해설>>> 궁을과 십승의 역경법이네. 죽음 가운데 다시 살아남을 구하니 하늘
　　　의 은혜이네.

弓弓勝地求民方舟
궁궁승지구민방주

해설>>> 궁궁의 십승지에 사람을 구하는 방주가 있네.

定安平聖山奄宅始開扉 天助隨神入助貴 道化神屋春榮貴
정안평성산엄택시개비 천조수신입조귀 도화신옥춘영귀

해설>>> 안정되고 평화로운 성산을 정하여 하늘의 도를 닦는 성전(엄택)을 지
어 비로소 문을 여니 하늘이 돕고 맡겨 신이 들어오고 귀인이 돕네.
도로 이루어진 신비로운 집(신옥)에 봄이 돌아와 영화로움과 존귀함
이 가득하네.

* 비(扉) : 문짝, 집, 주거

一宁縱橫出帆 一個信仰指針 元亨利貞救援船 烈女忠孝乘滿
일자종횡출범 일개신앙지침 원형이정구원선 열녀충효승만
無邊大海泛流時 風浪波濤妖魔發 信天篤工不俱退
무변대해범류시 풍랑파도요마발 신천독공불구퇴

해설>>> 십승의 구원선이 출범하니 한 개의 신앙지침이네. 원형이정(으뜸되
고, 형통하고, 이롭고, 곧은)의 구원선으로 강한 여자와 진실되고 효성
스런 자가 가득 타네. 끝없는 하늘세계에 둥둥 떠서 흐를 때에 풍랑
과 파도와 요사스런 마귀가 발동하나, 하늘을 독실하게 믿고 공들인
사람은 물러나지 않네.

* 바다는 끝이 있으나 하늘은 끝이 없으므로 무변대해(無邊大海)는 바다를 이르는 것이
  아니라 끝이 없는 하늘을 이르는 것으로 해석됨

•• 末運歌 말운가

鳥霆車運車神飛機 天使往來瑞氣萬

조정차운차신비기 천사왕래서기만

해설>>> 새와 같이 날고 번개와 같이 아주 빠르게 날아다니는 신출귀몰한 기
        계(신비기)를 타고 천사들이 왕래하네. 상서로운 기운이 가득하네.

  * 신비기(神飛機)는 오늘날 우리가 유에프오(UFO)라고 부르는 미확인성 비행물체인 것
    으로 해석됨.
  * 정(霆) : 번개, 천둥

•• 末中運 말중운

儒佛仙合不覺하니 脫劫重生엇지알며 脫劫重生不覺이면 鄭道令을
유불선합불각하니 탈겁중생엇지알며 탈겁중생불각이면 정도령을
알었어랴.

해설>>> 유불선(儒佛仙)이 합치는 것을 깨닫지 못하니 어찌 인간의 구조가 바
        뀌고 몸을 벗어버리고 거듭나는 탈겁중생을 알겠는가? 탈겁중생을
        깨닫지 못하니 어찌 정도령을 알겠는가?

  * 소울음소리나는 무리의 최고지도자가 자신은 세상의 모든 종교나 예언서에서 이르는 마
    지막 마이트레야(maitreya)로서 모든 것을 하나로 아우르기 위해 한 사람으로 왔다고
    강조함
  * 탈겁중생(脫劫重生)은 현재의 몸을 벗어버리고 다시 새로운 몸으로 살아가는 것으로 해
    석됨

* 소울음소리나는 무리들이 이르기를 현재를 살고 있는 마지막 세대 중에는 죽음을 경험
 하지 않고 다음 세상으로 넘어가는 사람도 있으며 이들은 과학적으로 복제(육체적인 것
 은 물론 정신이나 기억도 함께)등의 방법을 통해 계속해서 살 수 있게 된다고 알려주고
 있음
* 죽음을 경험하지 않고 다음 세상으로 넘어가는 사람이 있다는 내용은 기독교 계통의 여
 호와의 증인에서도 주장하고 있음. 그러나 어떤 방법으로 계속 죽지 않고 살게 되는 것
 인지에 대해서는 언급이 없었으며, 신(여호와)에 의해 구원받는다고 함

歌辭總論 가사총론

坐井觀天彼此之間 脫劫重生제알소냐
좌정관천피차지간 탈겁중생제알소냐

해설 >>> 우물 속에 앉아 하늘을 쳐다보는 좁은 편견의 저자들이 자기들끼리
        서로 간에 현재의 몸을 벗어버리고 새로운 몸으로 다시 사는 탈겁중
        생(脫劫重生)의 이치를 어찌 알 수 있겠는가.

挑符神人 도부신인

克己死亡傳했으니 逆天逆理脫劫重生 永生論을 傳했으나 上古先知
극기사망전했으니 역천역리탈겁중생 영생론을 전했으나 상고선지
預言論을 어느 누가 信任했노
예언론을 어느 누가 신임했노

해설 >>> 자기를 이기고 사망을 이기게 되었음을 전했네. 하늘과 세상의 이지
        를 거역하고, 몸을 벗고(탈겁) 몸이 다시 거듭나서(중생) 영원히 살게

된다는 말을 전했으나 아주 옛날부터 미리 알아 예언한 말을 어느 누
가 믿었던가.

* 탈겁중생(脫劫重生)은 현재의 몸을 벗어버리고 다시 새로운 몸으로 태어나는 방식으로
  영원히 사는 원리를 이르는 것으로 이러한 구체적인 방법을 다루고 있는 곳은 소울음소
  리나는 무리 외에는 없었음
* 미국의 공학자 레이 커즈웨일은 서기 2020년대에는 영생을 누릴 수 있게 된다고 말하고
  있음. 2015~2020년 사이에 유전학에서 중요한 돌파구가 나와서 생명이 많이 연장되고,
  이어 2020년대 말엽까지는 발전된 극미세기술이 근본적인 수명연장과 회춘을 가능하게
  할 것이라고 함. 레이 커즈웨일은 전문가들이 귀를 기울이는 사람임. 그는 가치 있는 기
  술들을 여럿 발명한 사람임. 게다가 그의 예언들은 잘 맞아 왔음. 그는 '웹(Web)'의 출
  현과 컴퓨터가 체스 챔피언을 이기는 시점을 멋지게 맞힌 적이 있음. 따라서 레이 커즈
  웨일의 '영생'의 시기에 대한 예측도 진지한 성찰을 받을 만함
* '이기적 유전자(Selfish gene)'라는 말을 일상용어로 만든 리처드 도킨스는 "개체들의 몸
  은 유전자들의 생존기계(Survival machine)다. 그래서 개체들의 몸은 개체들이 성숙해
  서 생식을 할 때까지만 버티도록 만들어졌다. 사람의 몸이 겨우 몇 십 년 동안만 유지되
  도록 만들어진 것은 바로 이런 사정 때문이다. 따라서 사람의 몸을 보다 내구적인 기계
  로 계량하는 일엔 무슨 근본적 장애가 없다."라고 표현하고 있음
* 영생의 전망이 문득 밝아지고 있는 지금 나이든 세대에게 현명한 선택은 레이 커즈웨일
  의 예측이 맞는 것처럼 믿고 적어도 2020년까지는 살아남으려고 애쓰는 것이 좋다고 본
  다. 그의 예측이 맞는다면 더욱 좋을 것이고, 틀려도 덕분에 건강하게 몇 해라도 더 살았
  을 것이기 때문이다.
* 최근 단세포 생명체의 생명을 과학적으로 십 배까지 연장하는 데 성공했다는 사례가 보
  고된 바 있음. 이런 것이 더욱 발전한다면 사람도 현재보다 십 배까지(약 천 년 이상) 생
  명이 연장되는 세월도 올 수 있다고 추론할 수 있음
* 소울음소리나는 무리의 최고지도자가 이르기를 진정 인간을 창조한 신이 있고, 그 신이
  전지전능하다면 언젠가는 인간들이 생명창조를 할 수 있는 과학 수준에 도달할 것과 오
  늘날과 같은 배아줄기세포의 연구나 인간복제 등이 가능할 것도 알았어야 하며, 인간복
  제는 안 된다는 계명을 각종 종교 경전에 표명하였어야 옳을 것이다. 그러나 어느 종교
  의 경전에도 인간복제나 생명창조를 하지 말라는 계명은 없으므로 인간복제 과학을 발
  전시키는 것은 각종 종교 경전과 배치되지 않는다고 함(결론적으로 우주 삼라만상 어디
  에도 전지전능한 신은 없다는 것임)

현재의 몸을 벗고 새로운 몸으로 거듭난다

영원히 사는 구원의 방법을 격암유록에서는 현재의 몸을 벗어버리고 새로운 몸으로 거듭나는 탈겁중생(脫劫重生)으로 표현하고 있습니다. 이것을 구체적으로 설명하는 곳이 바로 소울음소리나는 무리들이었습니다. 이들이 이르기를 사람의 육체로는 영원히 살 수가 없고 언젠가는 죽을 수밖에 없으나 과학의 힘을 빌려 자신의 육체를 복제한 후에 기존에 가지고 있는 경험과 정신 등을 새롭게 복제한 육체에 이전시키면 이것이 정확히 본인의 인격과 유전자를 그대로 유지하고 있는 바로 자신이 되는 것이라고 설명하는 것이었습니다. 그리고 모체인 육체는 죽을 수밖에 없는 육체이며, 동일인격을 가진 육체가 둘이 있을 수 없으므로 고통 없게 폐기처분하는 것으로 설명하였습니다.

현재 지구상의 과학 수준으로도 이미 동물을 복제하고 있는 수준에 이르렀으며, 일정한 학습을 통한 동물의 두뇌에서 학습내용이 형성된 물질을 추출하여 다른 동물에게 주입한 결과 동일한 학습능력을 나타낸다는 실험도 완료한 상태입니다. 또한 지난 2004년 8월 30일에 영국 런던에서 미국의 불임치료 전문의인 파노스 자보스 박사가 가진 기자회견에서는 "사망한 사람들의 세포를 '암소의 속이 빈 난자'와 결합시켜 복제 배아를 만들어 64세포까지 분열시키는데 성공했다"고 밝혀 세계적 파문을 일으킨 적도 있습니다. 또한 2005년 6월쯤의 신문에서는 영국의 과학자가 발표하기를 향후

2050년쯤에는 인간의 정신(기억)도 과학적으로 다운로드받을 수 있는 시대가 온다고 발표한 적이 있습니다. 이런 과정이 더욱 발전한다면 인간도 복제가 가능할 것이며, 기왕에 습득한 학습능력이나 정신적인 기억 등 인격에 해당하는 부분도 충분히 이전 가능하다고 추론해 볼 수 있을 것입니다.

지구상의 과학수준으로는 아직은 이런 경지에 도달하지 못했으며 그렇게 되기까지는 많은 세월이 소요될 것입니다. 또한 이런 과정을 거치면서 무수히 많은 위험과 시행착오를 겪어야 할 것입니다. 머지않은 장래에 지구로 귀환할 이들(지구인을 만든 이들)이 지상으로 유에프오(UFO, 신비기)를 타고 그들을 맞이해 주는 우주인의 대사관(엄택곡부)으로 내려와 이런 최첨단과학을 전수해줌으로써 위험과 시행착오 없이 가능해질 것이라고 하였습니다. 이 내용도 듣고 보니 격암유록에서 알려주고 있는 내용과 일맥상통하고 있다는 느낌을 받았습니다.

신비기라는 구원선(방주)을 타고 하늘로 날아간다

소울음소리나는 무리들이 또 이르기를 지구상의 인류는 그 폭력성을 저버리지 못하고 핵무기 등에 의해 자멸할 확률이 매우 높다고 하면서, 만약 그들이 원치 않는 사태가 발생하여 지구인들이 자멸할 상황이 전개될 기미가 보이면 즉시 소울음소리나는 무리들을 구원할 구원선인 유에프오(UFO)를 보내어 여기에 그들 무리를 태우고 하늘높이 날아가게 되어 구원한다는 내용을 설명하는 것이었습니다. 이것이 바로 격암유록에 표현된 십승의 구원선과 하늘을 신출귀몰하게 날아다니는 신비기(神飛機)와 일맥상통하고 있다는 생각이 들었습니다.

✿ 말운에 구원되는 인원은 얼마나 되나

·· 末運論 말운론

十二神人 各率神兵 當數一二先定 此數一四四之全田之數
십이신인 각솔신병 당수일이선정 차수일사사지전전지수

해설>>> 12명의 신인이 각기 신병을 거느리네. 마땅히 12수를 미리 정하였으니 그 수는 144의 십승의 구원받는 수이네(십승의 구원받기로 정해진 수로 14만 4천 명을 이름).

* 소울음소리나는 무리의 최고지도자 밑에 12명으로 구성된 주교 가이드단을 운영하고 있으며 이들 주교 가이드가 전 세계에 걸쳐 각자 맡은 구역 내의 소울음소리나는 무리들을 관리하고 메시지 전파활동을 총괄 지도하고 있음

仙道正明 天屬하야 一萬二千十二派로
선도정명 천속하야 일만이천십이파로

해설>>> 선도를 바르게 밝혀 하늘에 속하였으니 일만 이천 명씩 열두 파이다
　　　　(12,000×12＝144,000).

淸水名山蓮花坮의　十二穴脉蓮穴로써　十二神人先定後에
청수명산연화대의　십이혈맥연혈로써　십이신인선정후에
各率一萬二千數를
각솔일만이천수를

해설>>> 맑은 물이 있는 명산의 연화대에 있는 12혈맥으로 12신인을 먼저
　　　　정한 후에 각각 1만 2천을 통솔하여 따르게 하네.

天國大晏버려전나　天下萬民다請하나　參預者드물구나
천국대안버려전나　천하만민다청하나　참예자드물구나

해설>>> 천국의 큰잔치가 벌어졌네. 천하 만민 다 청하나 참여자가 드무네.

　　* 소울음소리나는 무리들이 이르기를 구원의 길로 들어서지 못하거나 거부하는 사람들은
　　현실에서 즐겁고 행복하게 살아 후회 없는 삶이 되도록 하라고 권유하고 있음

東海三神不死藥은 三代積德之家외는 人力으로 不求라네
동해삼신불사약은 삼대적덕지가외는 인력으로 불구라네
至誠感天求한다네.
지성감천구한다네.

해설>>> 동해 삼신산의 불사약은 삼대에 걸쳐 덕을 쌓은 집 밖에는 인력으로
구하지 못하네. 지극한 정성을 들여 하늘이 감복하여야 구할 수 있네.

극소수의 사람들만이 구원받는다

격암유록에서는 이렇게 마지막에 살아남는 무리들에 대해 알려
주면서 대부분의 사람들은 이것을 찾지 못하고 믿으려 하지도 않는
다고 알려주고 있습니다. 극히 소수인 14만 4천 명(144의 십승의 구
원받는 수)만이 이것을 따른다고 예언하고 있습니다. 말세에 사람들
이 수없이 죽을 것을 예언하고 있으며 극소수의 사람들만이 살아남
는다는 표현을 '천조일손(千組一孫)' 이라 하여 천명의 조상에 한 명
의 자손이 살아남을까 말까한 정도라고 표현하고 있으며, 또한 십
리를 가다가 한 사람을 볼 수 있을까 말까 한 정도라고 하여 극소수
의 사람만이 살아남는다는 것을 강조하고 있습니다. 이 내용도 소
울음소리나는 무리들에게서 들을 수 있었습니다.

소울음소리나는 무리들이 알려주기를 지구상의 인류 중 14만 4천

명만 그 무리에서 받아들이기로 예정되어있으며 , 지구상의 인류는
결국 폭력성 때문에 핵무기 등에 의하여 자멸할 확률이 크다고 합
니다. 지구상에서 만일 핵무기 등이 남발되어 인류가 멸망할 지경
에 이를 기미가 보이면 소울음소리나는 무리를 따르는 이들을 유에
프오(UFO)가 미리 와서 싣고 날아가서 구원한다고 합니다. 아마도
이렇게 구원되는 무리의 숫자가 14만 4천 명에 이를 것으로 격암유
록에서는 예언한 것 같습니다.

　14만 4천 명의 구원받는 수는 성서에도 언급되어 있었습니다. 이
숫자는 이미 예정되어 있는 숫자라는 것을 격암유록에서는 강조하
고 있습니다. 위에서 언급한 구원의 방법 중에서 신비기(神飛機)를
타고 하늘높이 날아감으로써 구원되는 것은 우성인(현생인류를 지은
이)들이 원치 않는 최후의 구원방법인 것으로 보입니다. 이때의 구
원되는 숫자가 14만 4천 명인 것으로 예상됩니다. 그러나 지구상의
인류들이 자성하고 느껴서 자멸의 길에서 벗어나는 현명한 판단을
한다면 그 이상의 구원이 이루어질 것으로 보입니다.

　지구상의 현생인류를 지은이(우성인)들을 평화적으로 맞이하는
때에는 현재의 몸을 벗어버리고 새로운 몸으로 다시 태어나는 탈겁
중생(脫劫重生)의 방법에 의하여 구원될 것으로 보입니다. 이때는
14만 4천 명의 최후의 구원인원보다 훨씬 많은 숫자가 다시 태어나
는 탈겁중생(脫劫重生)의 방법으로 구원될 것으로 보입니다.

　격암유록에서는 우리나라 사람이 가장 많이 살아남을 것을 예언
하고 있습니다. 다른 예언에서도 우리나라 사람이 가장 많이 살아

남는다고 합니다. 아마도 지금 우리나라에 일어나고 있는 내수경제 불황과 밀접한 관련이 있을 듯합니다. 현재 우리나라 내수경제는 이전에 경험하지 못한 최악의 상황으로 치닫고 있습니다. 무엇하나 마음 놓고 돈 벌 길이 보이지 않는 상황입니다. 사람들의 심상도 날로 황폐해지고 있어, 종전에 잘 나가던 의사, 박사인 사람들도 자살하고 있는 실정입니다. 지금 일어나고 있는 이런 현상이 우연만은 아니라고 생각합니다. 상류층에 있는 이들마저도 삶이 힘들다면 서민들의 생활이야 더 이상 말할 필요가 없을 것입니다. 삶이 견딜 수 없이 힘들 때는 어딘가 살 수 있는 돌파구를 찾고자 하는 것이 모든 사람의 공통적인 관심사일 것입니다. 아무리 노력해도 돌파구를 찾을 수 없을 때 마침내 최후의 수단으로 죽음을 선택하게 됩니다.

그러나 세상의 어려움이 아무리 죽을 지경에 이를 정도로 괴로워도 영원히 살 수 있는 길을 찾는다면 속세의 괴로움을 잊을 수 있고, 희망 속에서 그 길을 찾아갈 것입니다. 지금 우리나라의 상황에서 이렇게 숙기보다 힘든 삶을 살고 있는 사람들에게 말세에 살아남아 영원히 살 수 있는 길이 있다는 희소식을 전해준다면 사막에서 오아시스를 만난 것처럼 희망을 찾을 것이 자명합니다. 힘들고 괴로운 사람들은 이 소식을 가볍게 보지 마시고 희망을 찾으시기 바랍니다. 이것보다 더 희망적인 소식은 있을 수 없습니다. 세상 속에서 찾을 수 있는 희망이 있었다면 스스로 죽기까지 하겠습니까. 더 이상 세상 속에서 찾으려 해도 희망을 찾을 수 없었기에 자신의 생명을 끊는 극단으로 치닫고 있는 것입니다. 세상에서는 더 이상 희망을 찾을 수 없다고 단정 짓고, 이 자체가 자신의 생에서 모든 것이 끝이라고 오판하는 오류를 범하지 마시기 바랍니다. 우리가 이것이 전부라고 생각하고 있는 이 세상은 그 자체의 한계점에 달해 드디어 현재의 시스템이 끝나가고 있습니다.

격암유록의 예언내용을 종합해서 분석한 결과 대략 앞으로 20년을 전후해서 현재 지구상의 시스템은 종말을 고할 것으로 보입니다. 어차피 가까운 장래에 끝나게 될 현재의 세상 시스템에 너무 미련을 가질 필요는 없습니다. 자포자기 하지마시고 희망을 가지십시오. 격암유록에서 알려주고 있는 소울음소리나는 무리를 찾아가십시오. 죽음을 각오한 사람이라면 이것을 거부할 이유가 없습니다. 죽음의 직전에서 잠깐 보류하시고 한번 찾아보시기 바랍니다. 비록 돈을 잘 벌고 잘 사는 방법은 찾지 못했어도 문제될 것이 없습니다. 마지막에 살아남아 영원히 살 수 있는 길은 바로 이런 사람들이 많이 찾아들게 된다고 격암유록에서 예언하고 있습니다. 세상살이가 괴롭고 힘든 사람들에게 이 소식은 더 없는 희소식이 될 것입니다. 괴롭고 힘든 사람들은 그 힘든 짐을 벗어버리고, 소울음소리나는 무리를 찾아가십시오. 지금 당장 가기가 어렵다면 희망을 가지고 2007년까지만 찾아가면 된다고 격암유록에서 알려주고 있습니다. 그 때까지 참고 견디면서 알아보시고 찾아 가십시오.

🏵 나를 살리는 것은 무엇이며,
나를 죽이는 것은 무엇인가

殺我誰 小頭無足 活我誰 三人一夕 助我誰似人不人 害我者誰似獸
살아수 소두무족 활아수 삼인일석 조아수사인불인 해아자수사수
非獸
비수

해설>>> 나를 죽이는 것은 무엇인가? 작은 머리에 발이 없는 소두무족이네(하
늘을 날아다니는 핵폭탄 등의 것).

나를 살리는 것은 무엇인가? 수행하는 것이네. 나를 도와주는 자는
누구인가? 사람 비슷하면서 사람이 아닌 사람이네. 나를 해롭게 하는
자는 누구인가? 짐승 비슷하면서 짐승이 아닌 짐승이네.

* 소두무족(小頭無族) : 머리는 작고 다리는 없는 것으로 오늘날의 핵무기나 폭탄을 이르
는 것으로 해석됨
* 삼인일석(三人一夕) : 닦을 수(修)자를 이르는 것으로 해석됨

小頭無足飛火落地 混沌之世 天下聚合此世界 千祖一孫哀嗟呼
소두무족비화락지 혼돈지세 천하취합차세계 천조일손애차호

柿謀者生衆謨者死 隱居密室生活計 弓弓乙乙避亂國 隨時大變
시모자생중모자사 은거밀실생활계 궁궁을을피란국 수시대변

해설 >>> 소두무족(핵폭탄 등)이 날아와 땅에 떨어져 불바다가 되고 혼돈스런
세상이 되네. 천하가 다 모여드는 이 세계는 천명의 조상이 뿌려 놓
은 자손 중에 한 명의 자손만이 살아남으니 슬프고 탄식하여 소리 지
르네. 감람나무를 도모하는 자는 살고 중생의 길을 도모하는 자는 죽
게 되네, 밀실에 은거하여 생활을 계획해야 하며, 궁궁을을의 피난처
가 있는 나라로 가세. 시기에 따라 크게 변하네.

* 소울음소리나는 무리들이 이르기를 지구상의 인류는 핵무기로 인하여 멸망할 확률이
  85%라고 하면서 하루 빨리 각 나라는 핵무기를 폐기하고 평화협정을 맺어야 한다고 강
  조하고 있음
* 각종 연구보고서에 의하면 앞으로 지구상에서 지진 등의 재해가 많아질 것으로 예측하
  고 있으며, 이러한 지진 등이 핵무기를 보유한 나라에서 발생할 때 일어날 핵무기의 자
  연폭발 가능성도 배재할 수 없음
* 핵무기의 폭발 직전에 소울음소리나는 무리들은 신비기(神飛機,UFO)를 타고 하늘로 날
  아가 지구상의 현생인류를 지은이(牛性人, 우성인)들이 살고 있는 불사의 혹성(격암유
  록상으로는 북두칠성일 것으로 보임)에서 살다가 지구상에서 핵으로 인한 잔재가 정재
  되었을 때 다시 내려와(지구상의 현생인류를 지은이들의 도움을 받아)지상낙원을 가꾸
  고 만들어 살게 된다고 함

나를 죽이는 것은 하늘을 날아다니는 핵폭탄 등이며
나를 살리는 것은 명상 훈련 등의 수련을 하는 것이다

말세에 사람을 죽이는 것은 소두무족(小頭無足)이라 하여 머리는
작고 다리는 없는 것이 하늘에서 날아와 사람을 죽인다고 표현하고

있습니다. 이것은 격암유록을 연구하는 대부분의 사람들이 오늘날의 핵무기로 개발된 폭탄일 것이라고 해석하고 있습니다. 이 내용도 소울음소리나는 무리들에게서 들을 수 있었습니다

또한 사람을 살리는 것은 명상 훈련(발성명상, 감각명상 등)이라 하고 있습니다. 소울음소리 부분에서도 다루었지만 엄마 엄마하는 주문을 계속하면 질병도 낫게 된다고 격암유록에서는 알려주고 있습니다. 이런 명상을 지속적, 반복적으로 하면 살 수 있다는 것입니다. 실제로 이들의 소울음소리 발성명상에 참여하여 같이 따라 해 본 결과 몸과 마음이 좋아지는 현상을 느낄 수 있었습니다.

❁ 해인(海印)은 극락에 들어가는 입장권을 발행하는 것이다

火雨露三豊海印이니 極樂入卷發行下니 化字化字化字印에 無所
화우로삼풍해인이니 극락입권발행하니 화자화자화자인에 무소
不能海印이라
불능해인이라

해설 >>> 화우로(불과 비와 이슬)가 삼풍(三豊)이며 해인이다. 해인은 극락에 들

어가는 입장권을 발행하는 것이네. 고쳐지고 바뀌고 되는 인(印)을
치는 해인은 능치 못함이 없네.

* 화(化)자는 고치다, 바꾸다, 되다 등의 뜻이 있음

•• 聖山尋路 성산심로

求天海引 皆入極樂
구천해인 개입극락

해설>>> 하늘의 해인을 구하면 모두다 극락에 들어갈 수 있네.

•• 桃符神人 도부신인

北邙山川 閑臥人도 死者回生 甦生하니 不可思議 海印일세
북망산천 한와인도 사자회생 소생하니 불가사의 해인일세

해설>>> 북망산천에 한가로이 누워있던 죽은 사람도 다시 살아나니 불가사의
한 해인일세.

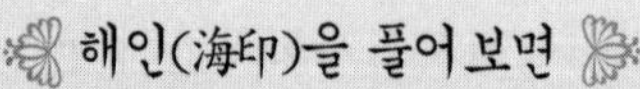

해인(海印)을 풀어 보면

'물로 사람의 모체를 만드는 도장을 찍는다.' 라는 뜻이 있음

- 해(海)자는 물 수(水)변에 사람인(人)자와 어미 모(母)자를 합친 글자로
  서 '물로 사람의 모체를 만든다' 는 뜻이 들어 있음
- 인(印)자는 도장을 찍는다는 뜻이 있음

해인은 이마에 물로써 인(印)을 치는 것이다

격암유록을 통하여 해인(海印)이라는 표현이 무수히 많이 나오고 있습니다. 이러한 해인이 무엇인지를 구체적으로 설명하고 있는 종교나 단체는 별로 없었습니다. 다만 증산도에서는 해인을 그들의 최고지도자가 가지고 있다고 하는 것으로 그 설명이 끝이었습니다. 그리고 말세에 많은 사람이 죽어갈 때 사람을 살리는 역할을 그들의 최고지도자께서 해인을 가지고 한다고 설명하는 것을 들었습니다. 이곳에서는 해인이 어떠한 실물로 존재하는 것으로 설명하였습니다. 그러나 해인은 어떤 실물로 존재하는 것이 아니라 극락에 들어가는 입장권을 발행하는 행사로서 인(印)을 치는 행위임을 격암유록에서는 설명하고 있습니다. 성서에도 구원할 사람들 모두에게 이마에 인을 칠 때까지는 세상을 멸망시키지 말라는 구절이 있음을 확인하였습니다.

또 보매 다른 천사가 살아 계신 하나님의 인(印)을 가지고 해돋는 데로부터 올라와서 땅과 바다를 해롭게 할 권세를 얻은 네 천사를 향하여 큰소리로 외쳐 가로대 우리가 우리 하나님의 종들의 이마에 인(印)치기까지 땅이나 바다나 나무나 해하지 말라 하더라. 내가 인 맞은 자의 수를 들으니 이스라엘 자손의 각 지파 중에

서 인 맞은 자들이 십 사만 사천이니

* 소울음소리나는 무리들에 따르면 우성인(현생인류를 지은이)들이 지구상에서 14만 4천 명이 이들을 따를 때까지는 핵전쟁으로 인한 인류의 자멸을 자제시키는 작용을 계속하고 있다고 함
* 현재는 이들 소울음소리나는 무리를 따르는 인원이 전 세계적으로 6만여 명이며, 14만 4천 명에 달하면 더 이상의 자제 작용은 없어지고, 만일 지구상에서 핵전쟁으로 인하여 지구가 파멸로 치달을 때에는 미리 이들 14만 4천 명을 신비기(神飛機, UFO)가 와서 싣고 날아가는 방식으로 구원이 이루어진다고 함
* 소울음소리나는 무리들이 이르기를 지구인들이 자성하고 각성하여 평화를 사랑하고 전쟁으로 인한 폭력성을 버려야 한다고 하면서 만일 지구인들이 현재와 같은 폭력성을 버리지 못하고 핵전쟁을 겪는 불행한 사태가 올 양이면 우주를 폭력성으로 오염시키지 말고, 그대로 멸망하는 편이 차라리 낫다고 하고 있음, 다만 이들을 따르기로 예정된 인원인 14만 4천 명은 지구상의 현생인류를 지은이들의 약속이기 때문에 이들에 한하여 구원해준다고 함
* 소울음소리나는 무리의 최고지도자가 현생인류를 지은이들로부터 '라엘'이라는 이름을 쓰도록 부여받았다고 함
  소울음소리나는 무리의 최고지도자 라엘을 따르는 무리를 성서에서 이스라엘 지파로 묘사된 것으로 해석할 수 있음
* 소울음소리나는 무리들이 알려주고 있는 바와 성서에서 알려주고 있는 내용과 격암유록에서 알려주고 있는 내용이 모두 일치하고 있음.

이 내용도 수없이 많은 종교를 확인하면서 가늠해본 결과 소울음소리나는 무리들에게서 비슷한 행사를 볼 수 있었습니다. 지구상의 인간을 만든 이들(牛性人, 우성인)이 활용하는 고도로(우리가 상상할 수도 없이) 발달한 과학적인 컴퓨터에 소울음소리나는 무리들을 믿고 따르는 사람들의 세포설계도(정신적인 것 포함)를 전송하여 후일 재생용으로 보관하기 위하여 이들을 이끄는 지도자(가이드)가 사람들의 이마에 물로서 인을 치는 행위를 하는 것이라고 설명하는 것이었습니다. 저 자신도 이런 행사에 참여하여 이마에 인치는 행사

를 받았습니다. 전통적인 기독교에서 세례 받는 형식과 흡사하였습니다. 그러나 그 내용은 매우 다른 의미를 갖고 있었습니다. 해인(海印＝水＋人＋母＋印)이라는 한자는 물수(水)변에 사람인(人)과 어머니 모(母)와 도장 찍을 인(印)으로 분해(파자)될 수 있습니다. 파자된 한자를 종합해보면 '물로서 사람의 모체를 만드는 도장을 찍는 것'이라고 해석할 수도 있음을 알게 되었습니다. 소울음소리나는 무리들은 이 행사를 세포설계도를 전송하는 의식이라 하여 '트랜스미션'이라고 명명하고 있었습니다. 이렇게 전송한 세포설계도는 컴퓨터에 저장되어 있다가 그 사람이 죽은 후에 다시 지상낙원에서 재생될 때 활용된다고 설명하는 것이었습니다.

격암유록에서 죽은 자도 다시 소생시키는 것이 불가사의한 해인이라고 알려주고 있습니다. 소울음소리나는 무리들의 주장하는 논리와 격암유록에서 알려주고 있는 해인과는 서로 상통하고 있다는 생각을 하게 되었습니다. 해인이라는 한자를 파자하여 해석해 본 내용과도 일치하고 있다는 생각이 들었습니다. 바로 이것이 극락에 들어가는 입장권을 발행하는 것이라는 생각을 지울 수 없었습니다. 대부분의 사람들은 이런 내용을 허황되다 조소하고 믿으려하지도 않습니다. 그러나 한 번쯤 다시 생각해 볼 필요가 있다고 봅니다. 일반 종교에서는 하느님이나 상제에 의하여 구원받는다고 하고 있습니다. 이 또한 허황되기는 마찬가지라고 생각합니다.

전통적인 종교에서 일러주는 구원방법은 너무도 신비적이어서 사람들의 이해능력으로는 더 이상 접근할 수 없는 내용으로 되어있습니다. 그렇다면 사람들의 이해능력으로는 더 이상 접근할 수 없는 내용을 일러주는 것이 더 허황된 것인지, 사람들의 현재의 과학 수준과 앞으로의 발전가능성에 비추어 이해는 가능하되 그 실현 가능성이 불투명하다고 볼 수 있는 내용이 더 허황된 것인지를 저울질 해 볼 필요가 있습니다.

일단 신에 의한 구원은 그 실현성 여부를 가늠할 더 이상의 방법이 없습니다. 그러나 과학의 발전에 따라 가능성이 보이는 구원방법은 지켜볼 수 있다는 일말의 희망이 있습니다. 이럴 때 의식적이고 합리적인 판단으로 선택한다면 일말의 가능성이 있는 쪽을 택해 놓고 기다려보는 것이 보다 더 현명하다고 생각합니다. 저는 이런 맥락에서 소울음소리나는 무리들이 하는 구원방법인 '트랜스미션'을 일단 받아 놓고 지켜보는 쪽으로 결정을 하였습니다. 소울음소리나는 무리들이 하는 방법이 지금까지 알아본 각종 종교단체에서 하는 방법 중 격암유록에서 일러주고 있는 해인의 방법에 가장 근접한다고 판단하였기 때문입니다.

새 시대에 새롭게 전개될 미래상

•• 甲乙歌 갑을가

哲學科學 研究者 一朝一夕 退去日 疑問解決 落心思
철학과학 연구자 일조일석 퇴거일 의문해결 낙심사

해설>>> 철학이나 과학을 연구하는 사람도 하루아침에 물러나는 날이네. 의문이 해결되니 낙심하는 마음이네.

•• 內貝預言六十才 내패예언육십재

更無月虧不夜光明 當代千年 人人覺
갱무월휴불아광명 당대천년 인인각

해설>>> 다시는 달이 이지러지지 않고 어두운 밤이 없는 광명한 세계가 당대천 년간 지속됨을 사람마다 깨달으소.

•• 內貝預言六十才 내패예언육십재

不耕田而食之 不拜祭而祭之 不麻皮而衣之 不埋葬而葬之
불경전이식지 불배제이제지 불마피이의지 불매장이장지

해설>>> 밭을 갈지 않고도 먹고, 제사 때 절하지 않고도 제사지내며, 베를 짜지 않고도 옷을 입고, 땅에 매장하지 않고도 장례하네.

•• 生初之樂 생초지락

腥塵猝地世寃恨 一点無濁無病 永無惡神世界
성진졸지세원한　일점무탁무병　영무악신세계

해설>>> 세상의 더러운 흙먼지를 쓸어내어 한 점의 탁함도 없고 질병도 없는
영원토록 악함이 없는 신의 세계를 건설하네.

•• 生初之樂 생초지락

無極無陰無影世 淚愁隔精無手苦 日日連食不老草 無腸服不死藥
무극무음무영세　누수격정무수고　일일연식부로초　무장복불사약
此居人民無愁慮 不老不死永春節
차거인민무수려　불로불사영춘절

해설>>> 어둠과 그림자가 없는 무궁한 세계요, 눈물과 근심과 정 떨어짐이 없
고 수고스러움이 없는 세계이네. 매일매일 불로초를 먹게 되네. 창자
가 없어도 불사약을 복용하네. 이곳에 사는 사람들은 근심과 걱정이
없네. 늙지 않고 죽지 않는 불로불사의 영원한 봄과 같은 계절이네.

•• 生初之樂 생초지락

大新天下吾耶心 皆自一心從舜來 日月明 天下合歸元元來 春定好
대신천하오야심 개자일심종순래 일월명 천하합귀원원래 춘정호
四方均和明
사방균화명

해설>>> 크고 새로운 세상이 되었으니 어찌 내 마음뿐이랴. 모두 다 스스로 한 마음이 되어 따르니 순임금 같은 이가 나와 해와 달이 밝게 빛나네. 세상에 으뜸 되고 으뜸 되는 기운이 합쳐 돌아와 봄이 정해지니 너무나 좋네. 사방이 고르게 화평하며 밝아지네.

•• 生初之樂 생초지락

仙藥伐病滅埋葬 埋葬滅夷神奇法 誰可覺而見不笑
선약벌병멸매장 매장멸이신기법 수가각이견불소

해설>>> 선약은 병과 죽음을 없애고 매장을 없애니 평화롭고 신기한 법이네. 누가 가히 그와 같은 신묘한 법을 깨달을 수 있으며, 보고 허황된 이치라고 비웃지 않으리오.

•• 塞三五 새삼십오

天人出豫民救地 其時閉目忽開 龍耳口亞聽取吹歌 半身不隨長伸脚
천인출예민구지 기시폐목홀개 용이구아청취취가 반신불수장신각

해설 >>> 천인(하늘의 사람)이 백성들을 구제하기 위하여 예정된 땅에 나오네.
그때에 홀연히 장님이 눈을 뜨고, 귀머거리가 듣고, 벙어리가 말하고
노래 부르네. 반신불수가 다리를 펴서 뛰어다니네.

* 소울음소리나는 무리들이 이르기를 새로운 시스템에 의한 세상에서는 장애자가 있을
수 없으며, 장애인이었던 자도 복제 등의 재생 방법에 의하여 정상인으로 다시 거듭난
다고 함

·· 隱秘歌 은비가

萬物苦待新天運 不老不死人永春 不耕田而食之 不織麻而衣之
만물고대신천운 불로불사인영춘 불경전이식지 불직마이의지
不埋地而葬地 不拜祀而祭之 不乘馬而行之 不食穀而飽之
불매지이장지 불배사이제지 불승마이행지 불식곡이포지
不流淚而生之 不飲藥而壽之 不交媾而產之 不四時而農之
불유루이생지 불음약이수지 불교구이산지 불사시이농지
不花發而實之
불화발이실지

해설 >>> 만물이 고대하던 새로운 하늘의 운수는 불로불사의 영원한 봄의 세
계네. 밭을 갈지 않아도 먹고, 베를 짜지 않아도 옷을 입고, 땅에 묻
지 않아도 장례하고, 제사할 때 절하지 않아도 제사지내고, 말을 타
지 않고도 다닐 수 있네. 곡식을 먹지 않아도 배부르고, 눈물을 흘리
지 않아도 살고, 약을 먹지 않아도 오래 살고, 성교하지 않아도 생산
하고, 사계절이 아니어도 농사짓고, 꽃이 피지 않아도 열매를 얻을
수 있네.

* 소울음소리나는 무리들이 알려주는 내용과 모두가 일치하고 있음. 이러한 모든 내용은 고도로 발달된 외계의 지적생명체에 의하여 지구인들에게 전수되어 이루어질 것으로 말하고 있음

* 소울음소리나는 무리들이 이르기를 지구상에서 지상낙원이 이루어지면 사람들은 일하지 않고 즐겁게 즐기면서 살고 생체로봇이나 기계로봇이 사람들이 할 일을 전부 대신하여 하게 된다고 함

* 성교하지 않고도 생산하는 내용은 증산도의 도전에도 나오고 있으나, 구체적인 방법까지 알려주는 곳은 소울음소리나는 무리들밖에는 없었음

* 최근에는 장례도 땅에 묻는 매장보다 화장하여 납골당으로 모시는 방향으로 전환되고 있으며, 더 나아가 납골당도 그 안에서 썩어 벌레가 생기는 문제가 발생하고 있어 다시 수목장(樹木葬)으로 급격히 전환되고 있는 실정임

* 수목장(樹木葬) : 죽은 사람의 시신을 화장하여 그 뼈 가루를 나무 주위에 묻어 나무가 그것을 흡수하여 자라도록 하는 장례방식

* 소울음소리나는 무리들이 이르기를 사람이 죽으면 그것으로 모든 것이 끝나고 물질로 돌아가는 순환과정을 겪을 뿐 영혼이나 혼백이 존재하지 않는다고 함. 그러므로 영혼이 있다는 것을 전재로 한 제사는 불필요한 것이므로 제사는 지내지 않아도 된다고 함

•• 弄弓歌 농궁가

地上仙國朝鮮化 千年大運鷄龍國 四時不變永春世 開闢以來初逢運
지상신국조신화 천년대운계룡국 사시불변영춘세 개벽이래초봉운

해설>>> 지상 신선의 나라로 조선이 변화되네. 천 년간의 크나큰 운수가 계룡국(동방 조선)에 돌아옴이네. 춘하추동 사계절이 변치 않는 영원히 봄과 같은 세계이네. 우주 천지개벽 이래 처음으로 맞이하는 운수이네.

何時知時道成德立 末復合而一理 東西道敎合一理 混迷精神永不覺
하시지시도성덕립 말복합이일리 동서도교합일리 혼미정신영불각

해설>>> 어느 때에 도가 이뤄지고 덕이 세워짐을 알겠는가? 말세에 다시 하나로 합하는 이치이네. 동양과 서양의 도와 교가 합하여 하나로 되는 이치임을 정신이 혼미하여 영원히 깨닫지 못하네.

  * 소울음소리나는 무리의 최고지도자가 이르기를 세상의 모든 종교의 원천은 지구상의 현생인류를 지은이들로부터 왔으며, 이제는 마지막 시기로 모든 종교를 하나로 아우르는 역할이 마지막 마이트레야(메시아)인 자신에게 주어졌다고 함
  * 소울음소리나는 무리의 최고지도자가 이르기를 자신은 기독교에서 이르는 마지막 메시아이고, 불교에서 이르는 미륵이며, 기타 세상의 다른 종교에서 고대하고 있는 마지막 메시아로서 하나로 합하여 온 것이라고 함

先苦克己受嘲人 是亦可笑之運也
선고극기수조인 시역가소지운야

해설>>> 먼저 괴로우나 참고 자기를 이겨 나가면, 조소받던 입장에서 조소하던 사람을 조소하는 운수로 변하네.

胞胎養生올 수 없고 衰病死葬갈 수 없네 浴帶冠旺永春節에 不死
포태양생올 수 없고 쇠병사장갈 수 없네 욕대관왕영춘절에 불사
消息 반가워라
소식 반가워라

해설>>> 아이를 잉태하여 기를 수 없고, 늙고 병들고 죽고 장례함이 없네, 욕
대관왕의 영원한 봄의 계절에 불사소식은 참으로 반가워라.

  * 소울음소리나는 무리들이 이르기를 다음의 지상낙원에서는 아이를 낳지 않아도 과학적
    인 방법에 의하여 사람을 생산할 수 있다고 함
  * 욕대관왕(浴帶冠旺) : 허리까지 목욕하는 반신욕을 하면서 머리는 왕성하게 자라난 상태
    를 의미하는 것으로 해석할 수 있음
  * 소울음소리나는 무리들이 이르기를 머리카락이나 수염 등은 텔레파시 작용에 지대한 역
    할을 한다고 하면서 가능하면 자르지 말고 기르는 것이 좋다고 함
  * 목욕할 욕(浴), 허리 대(帶), 벗 관(冠)→머리를 의미, 왕성할 왕(旺)

白髮老嫗無用者가 仙風道骨更少年에 二八靑春妙한態度 不老不衰
백발노구무용자가 선풍도골갱소년에 이팔청춘묘한태도 불로불쇠
永春化로 極樂長春一夢인가 病入骨髓不具者가 北邙山川閑臥人도
영춘화로 극락장춘일몽인가 병입골수불구자가 북망산천한와인도
死者回春甦生하니 不可思議海印일세
사자회춘소생하니 불가사의해인일세

해설>>> 흰 머리카락이 휘날리는 늙은 몸의 쓸모없던 자가 신선의 풍채와 도

인의 뼈로 다시 젊어져 소년으로 변하네. 이팔청춘의 묘한 자태로 늙지도 않고 쇠하지도 않고 영원한 청춘의 모습으로 변화되네. 극락의 오래도록 젊음을 유지하는 한 꿈인가? 병이 골수까지 깊은 불구자와 무덤에 한가롭게 누워있던 죽은 자도 다시 청춘으로 되살아나니 불가사의한 해인의 권능일세.

* 소울음소리나는 무리들이 이르기를 현재의 몸을 벗고 다시 새 몸으로 시작하는 방식으로 영원히 청춘으로 산다고 함
* 소울음소리나는 무리들에 의하면 죽은 사람도 보관된 세포설계도에 의하여 복제 등의 방법으로(육체적인 복제뿐만이 아니라 정신적인 면도 함께) 재생되니 죽은 자가 살아나는 것이 된다고 함
* 이러한 내용을 구체적으로 방법까지 설명하고 있는 곳은 소울음소리나는 무리 외에는 없었음

人人得地不死永生

인인득지불사영생

해설>>> 사람들이 땅에서 죽지 않고 영생하네.

* 소울음소리나는 무리들이 이르기를 사람이 죽어서 천국에 가는 것이 아니고 지구상에서 새로운 시대가 전개되면 이때에는 현재의 몸을 벗어버리고 다시 새로운 몸으로 계속하여 삶으로서 영원히 살게 된다고 함

天增歲月人增壽는 東方朔의延壽이요 春滿乾坤福滿家는 石崇公
천증세월인증수는 동방삭의연수이요 춘만건곤복만가는 석숭공
의富貴로다 堂上父母千年壽는 先後天地合運시오 膝下子孫
의부귀로다 당상부모천년수는 선후천지합운시오 슬하자손
萬世榮은 永無惡臭末世界라
만세영은 영무악취말세계라

해설>>> 하늘이 세월을 더하니 인간의 수명도 늘어가네. 동방삭의 수명이요.
천지에 봄기운이 가득하며 온갖 복이 가정에 가득한 석숭공의 부귀
로다. 집에 계신 부모가 천년을 사는 선천과 후천의 운수가 합하는 때
이네. 슬하의 자손이 만세의 영화를 누리며 영원히 악취가 없는 마지
막 세계다.

* 동방삭(東方朔) : 삼찬갑자 일만 팔천 년을 살았다고 전해옴

새로운 세상(지상낙원)이 전개된다

격암유록에서는 말세에 예언된 일들이 지나간 뒤에는 지구상에
지상낙원(용화세계, 지상선경)이 이루어질 것을 예언하고 있습니다.
남녀 간에 성교하지 않고도 생산하고, 죽은 사람을 매장하지 않아
도 되며, 죽은 자들 가운데 살아 나오는 자도 있고, 힘들여 농사짓
지 않아도 얼마든지 원하는 것을 먹고살 수 있으며, 베를 짜지 않고
도 얼마든지 좋은 옷을 입을 수 있고, 절하는 제사를 지낼 필요도

없으며, 사람의 수명도 병과 죽음이 없어져 천년 이상을 가는 그야
말로 유토피아(지상선경)가 이루어진다고 예언하고 있습니다. 그러
나 세상 사람들은 이런 내용을 듣고 허황된 이치라며 비웃지 않는
자가 없을 것임을 알려주고 있습니다. 이 내용도 소울음소리나는
무리들이 앞으로 지상에 전개될 내용을 설명하고 있는 것과 일치하
였습니다. 이들은 이러한 지상낙원을 세우는 일은 현재 지구상의
인류의 능력으로는 불가능하며 신비기(神飛機, UFO)를 타고 온 이
들(지구상의 현생인류를 지은이들)이 엄택곡부(奄宅曲埠, 우주인의 대
사관) 또는 갑을각(甲乙閣)으로 내려와서 지구상의 인류를 도와 고
도로 발달한 과학적인 방법에 의하여 세워질 것이라고 합니다. 격
암유록에서는 신비기(神飛機)를 타고 내려오는 이들을 사람들은 신
이라고 하나 이렇게 우리가 신으로 믿고 있는 이들도 바로 사람이
라고 하면서 하늘에서 내려오는 이들도 우리와 같은 사람이라는 것
을 계속 강조하고 있습니다.

제6장

동방의 무궁화 동산 우리나라가 세계 제일의 중심국가가 된다

동방의 무궁화 동산 우리나라가 세계 제일의 중심 국가가 된다

天下列邦回運 槿花朝鮮鷄龍地 天縱之聖合德宮 背弓之間兩百仙
천하열방회운 근화조선계룡지 천종지성합덕궁 배궁지간양백선
血遺島中四海通
혈유도중사해통

해설 >>> 천하의 전 세계의 좋은 운수가 무궁화 꽃이 피는 조선 땅의 계룡 땅으로 돌아오네. 하늘을 따르는 성인이 모든 덕을 합하네. 등을 돌린 궁궁 사이에서 양백 선인이 있네. (단일민족의) 피로 유전되어 내려와 섬들 중에서 사해로 통하네.

末運論 말운론

幾千年間豫定運 運回朝鮮中原化
기천년간예정운 운회조선중원화

해설 >>> 그 조짐이 수천 년간 예정된 운수이네. 그 운수가 조선으로 돌아와
세계의 중심으로 변하네.

末運論 말운론

槿花朝鮮 瑞光濟蒼生 英雄君子 自西自東集合仙中矣
근화조선 서광제창생 영웅군자 자서자동집합선중의

해설 >>> 무궁화 꽃이 피는 조선 땅에 상서로운 빛이 감돌아 모든 창생(백성)
들이 구원받게 되네. 영웅군자들이 서양과 동양의 각처로부터 모여
드니 신선 세계의 중심이 되네.

內貝豫言六十才 내패예언육십재

列邦之中高立鮮 列邦蝴蝶歌舞來
열방지중고립선 열방호접가무래

해설 >>> 열방(모든 나라) 가운데 조선이 높이 서게 되네. 모든 나라가 나비같
이 찾아와 노래하고 춤추네.

未覺誰稱大道德 世之起言幾國會 朝鮮萬世中興國 大和門開晝夜通
미각수칭대도덕 세지기언기국회 조선만세중흥국 대화문개주야통

해설 >>> 누가 대도덕을 이르는지, 세계를 일으키는 말을 하며, 여러 나라를
　　　　모이게 하는 조짐을 일으키는지 깨닫지 못하네. 조선이 전 세계의
　　　　중흥국이 되네. 크게 평화로운 문을 여니 모든 사람들이 밤낮으로
　　　　통행하네.

海外信天先定人 唯我獨尊神天任 降大福不受
해외신천선정인 유아독존신천임 강대복불수

해설 >>> 해외에서 오직 자기들만이 하느님을 믿으며 선택받은 사람들이라고
　　　　독실하게 주장하는 민족이 있으나, 하늘이 내려주는 큰 복을 받지
　　　　못하네.

* 소울음소리나는 무리들이 이르기를 이스라엘에게 현생인류를 지은 우주인을 맞이할 대
사관을 지을 것을 수십 년간 요구하여 왔으나 이들은 계속 이 요구를 거부하고 있다고
함. 이에 이제는 이스라엘에 요구하는 것을 보류하고, 최근에는 드디어 소울음소리나는
무리들이 우리나라 삼팔선 비무장지대 일대에 우주인의 대사관을 지어야 한다고 주장하
며 우리나라 정부와 국민에게 요구하고 있음. 물론 다른 나라에도 같은 요구를 하고 있
으며 이미 여러 나라가 이들의 요구를 수용하겠다고 자청한 상황임
* 이와 비슷한 내용을 말하고 있는 곳은 소울음소리나는 무리들외에는 어디에도 없었음

人皆心覺 不老永生 從之弓乙 永無失敗 **我國東邦 萬邦之避亂之方**
인개심각 불로영생 종지궁을 영무실패 아국동방 만방지피란지방
民見從柹 **天受大福** 不失時機 後悔莫及矣
민견종시 천수대복 불실시기 후회막급의

해설 >>> 사람이 모두 불로영생을 마음으로 깨달아 궁을(弓乙)을 따르면 영원
히 실패가 없네. 동방의 우리나라가 세계만방의 피란방인데 사람들
이 감람나무(진인)를 보고 따르면 하늘이 주는 큰 복을 받게 되니 그
때와 기회를 잃지 마라. 그렇지 않으면 후회막급하게 되네.

* 소울음소리나는 무리들 중에서 우리나라 회원들은 한국의 비무장지대 일대에 지구상의
  현생인류를 지은이(우주인)들의 요구에 따라 우주인의 대사관을 지을 것을 계속 요구하
  고 있으며, 이들을 이끄는 세계적인 최고지도자도 같은 주장을 하고 있다고 하며, 이런
  주장은 지구상의 현생인류를 지은이들의 요구에 따른 것이라 함. 이미 우리나라 외무부
  에 우주인의 대사관 설립을 승인해 줄 것을 신청하였으나 거부당한 상태라고 함
* 시(柹)자는 성서에 나오는 감람나무를 한자로 표기한 것으로 해석되며, 감람나무는 예
  수를 의미하는 것으로 해석됨
* 하늘이 내려주는 대복(大福)은 해외에서 하늘로부터 선택받은 사람들이라고 독실하게
  믿고 있는 민족(이스라엘)이 받지 못하고 우리 민족이 받는 것으로 표현되고 있음. 그러
  나 이것은 반드시 그렇게 되는 것이 아니고 우리가 그때와 시기를 잃지 않고 적극적으로
  그 복을 받으려 할 때만이 가능한 것으로 표현하고 있음

聖神降臨金鳩鳥 東方甲乙三八木 木兎再生保惠師 奄宅曲阜牛性野
성신강림금구조 동방갑을삼팔목 목토재생보혜사 엄택곡부우성야
多人往來牛鳴地
다인왕래우명지

해설 >>> 성신이 쇠로 된 비둘기 같은 새로 내려와 동방 한국 삼팔선 비무장
지대(갑을목)에 임하여, 동방(목은 동방을 의미함)의 달(토는 달 또는 다
른 별을 표현하기도 함)사람이 보혜사 성신으로 재생하여 내려오네,
갑자기 굽은 언덕 위에 지어진 집(엄택곡부)이 우성인(현생인류를 지
은이)이 있는 들에 있네, 많은 사람들이 왕래하는 곳으로 소울음소
리가 들리는 땅이네

* 소울음소리나는 무리들이 이르기를 우리나라 삼팔선 비무장 지대 일대에 지구상의 현생
  인류를 지은이들을 맞이할 우주인의 대사관을 지어야 한다고 하면서 이곳으로 유에프오
  (UFO)를 타고 우주인이 왕래하게 되며 이곳에 모여 소울음소리의 발성명상을 한다고
  함. 이곳으로 내려오는 현생인류를 지은이(우주인)들로부터 그들의 최고도로 발달한 과
  학을 전수받아 비로소 우리나라가 세계 제일 국가가 된다고 함
  (이러한 내용은 현생인류를 지은이들의 요구에 따른 것이라고 함)
* 이런 내용을 구체적으로 설명하고 있는 곳도 소울음소리나는 무리들 외에는 없었음
* 소울음소리나는 무리의 최고지도자가 이미 일본에 대해서는 언급하였으나(일본인들은
  지구상의 현생인류를 지은 우주인의 여성의 후예들이라고 함), 우리나라에 대해서는 아
  직 구체적인 언급은 없었음. 그러나 때가 되면 우리나라에 대한 언급이 있을 것으로 예
  상되며, 이 부분은 계속 지켜볼 필요가 있음.
* 동방갑을삼팔목 : 동방(東方)은 천간(天干)으로 갑을(甲乙)이고, 수자로는 3과 8이며, 오
  행상으로는 목(木)임
* 토(兎)는 달로도 표현됨
* 금구조(金鳩鳥) : 쇠로 된 비둘기 같이 생긴 새는 소울음소리나는 무리들이 따르고 있는
  유에프(UFO)일 가능성이 매우 큼

•• 挑符神人 도부신인

中興國의 大和門은 始自子丑至戌亥로 十二玉門大開하고
중흥국의 대화문은 시자자축지술해로 십이옥문대개하고
十二帝國朝貢일세
십이제국조공일세

해설 >>> 중심이 되어 일으키는 나라의 대화문(大和門)은 자축(子丑)년에 시작
하여 술해(戌亥)년에 마치네. 옥으로 꾸민 12문이 크게 열리고 12
제국이 조공을 바치네.

* 자축(子丑)년은 격암유록의 다른 곳을 참고해서 풀어보면 경자(庚子)년인 2020년과 신
축(申丑)년인 2021년에 시작하여 12년간 만들어질 것으로 예상됨

歌辭總論 가사총론

槿花朝鮮名勝地에 天神加護異蹟으로 牛聲在野엄마聲中
근화조선명승지에 천신가호이적으로 우성재야엄마성중

해설 >>> 무궁화 꽃이 피는 조선 명승지에 천신이 보호하는 이적이 나타나서
소울음소리인 엄마하는 소리가 들에 울려 퍼지네.

末運歌 말운가

鳥霆車運車神飛機 天使往來瑞氣滿 我邦雲霄高出世
조정차운차신비기 천사왕래서기만 아방운소고출세

해설 >>> 새와 같고 번개와 같이 신출귀몰하게 날아다니는 기계(신비기)를
타고 천사들이 오가니 상서로운 기운이 가득하네. 우리나라가 구름
이 하늘 높이 올라가듯 출세하네.

* 소울음소리나는 무리들이 믿고 따르는 것이 유에프오(UFO,미확인성비행물체)임
* 격암유록을 연구하는 많은 사람들이 신비기(神飛氣)를 유에프오(UFO,미확인성비행물
체)로 해석하고 있음
* 정(霆) : 번개, 천둥소리

地上仙國朝鮮化 千年大運鷄龍國 四時不變永春世 開闢以來初逢運
지상선국조선화 천년대운계룡국 사시불변영춘세 개벽이래초봉운

해설 >>> 지상신선의 나라로 조선이 변화되네. 천 년간의 크나큰 운수가 계룡
국에 돌아오네. 춘하추동 사계절이 변치 않는 영원히 봄과 같은 세
계이네. 우주 천지개벽 이래 처음으로 맞이하는 운수이네.

* 계룡국(鷄龍國) : 손석우 저 『터』라는 책에는 우리나라가 통일되면 남북한과 연변, 만주
등을 다 아우르는 범위의 넓은 국토를 갖게 되며, 이때의 세계 인구는 72억이 되고, 우리
나라 인구도 1억2천만이 된다고 함. 이때의 수도는 북 계룡산(압록강 위에 위치)이 있는
곳이 된다고 함.
* 성서의 요한 계시록에도 새로운 세상인 지상 천년왕국에 대해 언급하고 있음

太古以後初仙境 前無後無之中原鮮 從鬼魔嘲笑盡 耳目聽見偶自然
태고이후초선경 전무후무지중원선 종귀마조소진 이목청건우자연
遠邦千里運粮日 寶貨萬物自然來 預言不遠朝鮮矣
원방천리운량일 보화만물자연래 예언불원조선의

해설 >>> 태고 이후에 처음으로 전개되는 신선의 세계요, 전에도 없었고 앞으
로도 없는 세계의 중심 국가가 조선에 세워지네. 마귀를 따르는 세
상 사람들의 비웃음이 다하네. 우연히 귀로 듣고 눈으로 보게 되어
자연스럽게 펼쳐지네. 천리 머나먼 각 나라에서 양식과 보화와 만물
을 싣고 자연스레 찾아오네. 예언의 말씀이 머지않아 조선 땅에 이
뤄지네.

錦繡江山**我東方** 天下聚氣運回鮮　太古以後初樂道　始發中原槿花鮮
금수강산아동방　천하취기운회선　태고이후초락도　시발중원근화선
列邦諸民父母國　萬乘天子王之王
열방제민부모국　만승천자왕지왕

해설 >>> 금수강산 우리 동방 조선에 천하의 기운이 모여 돌아오네. 태고 이
후에 처음 있는 즐거운 도이네. 무궁화 조선이 처음으로 세계의 중
심이 되네. 세계 모든 백성들이 부모나라로 섬기네. 만승천자가 나
와 왕 중의 왕이 되네.

* 소울음소리나는 무리들이 이르기를 우리나라 삼팔선 비무장지대 일대에 지구상의 현생인
류를 지은이들을 맞이할 우주인의 대사관을 세워야 한다고 요구하고 있으며, 이것이 세워
지면 지구상의 현생인류를 지은이들의 조력을 받아 비로소 세계의 중심국이 된다고 함

東西一氣再生身　何人善心不和生고　印度佛國英美露國
동서일기재생신　하인선심불화생고　인도불국영미로국
特別朝鮮報라
특별조선보라

해설 >>> 동서양의 하나의 기운이 다시 인간의 몸으로 재생하니 어찌 인간이
착한 마음으로 화합하여 살지 못 하겠는가? 인도, 불란서, 영국, 미
국, 러시아가 특별히 조선에 보은하네.

自古及今初樂大道 우리朝鮮大昌
자고급금초락대도 우리조선대창

해설 >>> 예로부터 지금에 이르기까지 처음으로 즐거운 대도(大道)가 우리 조
선(朝鮮)에 크게 번창하네.

白衣人心朝鮮人들 不顧左右急히가자 世界十勝朝鮮인데
백의인심조선인들 불고좌우급히가자 세계십승조선인데
朝鮮人이 왜 못 가노
조선인이 왜 못 가노

해설 >>> 흰옷 입기 좋아하고 인심 좋은 조선 사람들아 좌우를 돌아보지 말고
빨리 가세. 세계의 십승(十勝)이 조신인데 소선 사람이 왜 못가나.

❀ 삼팔선 비무장지대 일대에 현생인류를 지은이들을 맞이할 집(우주인의 대사관)을 지어야한다

지금까지 격암유록을 근거로 연구하고 확인한 결과를 앞에서 다루었습니다. 격암유록의 전체적인 내용을 종합해보면 무궁화동산 동방의 우리나라가 바로 지구상에서 피란지이며, 가장 많은 사람이 살아남을 곳이라고 합니다. 제 자신이 그동안 많은 곳을 찾아다니면서 확인해 본 바로는 우리나라 사람들은 다른 어느 나라 사람보다도 많은 사람들이 종교생활을 하고 있었으며, 진실한 길을 찾고자 목말라하는 분들이 많음을 보았습니다. 이런 분들은 계속해서 본인의 마음에서 시원한 해답을 찾을 때까지는 이곳에서 또 저곳으로 계속 옮겨가면서 진리를 찾고자 노력하고 있었습니다. 특히, 의식이 깨어있는 분들은 기존의 종교생활도 많이 해보고 그곳에서 궁극적인 해답을 얻지 못하여 다시 다른 길을 찾고 있었습니다.

소울음소리나는 무리에 들어온 사람들 대부분은 진리를 찾고 또 찾고 찾아서 결국에는 이곳까지 도착한 분들이었습니다. 이곳에서 그동안 찾지 못하고 구름 속을 헤맸던 과거를 잊고 진리를 만끽하고 있는 모습을 보았습니다. 이들은 항상 즐겁게 생활하고, 춤추며 즐기는 인생을 살고 있었습니다. 이들은 사랑과 자애와 포근함으로 타인들을 감싸고 있었습니다. 고뇌와 번민과 잡히지 않는 허망한 길은 우리 인간이 가야할 길이 아니었습니다. 지금 전국각지에서 진리를 찾고자 구도하고 있는 많은 분들에게 이 길이 알려지게 된다면 보다 많은 사람들이 찾아들 것입니다. 그만큼 우리 민족은 도를 찾고자 하는 마음이 강한 민족입니다. 찾고자 하는 욕구가 있을 때만이 그 길은 보이게 되고, 찾을 수 있는 것입니다.

이 길은 현실에서의 생활도 중요시하고 있었습니다. 속세를 떠나 수도하고 도를 닦는 그런 길이 아니라 현실 속에서도 열심히 생활하여 생활능력을 스스로 길러 가야하며, 건강한 심신을 유지하고, 평화와 사랑, 무한과의 조화, 기쁨과 즐거운 생활 등의 확고한 철학을 갖고 사는 무리였습니다.

우리 민족은 진리를 추구하고자 하는 돈독한 신심을 가진 사람이 많으므로 이 길을 찾아올 사람이 갈수록 늘어날 것이라고 확신합니다. 격암유록 전체를 종합해 볼 때 이 길은 늦기 전에 찾아 들어야 하는 시한성을 갖고 있음을 알 수 있습니다. 언제까지나 마음 놓고 찾아 갈 수 있는 길이 아님을 깊이 깨달으셔서 2007년도까지는 최종 결론을 내리고 2008년 초까지는 찾아들기를 바랍니다.

현새 우리나라 국내 사정은 물론 주변의 국제정세를 유심히 관찰해 보시기 바랍니다. 지금은 매우 위험한 시기에 한반도가 봉착해 있습니다. 아차하면 한반도에서 핵이 난무하는 참혹한 사태가 전개될 수도 있습니다. 이런 흐름을 소울음소리나는 무리들은 정확히 내다보고 있었습니다. 지구상의 현생인류를 지은이들이 저 높은 하늘에서 걱정하며 지켜보면서 소울음소리나는 무리들에게 일러주고 있다고 합니다. 지금은 소울음소리나는 무리들이 예정된 수(14만 4천 명)에 이를 때까지 지구상의 현생인류를 지은이들이 억제작용을 함으로써 참혹한 사태가 지연되고 있다고 합니다. 특히 한반도에서 이런 참혹한 사태가 발생하면 이것이 곧 전 세계가 핵전쟁의 참화 속으로 들어가는 도화선이 된다고 하고 있습니다. 이런 사태를 막기 위해 우리 민족은 남북한이 모두 삼팔선 비무장지대 일대에 모여 전 세계를 향해 평화를 주창하는 대규모 민족행진을 가져야 하며, 이곳에 지구상의 현생인류를 지은이들을 맞이할 집(奄宅曲埠, 엄택곡부, 우주인의 대사관)을 지어야 된다는 것을 소울음소리나는 무리들이 강조하고 있습니다.

소울음소리나는 무리들이 이르기를 현재 우리나라 한반도 주변의 국제정세는 매우 위험한 상황에 처해있다고 합니다. 이런 위험 상황이 급기야는 지구상의 인류를 파멸로 몰고 갈 가능성이 농후하다고 하면서, 이런 위험상황을 막기 위해 우리나라 삼팔선 일대의 비무장지대에 지구상의 현생인류를 지은이들을 맞이할 집인 우주인의 대사관을 지어야한다고 주장하고 있으며, 이러한 집이 지어지면 지구상의 현생인류를 지은이들이 유에프오(UFO)를 타고 이곳으로 왕래하며 이곳에 모여 소울음소리의 발성명상을 하게 된다고 하고 있습니다. 이는 지구상의 현생인류를 지은이(외계의 고도로 발달된 지적생명체)들의 주장이라고 합니다. 이러한 주장은 3년 전에 이들을 찾았을 때에는 듣지 못했던 내용으로 최근에 전개되고 있는 한반도의 급박한 상황에 따라 비로소 알려주는 내용이었습니다.

이미 우리나라 정부에 비무장지대에다 우주인을 맞이할 대사관을 설립할 수 있도록 승인 요청을 하였으나 국가에서 대사관은 외국 정부가 있을 때만이 설립할 수 있으므로 현재로서는 그 실체가 보이지 않는 대상을 상대로 대사관설립을 승인할 수 없다하여 거부한 상태라고 합니다. 이들이 말하고 있는 내용과 격암유록에서 알려주고 있는 내용이 너무도 흡사하다는 생각을 지울 수 없었습니다. 이들은 현재 지구상의 시스템으로는 지구상의 인류를 구원할 수 없다고 합니다. 지구상에서 폭력과 파괴적인 전쟁, 증오, 미움 등이 존재하는 한 머지않은 장래에 지구는 인간들이 만든 각종 핵무기 등에 의하여 자멸할 확률이 85%이상이라고 말하고 있습니다. 오직 사랑과 평화, 비폭력, 범 우주적인 사랑과 우주 삼라만상의 원리를 이해하고 평화적인 최첨단과학을 발달시키는 것만이 지구상의 인류를 구원할 수 있는 유일한 길이라고 믿고 있었습니다.

만일 인류가 현재의 시스템에서 벗어나지 못하고 자멸할 때에는 그들이 믿고 따르는 신비기(神飛機, UFO)가 미리 와서 이들 소울음 소리나는 무리들을 싣고 간다고 믿고 있었습니다. 이 신비기(神飛機)는 고도로 발달된 과학에 의하여 만들어신 것으로 시구상의 과학수준으로는 만들 수도 없고, 이를 저격할 수도 없다고 합니다. 지구상의 과학 수준으로는 상상할 수도 없는 초과학수준이라고 합니다. 이들이 주장하는 바가 바로 격암유록에 예언된 내용이 성취되는 것과 일맥상통하고 있다는 점에서 우리 민족은 이들의 주장과 요구를 가볍게 보지 말아야 하며, 나아가 이들의 주장과 요구에 관심을 기울이고 실현되도록 적극적으로 도와야할 것입니다. 이 길만이 우리 민족이 살아남고 전 세계 인류가 파멸에서 살아남을 수 있는 길입니다.

　소울음소리나는 무리들이 주장하는 바가 단순히 도를 닦고 입산 수도하는 그런 길이 아님을 인식하여야 합니다. 우리가 그동안 익히 보아왔던 기존의 종교나 도와는 완연히 다른 것입니다. 지구상의 흐름을 정확히 읽고 있으며, 이에 대한 대처방법도 제시하고 있습니다. 지구인들이 스스로 자멸의 길로 가고 있는 것을 안타까워하고 있습니다. 인간과 국가가 서로 대치하고 폭력과 전쟁으로 많은 사람을 죽이는 현재의 지구상의 시스템에서 벗어나 행복과 기쁨을 누릴 수 있는 길로 가야합니다. 이 길을 여는 주역을 우리 민족이 맡게 될 것이며, 이렇게 할 수 있는 정신적인 의식수준이 가장 깨어 있는 민족도 바로 우리들이라는 사실을 직시하고 민족적 에너지를 결집하여야 합니다.

　지구상의 현생인류를 지은이들이 우리 민족에게 지금 이 시각에도 애타게 내려다보면서 기다리고 있습니다. 태초에 지구상의 현생인류를 지을 정도라면 이들의(牛性人, 우성인) 과학은 우리가 상상할 수도 없는 엄청난 수준의 최고경지에 도달해 있을 것입니다. 이런 이들이 폭력성을 갖고 있다면 이미 지구는 그들의 식민지가 되어있어야 마땅할 것입니다. 그러나 평화적인 의식과 사랑을 갖지 않고는 이들과 같이 최고의 경지에 도달한 과학수준을 누릴 수가 없다고 합니다. 평화적인 의식과 사랑을 갖고 있는 이들을 두려워할 필요는 없습니다. 이들의 요구를 받아들인다 하여 우리에게 피해가 올 일은 없습니다. 또한 지구상의 현생인류를 지은이들이 있다는 것을 믿을 수 없다고 하여 소울음소리나는 무리들의 요구나 주장을 무조건 무시하는 처사는 어리석은 생각이라고 판단합니다. 비록 지금 당장 이들(지구상의 현생인류를 지은이)을 눈으로 볼 수는 없을지라도 450여 년 전에 우리의 선조에 의하여 기록된 격암유록이라는 대 예언서에서 알려주고 있는 내용을 요구하고 있다는 사실을 깨달으시기 바랍니다. 결코 허황된 요구가 아닙니다. 한민족의 대 예언서인 격암유록에 예언된 내용과 정확히 일치하는 바를 요구하고 있다는 사실을 깨달으시기 바랍니다.

남북한은 물론 국가와 국민 모두가 합심하여 천하에 제일가는 세계 중심 국가를 만들어 나갑시다. 세계의 변방 국가이면서 열악한 자원과 환경 속에 있는 우리들 스스로의 힘만으로는 세계 제일의 중심 국가를 만들어 가는 일은 불가능한 길입니다. 격암유록에서 알려주고 있듯이 지구상의 현생인류를 지은이들을 맞이할 집(奄宅曲埠, 엄택곡부, 우주인의 대사관)을 삼팔선 비부장지대 일대에 세우도록 하고 이들의 조력을 받아 비로소 세계제일의 나라를 이룩힐 수 있을 것입니다.

저는 이러한 내용이 반드시 성취될 것임을 믿어 의심치 않습니다. 격암유록이라는 민족의 대 예언서에서 알려주고 있는 내용이기 때문에 더욱 확신하는 것입니다. 이제는 국가와 국민 모두가 지금의 어려운 현실을 직시하고 우리가 살 수 있고 인류가 살 수 있는 길이 한반도에서 이루어질 수 있도록 소울음소리나는 무리들의 요구를 허황되다 일소하기에 앞서 심사숙고하는 지혜를 가져야합니다. 격암유록에서도 하늘이 내려주는 대복을 받는 시기를 잃어 후회막급한 일이 없도록 하라고 강조하고 있습니다. 우리 민족 모두는 이점을 명심하여야합니다. 소울음소리나는 무리들의 요구가 국가적으로 수용될 수 있도록 민족의 역량을 다시 한 번 결집합시다. 이미 다른 나라에서는 소울음소리나는 무리들이 요구하는 우주인의 대사관을 짓겠다고 자청한 곳도 여럿 있습니다. 또한 아프리카의 콩고에서는 일천만이 넘는 신도를 가지고 있는 킴방구라는 종교지도자가 이미 소울음소리나는 무리의 최고지도자가 자신들의 종교에서 예언하고 있는 마지막 메시아라고 인정하고 환영하고 있습니다. 아차하면 하늘이 우리 민족에게 주고자 한 기회가 다른 나라로 넘어갈 수도 있는 상황에 직면해 있습니다.

우리나라는 예로부터 미륵(彌勒)의 출세를 기다리는 미륵신앙이 있어 왔으며, 또한 각종 예언서에서 수천 년간 정도령(鄭道令)의 출세를 기다려왔습니다. 이미 우리 앞에 미륵(彌勒)이 출세하였으며, 정도령(鄭道令)의 실체가 드러났습니다. 부디 우리 민족에게 하늘이 내려주는 기회를 잃지 않도록 우리 모두 각성하여야 합니다. 시기적으로도 급박함을 느껴야 할 때입니다. 우리 민족이 고대하던 미륵(彌勒)과 정도령(鄭道令)이 출세하였음을 우리나라 구성원 모두는 명심하여야 할 것입니다. 그토록 면면히 이어져온 미륵(彌勒)과 정도령(鄭道令)이 우리 앞에 한 사람으로 나타났는데도 모르고 놓친다면 참으로 통탄할 일이 아닐 수 없을 것입니다.

우리나라 제일 경전인 천부경(天符經)이 마침내 소울음소리나는 무리들의 '무한을 상징하는 마크'라는 것이 밝혀진 지금 우리 모두 정신을 가다듬고 하늘이 부여하고자 하는 우리 민족의 역할을 찾아야 할 때입니다. 하루 빨리 우리나라 불교도들은 미륵(彌勒)을 맞이하시고, 도를 찾는 많은 구도인들은 부디 정도령(鄭道令)을 놓치지 마시기 바랍니다. 이제는 수천 년간 고대해 온 우리 민족의 저력을 발휘할 때입니다. 특히 우리나라의 운명을 책임지고 있는 국가 지도자들께서는 이런 내용을 가볍게 보지 마시고 심사숙고하여 국가의 명운이 달린 중대한 시점에서 현명한 판단을 내려주실 것을 당부합니다. 아울러 오늘을 살고 있는 우리 민족 구성원 모두는 나라를 살리고 인류를 살리는 길이 바로 소울음소리나는 무리들의 요구사항을 받아주고, 그들을 지원하는 데 있음을 깨달으시기 바랍니다.

우리나라를 떠나지 마라

최근에는 우리나라에서 일어나고 있는 어려운 상황을 여러모로 분석하고 판단해 보고는 이 나라를 떠나기로 결심하고 이민 가거나 국적을 옮기는 사람들이 늘고 있습니다. 현재의 지구상의 시스템 하에서는 이런 판단이 옳을지도 모릅니다. 그러나 격암유록에서는 우리나라가 만방의 피란지(避亂地)라는 것을 상소하면서 우리나라를 떠나지 말라고 강조하고 있습니다. 비록 우리나라의 현실이 아무리

어렵고 힘들다 할지라도 이곳이 마지막 피란지라는 격암유록의 예
언 내용을 참고하시어 속단하지 말고 심사숙고하시기 바랍니다. 우
리나라를 떠나지 말라는 내용은 비단 격암유록 뿐만이 아니라 각종
예언서에서도 알려주고 있습니다. 이 나라에서 살기 싫다고 떠나면
어디에서도 살아남을 수 없다는 것을 강조하고 있습니다. 결국에는
우리나라가 세계 제일의 종주국이 될 것이며 가장 살기 좋은 나라가
될 것이기 때문입니다. 독자 여러분께서도 이점을 가볍게 보지 마시
고 심사숙고하시기 바랍니다.

한반도의 지정학적 위치나 주변 강국들과의 역학 관계를 보더라
도 중국이나 러시아, 일본 등의 속국이 되지 않은 사실만으로도 놀
라운 일입니다. 무엇하나 내세울 것도 없고, 가진 것도 없는 동방의
변방에 초라한 한반도가 하나의 나라로써 그 면모를 유지하고 있는
것은 참으로 불가사의한 일입니다. 우리 스스로의 힘으로 온전히 지
킬 수 있는 자주적인 국방력도 미흡한 실정이며, 부존자원도 턱없이
부족한 나라입니다. 경제력도 미국이나 일본 등에 의존하지 않고는
지탱할 수 없는 나약한 나라입니다. 역사적으로도 수없이 외침을 당
하여 국가의 존망위기가 풍전등화였던 적도 한 두 번이 아니었습니
다. 남북한으로 갈라져 대치하고 있는 것도 냉전시대에 우리나라의
명맥을 유지하기 위한 하늘의 뜻이었다고 생각합니다. 만일 좌우 대
립이 극에 달한 해방 이후에 남북으로 갈리지 않았다면 우리는 이미
중국이나 러시아에 병합되어 있을 지도 모릅니다. 지금도 국내외적
으로 위기에 봉착하여 미래 또한 불투명하게 전개될 것으로 보이는

이 나라가 아직도 건재하고 있는 데에는 분명 하늘의 뜻이 있고, 우리가 하여야할 엄청난 역할이 기다리고 있을 것이라고 생각합니다. 중국의 고전인 맹자에도 "하늘이 그 사람을 크게 쓰기 위해서는 많은 시련과 곤고함을 주어 인내심을 기르고 그 기국을 키워 마침내 큰일을 맡기게 된다."고 하고 있습니다. 이렇듯 하늘은 우리 민족에게 그동안 오랜 역사동안 시련과 곤고함을 주어왔고 지금 이 순간에도 막바지 인내심을 기르게 하고 그 그릇을 키우기 위해 시험하고 있습니다. 이 시험을 참고 인내하여 넘어서지 못하고 포기하거나 현실을 도피하여 고국 강산을 떠나는 처사는 그동안 공들인 하늘의 노력을 헛되이 하는 것이 됩니다.

하늘이 우리 민족을 믿고 써보려 하고 있으니 한민족의 구성원들은 끝까지 참고 인내하여 고국 강산을 떠나지 말고 하늘의 뜻이 이루어지도록 다 같이 노력하여야 할 것입니다. 하늘로부터 격암유록(格菴遺錄)과 같은 예언서와 천부경(天符經)과 같은 진경을 내려 받은 민족은 지구상에는 우리 민속밖에는 없습니다. 이 민속을 하늘이 쓰기 위해 수 천 년 전부터 공들여 왔습니다. 하늘이 들인 공을 헛되지 않도록 하기 위해 우리 민족은 다 같이 노력하여야 합니다. 이는 결코 저 개인의 감상에 젖어 주장하는 것이 아니니 우리나라 구성원들은 다같이 명심하시길 바랍니다.

제7장
이러한 내용이 출판되어 세상을 뒤흔들 것임을 예언하고 있다

이러한 내용이 출판되어
세상을 뒤흔들 것임을 예언하고 있다

•• 生初之樂 생초지락

今世士者無識人 何可人物 誤貪利欲人去弓弓 我來矢矢 出判掀天
금세사자무식인 하가인물 오탐리욕인거궁궁 아래시시 출판흔천

해설 >>> 오늘날 선비는 무식한 사람이네. 어찌 이로움을 탐하고 욕심으로 가득 찬 사람을 인물이라 하는가? 궁궁(弓弓)이 그와 같은 사람에게서는 떠나지만 궁궁(弓弓)을 따르는 우리에게는 살살 다가오네. 이런 내용이 출판되어 하늘 높이 치켜드네(세상을 뒤흔드네).

---

* 소울음소리나는 무리들에 대하여는 『우주인의 메시지 Ⅰ · Ⅱ』라는 책이 시중에 출간되어 있음

❀ 이제는 출판될 때가 되었다

격암유록에서는 위에서 설명한 내용이 출판되어 세상을 뒤흔들 것임을 예언하고 있습니다. 이로써 저는 이 내용이 많은 사람들에게 영향을 미칠 것임을 감히 짐작해 봅니다. 격암유록을 해석한 책은 시중에 많이 있으나 격암유록에서 알려주고 있는 석정수(石井水), 소울음소리(牛鳴聲)나는 무리, 신비기(神飛機, UFO) 그리고 궁을도(弓乙圖)와 이에 따른 궁궁을을전전(弓弓乙乙田田)이 무엇인지 또한 우리나라에 엄택곡부(奄宅曲埠, 우주인의 대사관)가 세워진다는 내용과 이것이 쓰이는 용도가 무엇인지, 마지막에 살아남는 무리가 어떤 사람들인지 또 그들이 신비기(神飛機)를 타고 머나 먼 하늘을 날아감으로써 구원을 받는다는 구체적인 방법과 탈겁중생(脫劫重生)의 방법에 의해 지구상에서 영원히 산다는 내용은 물론 지금 현재 구원받을 무리가 지구상에 이미 존재하고 있으니 깨달은 자는 속히 그곳으로 합류하라는 등 형이상학적인 것이 아니고 현실적으로 대처할 내용을 다룬 것은 이 책이 처음입니다.

천부경(天符經)을 일러 진경(眞經)이라 하고 있으며 이것이 바로 궁을도(弓乙道)의 원리를 설명하고 있다는 것을 밝힌 것도 이 책이 처음입니다. 사답칠두(寺畓七斗)를 일러 북두칠성(北斗七星)에는 흙과 물이 있어 생명체가 살고 있으며 그곳으로부터 지구상의 현생인류가 왔다는 내용을 다룬 것도 이 책이 처음입니다. 또한 해인(海人)을 물로써 사람의 모체를 만드는 도장을 찍는 행위라는 것을 밝힌 것도 이 책이 처음입니다.

　이러한 내용들이 진정으로 맞는 것인지를 검증할 주체는 아직 지구상에는 없습니다. 오직 가까운 장래에 신비기(神飛機, UFO)를 타고 오는 이들만이 이 내용이 진정한 내용이었음을 확인할 수 있을 것입니다. 지금과 같이 어려운 시기에는 정말로 죽고 싶을 정도로 힘든 이들을 위해 한 가닥 희망의 길로 인도할 나침반이 필요합니다. 이런 때에 맞춰 힘들고 살기 어렵고 죽고만 싶은 이들에게 이 책은 희망이 되어 다가올 것입니다. 한 번 이 책과 격암유록을 나침반으로 삼아 영원한 생명으로 인도하는 길을 찾아보시기 바랍니다.

제8장
마지막으로 오링테스트를 통한 확인작업을 거치다

마직막으로 오링테스트를 통한
확인작업을 거치다

지금까지 말세에 살아남는 길을 격암유록에 근거하여 무수한 확인 작업을 거쳐 찾았다고 저 자신은 확신하고 있습니다. 그러나 보다 더 확실한 확인 작업을 마지막으로 더 해보기로 마음먹었습니다. 지금은 대부분의 사람들이 한의원에서도 응용하고 있고, 음식 궁합 등을 알아보는 방법의 일환으로도 '오링테스트'를 응용하고 있습니다. 오링테스트 방법은 자신의 체질을 알거나 이로운 음식 등을 확인하는 방법뿐만 아니라 시공을 초월하여 모든 정보를 확인해 볼 수 있는 방법으로도 사용할 수 있습니다. 이런 과정은 종전에도 해 본 결과 잘 맞고 있다는 것을 경험해 왔던 터라 마지막에 살아남는 무리에 대해서도 '오링테스트' 방법을 통하여 확인해 보기로 하였던 것입니다. 이런 이유로 그동안 저 자신이 직접 현장에 참여하면서 확인 작업을 해왔던 종교들을 하나하나 오링테스트를 거쳐 보았습니다. '○○교(도)를 따르면 말세에 살아남는다.' 라는 명제를 글로 쓰거나 말로 하여 테스트하였을 때 오링상태의 손가락이 벌어지면 거짓이고, 벌어지지 않으면 그 명제가 참이 되는 단순한 확인 작업이었습니다.

이런 오링테스트 작업을 그동안 제가 확인해 온 종교 순서에 따라 하나하나 진행해 보았습니다. 이 결과 기존의 모든 종교에 대해서는 손가락의 오링상태가 벌어지는 것으로 나타났으며, 마지막으로 '라엘리안무브먼트를 따르면 말세에 살아남는다.' 라는 명제와 '행성활성화그룹을 따르면 말세에 살아남는다.' 라는 두 가지 명제만 오링상태의 손가락이 벌어지지 않는다는 것을 확인했습니다. 오링테스트에 의한 확인 작업을 거친 뒤에 저는 이 두 가지 그룹 중에 격암유록의 예언 내용에 보다 가깝다고 판단되는 '라엘리안무브먼트' 를 따르는 것으로 최종 결론을 내렸습니다. 그러나 저 자신은 아직은 이 무리에 헌신적으로 참여하지는 못하고 관망하고 있는 상태입니다. 이 무리를 따를 수 있는 중입시기(中入時期)의 시한(時限)은 격암유록을 종합해 볼 때 원숭이 띠 해인 갑신년(甲申年, 2004년)부터 소띠 해인 을축년(乙丑年, 2009년)까지의 6년간이라고 판단하여 이 기간 동안 이들의 행동 내용과 천명하는 내용이 격암유록에 일치하고 있는지를 보다 더 유심히 가늠해 보고 최종결론을 내린 다음 이곳으로 합류하여 전념할 계획을 세워놓고 있습니다.

특히 격암유록을 종합해 보면 2007년도가 이 길을 갈 수 있는 여유시간의 마지막이라고 판단됩니다. 이때까지 최종결론을 내리고 소울음소리나는 무리에 합류할 생각입니다. 그 후의 나머지 2008년과 2009년은 어쩌면 시간을 다퉈서 들어가야 할 상황이 전개될 것으로 보입니다. 이때는 이들 무리를 따르기로 정해진 인원(14만 4천 명)이 거의 다 차는 시기로 보여집니다. 아차하면 시기를 놓칠 수 있는 불안한 기간이 되기 때문에 여유 있는 시기인 2007년을 최종 판단 시기로 확정했습니다. 그리고 오링테스트 결과 말세에 살아남는 길로 확인된 '행성활성화 그룹'에 대해서도 지금은 계속적으로 연구하고 있습니다. 이들을 알아보기 위하여 『포톤벨트(Photon belt)』, (대원출판사 발행, 버지니아에신 & 쉘든나이들 공저, 홍준희 역)를 보고 격암유록과 비교해 보니 이것은 지금으로서는 너무도 광범위한 내용을 다루고 있어 현실적으로 접근하기에는 어렵고 이해하기도 난해하다는 생각을 하게 되었습니다. 이들 행성활성화그룹을 따르는 사람들을 보니 이미 앞서서 라엘리안무브먼트를 거쳐 온 이들도 많음을 알게 되었습니다. 아마도 이렇게 라엘리안무브먼트를 거쳐 온 이들을 격암유록에서 말하고 있는 선입자(先入者)인 것 같나는 생각을 해보았습니다.

이들 행성활성화그룹에서 다루고 있는 내용은 이후에 새로운 시대가 시작되면 외계에서 온 이들(우성인)에 의하여 비로소 우리 지구인들에게 알려져야 할 내용으로 판단됩니다. 현재의 지구인의 수준으로는 감당하기 어려운 내용으로 보였습니다. 그러나 먼 훗날에는 세상의 모든 것을 섭렵하는 것으로서 부각될 수 있는 가능성이 있다고 생각해 보았습니다. 격암유록에서는 현새 지구상의 인류가 가야할 길을 알려주고 있는 내용으로만 국한하고 있습니다.

격암유록을 기초로 판단하기로 한 저는 라엘리안무부먼트와 행성활성화그룹 양쪽이 격암유록의 관점에서 볼 때 어떤 차이점이 있는지를 체크해 보았습니다. 소울음소리(牛鳴聲, 우명성)는 라엘리안무브먼트로 귀결되었고, 신비기(神飛機, UFO)는 두 곳 모두다 UFO(미확인성 비행물체)를 외계인이 타고 오는 이동수단으로 인정하고 있으며, 궁을도(弓乙圖)에 해당하는 것으로 라엘리안무브먼트에는 '무한의 상징' 문양이 있고, 행성활성화그룹에는 '움막단' 문양이 있어 양쪽이 다 충족되고 있었습니다. 우리나라에 현생인류를 지은이들(우성인)이 신비기(神飛機)를 타고 삼팔선 비무장지대에 지은 집(우주인의 대사관)으로 번개처럼 날아다니며 이곳에서 소울음소리가 난다는 내용은 라엘리안무브먼트의 주장 내용과 일치하는 반면에 행성활성화 그룹에서는 이런 내용에 대하여는 다루어지지 않고 있었습니다.

또한 '해외에서 유일하게 자신들만이 하느님의 선택받은 민족이라고 독실하게 믿고 있는 이들이 있으나 그들이 하늘이 주는 큰 복을 거부하고 받지 못한다' 는 격암유록의 내용도 라엘리안무브먼트는 이스라엘에게 우주인의 대사관을 지을 것을 계속 요구하고 있으나 그들이 이를 거부하고 있다고 하여 일치하고 있는 것으로 해석되었습니다. 그러나 행성활성화그룹에서는 이런 것은 상당히 지엽적인 것으로 여겨지기 때문에 다루어지지 않고 있었습니다. 신의 존재에 대한 견해를 보면 라엘리안무브먼트는 삼라만상 우주 어디에도 신은 존재하지 않는다는 확고한 믿음이 있고, 행성활성화그룹은 우주 삼라만상을 창조한 절대자인 신이 있음을 강조하고 있습니다. 이렇게 두 그룹을 계속 비교해 보았습니다. 저 자신도 이들 두 그룹을 놓고 격암유록이라는 나침반 없이 막연하게 접근했다면 아마도 더 넓은 범위를 다루고 그 내용이 무궁한 행성활성화그룹을 따랐을 가능성이 크다고 봅니다. 그리고 기존에 다른 종교에 속하든, 종교가 없든 아무 상관없이 행성활성화그룹(PAG)에 가입할 수 있음을 확인하였습니다. 종교적으로 다른 것을 배척하지 않았습니다. 이들 행성활성화그룹에는 각종 다른 종교에서 활동하고 있는 분들도 많았습니다.

저의 개인적인 생각으로는 소울음소리나는 무리(라엘리안무브먼트)를 따르면서 행성활성화그룹(PAG)을 병행하는 것도 좋은 방법이 될 것이라고 생각하고 있습니다. 그러나 행성활성화그룹에 가입하기 위하여 소울음소리나는 무리(라엘리안무브먼트)를 완전히 떠나는 것은 격암유록 전체를 송합해 볼 때 위험한 방법이라고 결론을 내렸습니나. 또한 최근에 이 책의 원고를 딜고하고 다시 오링테스트의 대가를 만나 확인한 결과 이 책의 진실지수는 950 정도로 확인되었습니다. 이 정도의 진실지수는 현재 지구상에 존재하는 책 중에서는 거의 없다고 표현하는 것이었습니다. 시중의 다른 격암유록 해설책자는 대부분 700 정도에서 머물고 있다는 것도 확인하였습니다. 이로써 이 책을 출판하는 것이 진실을 세상에 알리는 방법 중의 하나가 될 것이라고 결론을 내리게 되었습니다.

제9장
결론

결 론

🏵 이제는 모든 고민이 해결되었다

끝으로 격암유록을 통하여 소울음소리나는 무리(라엘리안무브먼트)를 찾게 되었고 그들의 철학과 의식을 확인해 본 결과 이들을 믿고 따르는 것이 진정으로 말세에 살아남는 가장 현실적인 길임을 확신하게 되었습니다. 이로써 그동안 미궁에서 헤매며 고민해 왔던 모든 것이 완전히 해결되었다고 생각하게 되었습니다. 결론적으로 한 번 더 그동안 소울음소리나는 무리(라엘리안무브먼트)를 찾게 된 경위와 이들을 따르면 진정으로 구원될 수 있다는 확신을 갖게 된다는 내용을 기술하고 마칠까 합니다.

✤ 소울음소리나는 무리를 찾은 경위를
한 번 더 언급하면서 마치고자 한다

저는 질병을 많이 앓고 어려운 생활 여건 속에서 성장해서 그런지 어려서부터 고민을 많이 하여왔으며, 인생의 궁극적인 목적이 무엇인지에 대해서도 항상 생각해 왔습니다. 현재와 같이 태어나서 살다가 자라고 늙고 병들고 결국에는 죽어야하는 것이 절대 불변의 인생여정이라면 굳이 인간으로 태어난 것과 태어나지 않은 것과는 아무런 차이점이 없다는 생각을 지울 수 없었습니다. 기나긴 세월 속에서 인간으로 태어난 가치를 찾을 수 없다면 우리 인간들은 어떻게 하여야하는가를 계속 고민해 보았습니다.

그러나 이런 의문에 대한 해답을 찾기는 결코 쉬운 일이 아니었습니다. 아무리 생각해봐도 해결의 실마리를 찾을 수 없음은 물론 더욱더 미궁으로 빠져드는 것을 느낄 수 있었습니다. 30대 초반까지는 세상 속의 성공을 추구하고자 나름대로 노력도 많이 해보았습니다. 하나를 성취하고 나면 또 추구해야 할 길이 앞에 있었습니다. 이렇게 하나하나 성취해 나가보아도 결코 그 자체가 마음의 평화를 가져오지는 못했습니다. 그러던 중 30대 초반에 심한 질병을 앓게 되었고 이에 대한 치료법으로 석정수건강법을 실행한 결과 질병이 낫게 되는 현상을 경험했습니다. 여기에서 자신을 얻어 이에 대한 근본적인 연구를 하던 중 격암유록이라는 우리나라 예언서를 알게 되었습니다. 그리하여 석정수의 비밀을 알게 되었고 많은 사람들에게 적용해 본 결과 모든 질병이 낫는다는 것을 확인하였습니다. 이로써 격암유록에서 알려주고 있는 석정수의 효능을 경험을 통해 확인할 수 있었고 이러한 경험에 의한 확신이 저로 하여금 격암유록에 예언된 내용을 누구보다 신뢰하게 하였습니다. 석정수에 대한 내용 외에도 그동안 우리 민족이 지나온 과정 과정이 격암유록의 예언 내용과 일치한다는 것을 한 번 더 확인하고 나니 이제는 이것이야말로 진정한 우리 민족의 예언서이고 앞으로 가야할 방향을 제시해 주는 나침반이라는 확신을 더욱 강하게 갖게 되었습니다.

이에 확신을 갖게 된 저는 그동안 연구하여 알게 된 격암유록의 마지막 예언에 대한 확인 작업을 시작하기로 결심하였습니다. 또한 최근에 출판된 송하비결이라는 예언해설서를 보니 앞으로 전개될 세상의 흐름이 너무도 비관적임을 알게 되었습니다. 그러나 이 책에서는 앞으로 일어날 일에 대해서는 자세하게 설명하고 있으나 이에 대한 구체적인 해결방법은 제시하지 못하고 있다고 느꼈습니다. 이에 저는 보다 구체적인 해결책을 찾아보겠다고 결심하게 되었습니다. 과연 현재 지구상의 인류 중에 격암유록에서 알려주고 있는 마지막까지 살아남아 영원히 사는 무리가 어떤 사람들인지를 찾아보기로 하였습니다. 우리나라에 존재하는 각종 종교 단체나 수행단체와 그 구성원들을 만나보고 그들의 의식이 어떻게 이루어지는지를 일일이 현장에 참여하여 확인해 보았습니다. 이렇게 하여 격암유록의 예언 내용과 가장 가까운 행동을 하고 그런 철학을 가졌다고 판단되는 것들을 최소로 압축한 뒤에 다시 또 하나 하나 확인해 보았습니다. 그러기를 5년여의 세월 동안 계속하였습니다. 이렇게 계속하다보니 격암유록의 내용 중에 위작되거나 가필된 부분이 많다는 것과 우리나라에서 자생한 종교나 신흥종교일수록 격암유록의 예언 내용을 자기들의 교리나 의식에 아전인수식으로 해석하여 활용하고 있다는 것도 확인하였습니다.

그렇다면 격암유록이 우리나라에 있는지도 모르면서 그들이 하고 있는 행동이나 의식, 철학 등이 격암유록과 일치하는 것을 찾기로 방향을 잡았습니다. 제일 먼저 소울음소리나는 무리가 있는지에 대해 최대의 초점을 맞춰 찾아보기로 하였습니다. 이는 격암유록 전체를 통하여 수없이 강조하고 있어 누구든지 격암유록을 진정으로 연구하는 사람이라면 가장 먼저 찾아야 할 중요한 내용이라고 판단하였기 때문입니다. 일부 종교는 자신들이 소울음소리나는 무리라고 스스로 주장하는 곳도 있었습니다. 그러나 그들이 주장하고 있는 소울음소리를 들어보니 격암유록에서 알려주고 있는 엄마 엄마 하는 소울음소리와는 너무도 동떨어져 있었습니다. 계속해서 또 다른 종교나 수행단체 등에 직접 참여하면서 소울음소리를 확인해 나갔습니다.

지성이면 감천이라고 드디어 엄마 엄마 하는 소울음소리나는 무리를 찾게 되었습니다. 이들의 모임에 참석하여 그들이 실행하고 있는 호흡법을 하고 나서 다음으로 발성명상법을 하고 있는 도중이었습니다. 이때 저는 마음속으로 '아하 이것이 바로 격암유록에서 계속 강조하고 있는 바로 그 소울음소리로구나' 라고 감탄하면서 그들의 발성명상법을 저도 따라했습니다. 이들은 이것을 "아오-옴" 발성명상이라고 명명하고 있었습니다. 이때가 2003년 7월말 경이었습니다. 명상법이 다 끝나고 그들에게 지금 행한 발성명상법이 소울음소리라는 것을 알고 있는지 물어보았습니다. 그러나 그들은 소울음소리에 대해서는 전혀 알지 못했으며 우리나라에 격암유록이라는 예언서가 있는지조차도 몰랐습니다. 이들 소울음소리나는 무리는 서양에서 1973년에 시작되어 여러 나라로 전파되는 과정에서 1983년에 우리나라에도 유입되었다고 말하는 것이었습니다. 그들은 우리나라에 전해져 내려오는 격암유록을 알 수도 없고 알려고 노력한 바도 없는 이유를 이해할 수 있었습니다. 이런 점에서 우리나라에서 자생적으로 시작된 종교로써 격암유록의 예언 내용을 인용하고 있는 여타의 종교와는 그 근원을 달리하고 있다는 점을 알 수 있었습니다.

그 후로도 보다 더 소울음소리에 가까운 발성을 하고 있는 무리가 있는지 계속 찾아보고 있으나 이들 외에는 아직 찾지 못하였습니다. 저는 이들 외에도 앞으로 소울음소리에 보다 더 가까운 발성을 내는 무리를 찾게 되면 이들에 대한 연구도 계속해 나갈 계획입니다. 일단 현재로서는 소울음소리나는 무리를 찾았다고 가정하고 이들에 대한 연구를 계속해 보았습니다. 그 후로도 이들의 모임에 참석하여 하늘을 신출귀몰하게 날아다니는 기계인 신비기(神飛機)와 어떤 관계가 있는지 물어 보았습니다. 이들은 이 말을 듣고 신비기(神飛機)라는 말은 모르지만 자신들은 유에프오(UFO, 미확인성 비행물체)를 따르고 있다고 하는 것이었습니다. 이때도 저는 '아하 이것이 격암유록에서 알려주고 있는 신비기(神飛機)로구나' 라고 속으로 탄성을 질렀습니다. 그렇다면 다음으로 궁을도(弓乙圖)라는 그림이 있는지를 물어보지 않을 수 없었습니다. 역시 이들은 궁을도(弓乙圖)가 무엇인지 전혀 모르고 있었습니다. 그들의 철학이나 원리를 나타내는 그림 같은 것이 있는지 재차 물어보았습니다. 그때서야 자신들은 '무한을 상징하는 문양'을 갖고 있다고 하는 것이었습니다. 이 문양을 보고 집에 와서 계속 연구하고 분석해 보았습니다. 드디어 이 문양에서 새 을(乙)자 모양 두 개(또는 네 개)를 찾을 수 있었고 다음으로 활 궁(弓)모양 두 개를 찾을 수 있었습니다. 이리하여 궁궁을을(弓弓乙乙)을 다 찾게 되었습니다. 다 찾고 보니 이 안에서 열십(十)자도 나올 수 있고 밭 전(田)자도 나올 수 있다는 것을 확인할 수 있었습니다. 이로써 이재 궁궁을을전전(利在 弓弓乙乙田田:이로움이 궁궁을을전전에 있다)이라는 격암유록의 예언 내용을 모두 찾았다고 확신하게 되었습니다. 이를 일러 궁궁(弓弓)은 하늘이고, 을을(乙乙)은 땅이라고 격암유록에서 강조하고 있습니다. 이때 저는 무어라 말할 수 없는 전율과 희열을 느꼈습니다.

그 후에도 이들에 대한 철학, 사상, 행동양식 등을 계속 확인해 나갔습니다. 이들은 범우주적인 무한과의 조화, 비폭력, 무저항, 사랑, 기쁨과 즐거움, 명상을 통한 각성, 평화적인 최첨단과학의 발전, 최첨단 과학에 의해 지구상의 현생 인류를 창조했다는 것과 과학적인 방법에 의한 영원한 삶이 가능하다는 등의 철학이 있었습니다. 이들에게는 인류를 구원할 수 있는 충분한 철학과 현실적 가능성이 내재되어 있음을 확인할 수 있었습니다. 이로써 저는 현재로서는 이것이야말로 격암유록에서 알려주고 있는 마지막 살아남는 소수의 무리임에 틀림없다는 결론을 내리게 되었습니다. 이들은 서양에서 발생하여 세계 각국으로 전파되는 과정에서 우리나라에도 유입되었을 뿐 당초부터 우리나라를 목표지점으로 하여 시작된 것도 아니었습니다. 격암유록이 우리나라에 있는지도 모르며 알려고도 하지 않으면서 격암유록에 예언된 내용과 일치하는 무리가 있다는 점에서 격암유록과 소울음소리나는 무리 둘 다 모두 신뢰할 수 있다고 판단했습니다.

이제 저는 격암유록을 통하여 어떠한 질병도 두려워할 필요가 없고 이길 수 있는 석정수를 알게 되어 질병의 공포로부터 완전히 해방되었습니다. 그리고 또 격암유록을 통하여 현생 인류 중에 마지막까지 살아남는 무리를 찾았으니 이제 그들을 따른다면 두려울 것이 없을 것입니다. 살아 있는 동안 질병에 의하여 죽지 않는다는 확신이 있고, 말세에 마지막까지 살아남아 지상낙원에서 살게 되는 무리들과 함께 갈 수 있고, 이들의 전하는 바와 철학을 따라 열심히 실천하고 헌신한다면 현생에서 사고로 죽게 될 경우에도 저에 대한 세포설계도(저에 대한 기억이 포함된)를 저장하는 방법을 취하였으니 이후에 지상낙원에서 최첨단 초과학에 의하여 저라는 인격을 가진 인간 생명체가 재생되어 다시 살 수 있으니 무엇을 걱정할 것이며 무엇을 두려워 할 필요가 있겠습니까. 이 모든 내용이 우리나라 최고의 예언서이며 그 정확도가 증명된 격암유록에 근거하여 정확히 일치하는 것임을 확인하였으니 여타 타인의 조소나 어떠한 비난도 두렵지 않습니다.

　제가 그동안 연구한 과정과 결과가 막연한 끌림이나 호기심에서 이루어진 것이 아니며, 격암유록이라는 대예언서에 기초하고 있을 뿐만 아니라 최대한 객관적인 검증을 거쳐 결론을 내렸다고 자부하고 있기 때문에 타인의 조소나 비난을 두려워할 필요가 없다고 생각합니다. 현재 세상에 존재하는 대부분의 기존 종교는 그 바탕이 되는 진리가 나약한 기초 위에 이루어져 있습니다. 기독교는 외계인이 지구를 방문하는 순간 그 존립자체가 무너지게 되어있습니다. 또한 복제인간이 탄생하거나 외계에 생명체가 존재한다는 사실이 확인되는 순간 기독교는 더 이상 지구상의 인류에게 설득할 진리의 바탕이 없어지게 되어있습니다. 절대의 신인 하나님에 의한 생명창조의 진리가 무너지고, 지구 외에는 어디에도 생명체가 살지 않는다는 성서의 진리가 한순간에 무너질 수밖에 없는 나약한 바탕 위에 서 있습니다. 불교는 우주 삼라만상의 원리를 이해하는 무한과의 조화에는 잘 맞는 철학을 갖고 있어 소울음소리나는 무리들의 철학과 매우 상통하고 있는 것으로 보입니다. 그러나 윤회사상이나 극락과 지옥 등의 신비적인 교리는 수정되어야 할 것입니다. 우리나라에서 자생적으로 발생한 각종 종교는 현실적인 구원의 방법은 제시하지 못하고 오직 주문이나 도통에 의하여 구원이 이루어진다고 하여 형이상학적인 가치 기준으로만 치닫고 있는 실정입니다.

결국에는 실현될 수 없는 허구에 매달리고 있는 것이 현실입니다. 모든 것이 신에 의하여 이루어진다는 막연한 종교 논리는 이제 과학의 시대에 맞게 수정되어야 합니다.

과연 지구상의 각종 종교나 수행단체 중에 생명창조의 원리를 과학적으로 설명하고, 인류의 구원방법도 구체적이고 과학적인 근거에 의하여 설명하고 있는 그런 무리가 있는지에 초점을 맞춰 찾을 때가 되었습니다. 사실 과학과 기술은 충분한 시간만 주어진다면 해결하지 못할 문제가 없다고 봅니다. 제가 찾아본 바로는 소울음 소리나는 무리(라엘리안무브먼트)들이 바로 이 시대에 그들의 철학을 가장 과학적으로 설명하고 있는 무리였으며, 우리가 그 실마리를 찾지 못하고 미궁에서 헤매고 있는 현생인류의 시작과 마지막 구원방법 등을 막연한 신비주의에 의하지 않고 과학적 논리에 근거하여 구체적으로 제시하고 있는 가장 이성적인 무리였습니다.

드디어 최근에는 이들이 일본과 우리나라가 있는 아시아(동양)권에 초점을 맞추고 있다는 점에서 격암유록의 예언 내용이 성취될 시기도 멀지 않았다는 확신을 더욱 갖게 되었습니다. 이제 저는 그동안의 노력과 연구결과에 의하여 완전한 보장을 확보했다고 자부하며 항상 즐거운 마음으로 생활하고 있습니다. 지금보다 더 행복했던 적은 없었습니다. 이제 이후로는 어떠한 고민도 걱정도 없이 살 수 있다고 자신합니다. 어차피 한 번 태어나면 반드시 죽어야하는 인생이라면 어느 것을 따르든 아니 따르든 죽는 것을 모면할 방법은 지구상의 현재 시스템 하에서는 없습니다. 반드시 죽는 것이 만고불변

의 진리라면 현실은 현실대로 충실하게 살면서, 죽지 않고 살 수 있
는 길에도 한 번 걸어놓고 사는 방법도 취해볼 만하다고 봅니다.

이 길은 돈을 요구하는 곳도 아니고 따르는 무리를 무한정 늘리고
자 하는 곳도 아니며, 엄청난 도를 닦아야 하는 것은 더더욱 아니므
로 굳이 이 길을 간다하여 손해 볼 것이 없습니다. 우리는 현실을
사는 인간이므로 영악한 판단을 할 필요가 있습니다. 지금까지 제
가 찾아보고 확인해 본 바로는 소울음소리나는 무리(라엘리안무브먼
트)를 따르면서 현실도 충실히 사는 방법이야말로 손해 없이 무난
하게 택할 수 있는 과학적인 영생의 길이라고 생각합니다. 위에서
기술한 내용을 허황되다 조롱하고 조소와 비난만하기에 앞서 한번
쯤 확인해 보는 마음의 문을 열어 보시기 바랍니다.

지금도 인생의 삶과 죽음의 근본문제를 몰라 미궁을 헤매고 있는
수많은 현대인들에게 이러한 기쁜 소식이 전해지기를 간절히 바랍
니다. 또한 같은 한자(漢字) 문화권인 일본과 중국 등에도 전파되기
를 기원해 봅니다. 충분히 그럴만한 지상 최대의 가치가 있고 무엇
과도 바꿀 수 없는 진리가 이 안에 있다고 말씀드리면서 졸고를 마
칠까 합니다.

| 참고문헌 |

『동양사상과 서양과학의 접목과 응용』, 정동순 저, 1999.
『그곳에선 나 혼자만 이상한 사람이었다』, 류시화 옮김, 2001.
『병이 빨리 낫는 법』, 강권중 저, 1996.
『요료법의 기적』, 김소림 옮김, 2001.
『오줌요법 그 경이로운 신비』, 김정희 저 , 2002.
『본주(상,하)』, 박문기 저, 1995.
『베일 벗는 천부경』, 조선하 저, 1998.
『격암유록(1,2,3권)』, 신유승 옮김, 1999.
『격암유록』, 강덕영 해역, 2002.
『격암유록은 가짜 정감록은 엉터리』, 김하원 저, 2004.
『증산도도전』, 증산도 간, 2003.
『성서』(공동번역), 대한 성서 공회 간 , 1989.
『측자파자』, 신유승 저, 1993.
『우주인의 메시지 Ⅰ · Ⅱ』, 라엘 저 , 1999.
『송하비결』, 황남송 · 김성욱 저 , 2003.
『물은 답을 알고 있다(1, 2)』, 2003.
『포톤벨트(광자대)』, 홍준희 옮김, 1996.
『12번째 행성(The 12th Planet)』, 체시리아시진, 1976.
『해월유록(상.하)』, 이태연 저, 1999.
『컴퓨터만세력』, 김상연 저, 1990.
『다빈치코드(1,2)』, 양선아 옮김, 2004.
『터(상,하)』, 손석우 저, 1994.
『기독교는 과연 진실일까』, 김하원 저, 2004.
『이것이 개벽이다』, 대원출판사, 2003.
『미래시나리오』, 정택용 옮김, 2006.
『아내가 결혼했다』, 박현욱 저, 2006.
기타 인터넷 게시물 등

가림출판사 · 가림M&B · 가림Let's에서 나온 책들

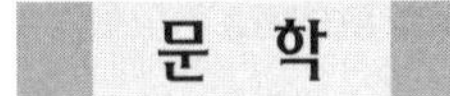

문 학

바늘구멍
켄 폴리트 지음 / 홍영의 옮김 / 신국판 / 342쪽 / 5,300원

레베카의 열쇠
켄 폴리트 지음 / 손연숙 옮김 / 신국판 / 492쪽 / 6,800원

암병선
니시무라 쥬코 지음 / 홍영의 옮김 / 신국판 / 300쪽 / 4,800원

첫키스한 얘기 말해도 될까
김정미 외 7명 지음 / 신국판 / 228쪽 / 4,000원

사미인곡 上 · 中 · 下
김충호 지음 / 신국판 / 각 권 5,000원

이내의 끝자리
박수완 스님 지음 / 국판변형 / 132쪽 / 3,000원

너는 왜 나에게 다가서야 했는지
김충호 지음 / 국판변형 / 124쪽 / 3,000원

세계의 명언 편집부 엮음 / 신국판 / 322쪽 / 5,000원

여자가 알아야 할 101가지 지혜
제인 아서 엮음 / 지창국 옮김 / 4×6판 / 132쪽 / 5,000원

현명한 사람이 읽는 지혜로운 이야기
이정민 엮음 / 신국판 / 236쪽 / 6,500원

성공적인 표정이 당신을 바꾼다
마츠오 도오루 지음 / 홍영의 옮김 / 신국판 / 240쪽 / 7,500원

태양의 법
오오카와 류우호오 지음 / 민병수 옮김 / 신국판 / 246쪽 / 8,500원

영원의 법
오오카와 류우호오 지음 / 민병수 옮김 / 신국판 / 240쪽 / 8,000원

석가의 본심
오오카와 류우호오 지음 / 민병수 옮김 / 신국판 / 246쪽 / 10,000원

옛 사람들의 재치와 웃음
강형중 · 김경익 편저 / 신국판 / 316쪽 / 8,000원

지혜의 쉼터
쇼펜하우어 지음 / 김충호 엮음 / 4×6판 양장본 / 160쪽 / 4,300원

헤세가 너에게
헤르만 헤세 지음 / 홍영의 엮음 / 4×6판 양장본 / 144쪽 / 4,500원

사랑보다 소중한 삶의 의미
크리슈나무르티 지음 / 최윤영 엮음 / 신국판 / 180쪽 / 4,000원

장자-어찌하여 알 속에 털이 있다 하는가
홍영의 엮음 / 4×6판 / 180쪽 / 4,000원

논어-배우고 때로 익히면 즐겁지 아니한가
신도희 엮음 / 4×6판 / 180쪽 / 4,000원

맹자-가까이 있는데 어찌 먼 데서 구하려 하는가
홍영의 엮음 / 4×6판 / 180쪽 / 4,000원

아름다운 세상을 만드는 사랑의 메시지 365
DuMont monte Verlag 엮음 / 정성호 옮김
4×6판 변형 양장본 / 240쪽 / 8,000원

황금의 법
오오카와 류우호오 지음 / 민병수 옮김 / 신국판 / 320쪽 / 12,000원

왜 여자는 바람을 피우는가?
기젤라 룬테 지음 / 김현성 · 진정미 옮김 / 국판 / 200쪽 / 7,000원

세상에서 가장 아름다운 선물
김인자 지음 / 국판변형 / 292쪽 / 9,000원

수능에 꼭 나오는 한국 단편 33
윤종필 엮음 / 신국판 / 704쪽 / 11,000원

수능에 꼭 나오는 한국 현대 단편 소설
윤종필 엮음 및 해설 / 신국판 / 364쪽 / 11,000원

수능에 꼭 나오는 세계단편(영미권)
지창영 옮김 / 윤종필 엮음 및 해설 / 신국판 / 328쪽 / 10,000원

수능에 꼭 나오는 세계단편(유럽권)
지창영 옮김 / 윤종필 엮음 및 해설 / 신국판 / 360쪽 / 11,000원

건 강

아름다운 피부미용법 이순희(한독피부미용학원 원장) 지음
피부조직에 대한 기초 이론과 우리 몸의 생리를 알려줌으로써 아름다운 피부, 젊은 피부를 오래 유지할 수 있는 비결 제시!
신국판 / 296쪽 / 6,000원

버섯건강요법 김병각 외 6명 지음
종양 억제율 100%에 가까운 96.7%를 나타내는 기적의 약용버섯 등 신비의 버섯을 통하여 암을 치료하고 비만, 당뇨, 고혈압, 동맥경화 등 각종 성인병 예방을 위한 생활 건강 지침서!
신국판 / 286쪽 / 8,000원

성인병과 암을 정복하는 유기게르마늄
이상현 편저 / 캬오 샤오이 감수
최근 들어 각광을 받고 있는 새로운 치료제인 유기게르마늄을 통한 성인병, 각종 암의 치료에 대해 상세히 소개. 신국판 / 312쪽 / 9,000원

난치성 피부병 생약효소연구원 지음
현대의학으로도 치유불가능했던 난치성 피부병인 건선 · 아토피(태열)의 완치요법이 수록된 건강 지침서. 신국판 / 232쪽 / 7,500원

新 방약합편 정도명 편역
자신의 병을 알고 증세에 맞춰 스스로 처방을 할 수 있고 조제할 수 있는 보약 506가지 수록. 신국판 / 416쪽 / 15,000원

자연치료의학 오홍근(신경정신과 의학박사 · 자연의학박사) 지음
대한민국 최초의 자연의학박사가 밝힌 신비의 자연치료의학으로 자연산물을 이용하여 부작용 없이 치료하는 건강 생활 비법 공개!!
신국판 / 472쪽 / 15,000원

약초의 활용과 가정한방 이인성 지음
주변의 흔한 식물과 약초를 활용하여 각종 질병을 간편하게 예방 · 치료할 수 있는 비법제시. 신국판 / 384쪽 / 8,500원

역전의학 이시하라 유미 지음 / 유태종 감수
일반상식으로 알고 있는 건강상식에 대해 전혀 새로운 관점에서 비판하고 아울러 새로운 방법들을 제시한 건강 혁명 서적!!
신국판 / 286쪽 / 8,500원

이순희식 순수피부미용법 이순희(한독피부미용학원 원장) 지음
자신의 피부에 맞는 관리법으로 스스로 피부관리를 할 수 있는 방법을 제시하고 책 속 부록으로 천연팩 재료 사전과 피부 타입별 팩 고르기. 신국판 / 304쪽 / 7,000원

21세기 당뇨병 예방과 치료법 이현철(연세대 의대 내과 교수) 지음
세계 최초 유전자 치료법을 개발한 저자가 당뇨병과 대항하여 가장 확실하게 이길 수 있는 당뇨병에 대한 올바른 이론과 발병시 대처 방법을 상세히 수록! 신국판 / 360쪽 / 9,500원

신재용의 민의학 동의보감 신재용(해성한의원 원장) 지음
주변의 흔한 먹거리를 이용해 신비의 명약이나 보약으로 활용할 수 있는 건강 지침서로서 저자가 TV나 라디오에서 다 밝히지 못한 한방 및 민간요법까지 상세히 수록!! 신국판 / 476쪽 / 10,000원

치매 알면 치매 이긴다 배오성(백상한방병원 원장) 지음
B.O.S.요법으로 뇌세포의 기능을 활성화시키고 엔돌핀의 분비효과를 극대화시켜 증상에 맞는 한약 처방을 병행하여 치매를 치유하는 획기적인 치유법 제시. 신국판 / 312쪽 / 10,000원

21세기 건강혁명 밥상 위의 보약 생식 최경순 지음
항암식품으로, 다이어트식으로, 젊고 탄력적인 피부를 유지할 수 있게 해주는 자연식으로의 생식을 소개하여 현대인들의 건강 길라잡이가 되도록 하였다. 신국판 / 348쪽 / 9,800원

기치유와 기공수련 윤한홍(기치유 연구회 회장) 지음
누구나 노력만 하면 개발할 수 있고 활용할 수 있는 기 수련 방법과

기치유 개발 방법 소개.   신국판 / 340쪽 / 12,000원

만병의 근원 스트레스 원인과 퇴치   김지혁(김지혁한의원 원장) 지음
만병의 근원인 스트레스를 속속들이 파헤치고 예방법까지 속시원하게 제시!!   신국판 / 324쪽 / 9,500원

김종성 박사의 뇌졸중 119   김종성 지음
우리나라 사망원인 1위. 뇌졸중 분야의 최고 권위자인 저자가 일상생활에서의 건강관리부터 환자간호에 이르기까지 뇌졸중의 예방, 치료법 등 모든 것 수록.   신국판 / 356쪽 / 12,000원

탈모 예방과 모발 클리닉   장정훈 · 전재홍 지음
미용적인 측면과 우리가 일상적으로 고민하고 궁금해 하는 털에 관한 내용들을 다양하고 재미있게 예들을 들어가면서 흥미롭게 풀어간 것이 이 책의 특징.   신국판 / 252쪽 / 8,000원

구태규의 100% 성공 다이어트   구태규 지음
하이틴 영화배우의 다이어트 체험서. 저자만의 다이어트법을 제시하면서 바람직한 다이어트에 대해서도 알려준다. 건강하게 날씬해지고 싶은 사람들을 위한 필독서!   4×6배판 변형 / 240쪽 / 9,900원

암 예방과 치료법   이춘기 지음
암환자와 가족들을 위해서 암의 치료방법에서부터 합병증의 예방 및 암이 생기기 전에 알 수 있는 방법에 이르기까지 상세하게 해설해 놓은 책.   신국판 / 296쪽 / 11,000원

알기 쉬운 위장병 예방과 치료법   민영일 지음
소화기관인 위와 관련 기관들의 여러 질환을 발병 원인, 증상, 치료법을 중심으로 알기 쉽게 해설해 놓은 건강서.   신국판 / 328쪽 / 9,900원

이온 체내혁명   노보루 야마노이 지음 / 김병관 옮김
새로운 건강관리 이론으로 주목을 받고 있는 음이온을 통해 건강을 돌볼 수 있는 방법 제시.   신국판 / 272쪽 / 9,500원

어혈과 사혈요법   정지천 지음
침과 부항요법 등을 사용하여 모든 질병을 다스릴 수 방법과 우리 주변에서 흔하게 접할 수 있는 각 질병의 상황별 처치를 혈자리 그림과 함께 해설.   신국판 / 308쪽 / 12,000원

약손 경락마사지로 건강미인 만들기   고정환 지음
경락과 민족 고유의 정신 약손을 결합시킨 약손 성형경락 마사지로 수술하지 않고도 자신이 원하는 부위를 고치는 방법을 제시하는 건강 미용서.   4×6배판 변형 / 284쪽 / 15,000원

정유정의 LOVE DIET   정유정 지음
널리 알려진 온갖 다이어트 방법으로 살을 빼려고 노력했던 저자의 고통스러웠던 다이어트 체험담이 실려 있어 지금 살 때문에 고민하는 사람들이 가슴에 와 닿는 나만의 다이어트 계획을 나름대로 세울 수 있을 것이다.   4×6배판 변형 / 196쪽 / 10,500원

머리에서 발끝까지 예뻐지는 부분다이어트   신상만 · 김선민 지음
한약을 먹거나 침을 맞아 살을 빼는 방법, 아로마요법을 이용한 다이어트법, 운동을 이용한 부분비만 해소법 등이 실려 있으므로 나에게 맞는 방법을 선택해 날씬하고 예쁜 몸매를 만들 수 있을 것이다.
4×6배판 변형 / 196쪽 / 11,000원

알기 쉬운 심장병 119   박승정 지음
심장병에 관해 심장질환이 생기는 원인, 증상, 치료법을 중심으로 내용을 상세하게 해설해 놓은 건강서.   신국판 / 248쪽 / 9,000원

알기 쉬운 고혈압 119   이정균 지음
생활 속의 고혈압에 관해 일반인들이 관심을 가지고 예방할 수 있도록 고혈압의 원인, 증상, 합병증 등을 상세하게 해설해 놓은 건강서.   신국판 / 304쪽 / 10,000원

여성을 위한 부인과질환의 예방과 치료   차선희 지음
남들에게는 말할 수 없는 증상들로 고민하고 있는 여성들을 위해 부인암, 골다공증, 빈혈 등 부인과질환을 원인 및 치료방법을 중심으로 설명한 여성건강 정보서.   신국판 / 304쪽 / 10,000원

알기 쉬운 아토피 119   이승규 · 임승엽 · 김문호 · 안유일 지음
감기처럼 흔하지만 암만큼 무서운 아토피 피부염의 원인에서부터 증상, 치료방법, 임상사례, 민간요법을 적용한 환자들의 경험담 등 수록.   신국판 / 232쪽 / 9,500원

120세에 도전한다   이권행 지음
아프지 않고 건강하게 오래 살기를 바라는 현대인들에게 우리 체질에 맞는 식생활습관, 심신 활동, 생활습관, 체질별 · 나이별 양생법을 소개. 장수하고픈 독자들의 궁금증을 풀어줄 것이다.
신국판 / 308쪽 / 11,000원

건강과 아름다움을 만드는 요가   정판식 지음
책을 보고서 집에서 혼자서도 할 수 있는 요가법 수록. 각종 질병에 따른 요가 수정체조법도 담았으며, 별책 부록으로 한눈에 보는 요가 차트 수록.   4×6배판 변형 / 224쪽 / 14,000원

우리 아이 건강하고 아름다운 롱다리 만들기   김성훈 지음
키 작은 우리 아이를 롱다리로 만드는 비법공개. 식사습관과 생활습관만의 변화로도 키를 크게 할 수 있으므로 키 작은 자녀를 둔 부모의 고민을 해결해 준다.   대국전판 / 236쪽 / 10,500원

알기 쉬운 허리디스크 예방과 치료   이종서 지음
전문가들의 의견, 허리병의 치료에서 가장 중요한 운동치료, 허리디스크와 요통에 관해 언론에서 잘못 소개한 기사나 과장 보도한 기사, 대상이 광범위함으로써 생기고 있는 사이비 의술 및 상업적인 의술을 시행하는 상업적인 병원 등을 소개함으로써 허리병을 앓고 있는 사람들에게 정확하고 올바른 지식을 전달하고자 하는 길라잡이서.   대국전판 / 336쪽 / 12,000원

소아과전문의에게 듣는 알기 쉬운 소아과 119   신영규 · 이강우 · 최성항 지음
새내기 엄마, 아빠를 위해 올바른 육아법을 제시하고 각종 질병에 대한 치료법 및 예방법, 응급처치법을 소개.
4×6배판 변형 / 280쪽 / 14,000원

피가 맑아야 건강하게 오래 살 수 있다   김영찬 지음
현대인이 앓고 있는 고혈압, 당뇨병, 심장병 등은 피가 끈적거리고 혈관이 너덜거려서 생기는 질병이다. 이러한 성인병을 치료하려면 식이요법, 생활습관 개선 등을 통해 피를 맑게 해야 한다. 이 책에서는 피를 맑게 하기 위해 필요한 처방, 생활습관 개선법을 한의학적 관점에서 상세하게 설명하고 있다.   신국판 / 256쪽 / 10,000원

웰빙형 피부 미인을 만드는 나만의 셀프 피부건강   양해원 지음
모든 사람들이 관심 있어 하는 피부 관리를 집에서 할 수 있게 해주는 실용서. 집에서 간단하게 만들 수 있는 화장수, 팩 등을 소개하여 손 안의 미용서 역할을 하고 있다.   대국전판 / 144쪽 / 10,000원

내 몸을 살리는 생활 속의 웰빙 항암 식품   이승남 지음
'암=사형 선고' 라는 고정 관념을 깨자는 전제 아래 우리 밥상에서 흔히 볼 수 있는 먹거리로 암을 예방하며 치료하는 방법 소개. 암환자와 그 가족들에게 희망을 안겨 줄 것이다.   대국전판 / 248쪽 / 9,800원

마음한글, 느낌한글   박완식 지음
훈민정음의 창제원리를 이용한 한글명상, 한글요가, 한글체조로 지금까지의 요가나 명상과는 차원이 다른 더욱 더 효과적인 수련으로 이제 당신 앞에 새로운 세계가 펼쳐진다.   4×6배판 / 300쪽 / 15,000원

웰빙 동의보감식 발마사지 10분   최미희 지음 / 신재용 감수
발이 병나면 몸에도 병이 생긴다. 우리 몸 중에서 가장 천대받으면서도 가장 많은 일을 하는 발을 새롭게 인식하는 추세에 맞추어 발을 가꾸어 건강을 지키는 방법 제시. 각 질병별 발마사지 방법, 부위를 구체적으로 설명하고 있다. 텔레비전을 보면서 하는 15분의 발마사지가 피로를 풀어주고 건강을 지켜줄 것이다.
4×6배판 변형 / 204쪽 / 13,000원

아름다운 몸, 건강한 몸을 위한 목욕 건강 30분   임하성 지음
우리가 흔히 대수롭지 않게 여기고 하는 습관 중에 하나가 목욕일 것이다. 그러나 이제 목욕도 건강과 관련시켜 올바른 방법으로 해야 한다. 웰빙 시대, 웰빙 라이프에 맞는 올바른 목욕법을 피부 관리 및 우리들의 생활 패턴에 맞추어 제시해 본다.
대국전판 / 176쪽 / 9,500원

내가 만드는 한방생주스 60   김영섭 지음
일반적인 과일 · 야채 주스에 21가지 한약재로 기본 음료를 만들어 맛과 영양을 고루 갖춘 최초의 웰빙 한방 건강음료 만드는 법 60가지 수록!! 각 음료마다 만드는 법과 효능을 실어 우리 가족 건강을 지키는 건강지침서의 역할을 한다.   국판 / 112쪽 / 7,000원

몸을 살리는 건강식품   백은희 · 조창호 · 최양진 지음
스트레스에 시달리는 현대인들에게 자연 영양소를 공급해 주는 건강기능식품에 관한 상세한 정보를 담고 있다. 나에게 필요한 영양소는 어떤 것이 있으며, 어떻게 섭취했을 때 가장 큰 효과를 얻을 수 있는지 등을 조목조목 설명해 놓은 것이 눈에 띈다.
신국판 / 384쪽 / 11,000원

건강도 키우고 성적도 올리는 자녀 건강   김진돈 지음
자녀를 둔 부모라면 가장 먼저 생각하는 것이 자녀의 건강일 것이다. 특히 수험생을 둔 부모라면 그 관심은 말로 단정지을 수 없다. 수험생 자신이나 부모가 알아야 할 평소 건강 관리법, 제일 이겨내기 힘든 계절인 여름철 건강 관리법, 조심해야 할 질병들에 대해 예방법, 치료법을 상세하게 소개하고 있다.   신국판 / 304쪽 / 12,000원

알기 쉬운 간질환 119 이관식 지음
간염이 있는 사람이 술잔을 돌릴 경우 간염이 전염될까? 우리는 간이 소중한 존재임을 알면서도 혹사시키는 일이 많다. 간염 전염 및 간경화, 간암 등에 대한 잘못된 지식을 제대로 잡아주고 간과 관련된 병을 예방하는 법, 병에 걸렸을 때 치료하고 관리하는 법 등을 상세히 수록하여 간을 건강하게 지킬 수 있도록 해준다.
신국판 / 264쪽 / 11,000원

밥으로 병을 고친다 허봉수 지음
우리가 하루 세 끼 식사에서 대하는 밥상이 우리의 건강을 지켜주는 최고의 건강지킴이다. 이 간단 명료한 진리를 알면서도 우리는 다른 방법으로 건강을 지키려고 한다. 건강을 지키는 일은 어렵고 특별한 일이 아니라 보통의 밥상에서 지킬 수 있는 일임을 강조하고 거기에 맞는 실제 사례를 제시하여 비슷한 사례에서 응용할 수 있게 내용을 구성하고 있다. 대국전판 / 352쪽 / 13,500원

알기 쉬운 신장병 119 김형규 지음
신장병은 특별한 증상이 없어 조기진단이 힘들다고 한다. 그러나 진단과 치료의 혜택으로 완치를 할 수 있는 병이라고도 한다. 일상 생활 속에서 신장병을 파악할 수 있는 자가진단법, 신장병을 검사하고 치료하는 방법, 신장병과 관련 있는 질병들을 일반인들이 이해하기 수준에서 설명하고 있다. 또한 신장병과 관련 있는 생활 속의 정보를 부록으로 수록하여 내용의 깊이를 더해 주고 있다.
신국판 / 240쪽 / 10,000원

마음의 감기 치료법 우울증 119 이민수 지음
우울증에는 예외의 대상이 없다. 현대인이라면 누구나 우울증에 걸릴 수 있다는 전제 아래 일반인들이 쉽게 이해할 수 있는 우울증을 담고 있다. 남에게, 가족에게 숨겨야 하는 몹쓸 병이 아니라 바르고 정확하게 알아야 건강한 삶을 누릴 수 있는 병임을 알리면서 우울증을 치료하는 법, 환자 본인과 가족 및 주위에서 가져야 할 자세 등을 알려준다. 대국전판 / 232쪽 / 9,800원

관절염 119 송영욱 지음
"비가 오려나? 왜 이리 무릎이 쑤시나." 이렇게 표현되는 관절염에는 일반인들이 잘 알지 못하는 다른 종류의 관절염도 있다. 이러한 관절염을 일반인들의 입장에서 쉽게 이해하고 예방하고 치료할 수 있는 방법을 소개하고 있다. 생활 속에서의 습관을 고치고 운동을 통해서 허리나 다리가 아픈 통증에서 벗어날 수 있다.
대국전판 / 224쪽 / 9,800원

내 딸을 위한 미성년 클리닉 강병문 · 이향아 · 최정원 지음
서울 아산병원 미성년 클리닉팀의 새로운 제안!! 청소년기의 건강 상태는 평생을 좌우한다. 이 시기를 어떻게 보내느냐에 따라 60년 인생이 완전히 달라질 수 있다. 특히 여자라면 꼭 알아야할 건강 이야기로 자라나는 우리 딸들이 자신의 몸을 소중히 하는데 도움이 될 것이다. 국판 / 148쪽 / 8,000원

암을 다스리는 기적의 치유법
케이 세이헤이 감수 / 카와키 나리카즈 지음 / 민병수 옮김
저분자 수용성 키토산의 파워!! 항암제나 방사선 치료의 부작용을 경감시키고 그 효과를 오래 지속시켜주는 효과를 비롯한 키토산의 6대 항암 효과를 통하여 암에 탁월한 효과가 있는 수용성 키토산의 전신 면역 요법에 대하여 알 수 있을 것이다. 더불어 자연치유력에 대한 강한 믿음을 갖게 된다. 신국판 / 256쪽 / 9,000원

스트레스 다스리기
대한불안장애학회 스트레스관리연구특별위원회 지음
스트레스 분야의 21명의 전문가가 쓴 스트레스 해소법. 암보다 무서운 병, 스트레스를 줄이면 10년은 젊게 살 수 있다.
신국판 / 304쪽 / 12,000원

천연 식초 건강법 건강식품연구회 엮음 / 신재용(해성한의원 원장) 감수
가장 쉽게 구할 수 있고 경제적인 식품이면서 상상할 수 없을 정도로 뛰어난 약효를 지닌 식초의 모든 것을 담은 건강지침서!
신국판 / 252쪽 / 9,000원

암에 대한 모든 것 서울아산병원 암센터 지음
이 책은 우리나라에서 특히 발병률이 높은 7가지 암에 대해 철저히 분석한 책이다. 해당 암의 원인부터 발병률, 원인 및 진단법, 치료법, 예방법 및 관리법, 해당 암에 대해 잘못 알려진 상식 등 암에 대한 보다 실질적이고 구체적인 정보를 담았다. 암에 대한 정보를 필요로 이들이 보다 효율적으로 이용할 수 있는 책이다. 신국판 / 360쪽 / 13,000원

알록달록 컬러 다이어트 이승남 지음
이 시대의 트렌드인 웰빙 열풍 가운데 컬러 푸드가 커다란 아이템으로 자리 잡고 있다. 이 책에서는 다이어트 시에 생기는 스트레스와, 스트레스로 인한 활성산소, 다이어트로 인한 영양불균형 등을 컬러 푸드를 이용하여 우리 몸을 젊고 건강하고 아름답게 가꾸는 방법을 상세히 제시하여 주고 있다. 또한 비만이 아닌 체형교정을 원하는 분들에게는 올바른 운동법과 마사지요법을 통하여 문제를 해결할 수 있도록 길을 열어준다. 국판 / 248쪽 / 10,000원

불임 클리닉 정병준 지음
우리나라의 결혼한 부부 중 7쌍 중에 1쌍이 불임으로 고통 받고 있다고 한다. 불임극복이 쉬운 일은 아니지만 그렇다고 불가능한 것은 분명 아니다. 이 책은 서울여성병원의 불임센터 소장으로 있는 정병준 박사의 불임 원인에 대한 다양한 연구, 치료의 과정들을 사례와 Q&A를 기본으로 하여 자세하게 다루고 있다. 특히 직접 시험관아기 시술이나 인공수정 등 구체적인 불임치료를 통해 임신에 성공한 사람들의 수기도 포함하고 있어 그 감동을 더해주고 있다.
신국판 / 268쪽 / 9,500원

교 육

우리 교육의 창조적 백색혁명
원상기 지음 / 신국판 / 206쪽 / 6,000원

현대생활과 체육
조창남 외 5명 공저 / 신국판 / 340쪽 / 10,000원

퍼펙트 MBA IAE유학네트 지음 / 신국판 / 400쪽 / 12,000원

유학길라잡이 Ⅰ-미국편
IAE유학네트 지음 / 4×6배판 / 372쪽 / 13,900원

유학길라잡이 Ⅱ- 4개국편
IAE유학네트 지음 / 4×6배판 / 348쪽 / 13,900원

조기유학길라잡이.com
IAE유학네트 지음 / 4×6배판 / 428쪽 / 15,000원

현대인의 건강생활
박상호 외 5명 공저 / 4×6배판 / 268쪽 / 15,000원

천재아이로 키우는 두뇌훈련
나카마츠 요시로 지음 / 민병수 옮김 / 국판 / 288쪽 / 9,500원

두뇌혁명
나카마츠 요시로 지음 / 민병수 옮김 / 4×6판 양장본 / 288쪽 / 12,000원

테마별 고사성어로 익히는 한자
김경익 지음 / 4×6배판 변형 / 248쪽 / 9,800원

生생 공부비법 이은승 지음 / 대국전판 / 272쪽 / 9,500원

자녀를 성공시키는 습관만들기
배은경 지음 / 대국전판 / 232쪽 / 9,500원

한자능력검정시험 1급 한자능력검정시험연구위원회 편저
한자능력검정시험의 최상급인 1급 대비서. 2~8급 배정한자(2355자)를 포함하는 1급 배정한자 3500자에 관한 유래, 활용 예, 사자성어, 예상문제 등을 완벽 수록하여 시험에 만전을 기할 수 있게 하였다. 또한 쓰기 배정한자 2005자에 대한 부록도 수록하여 읽기와 쓰기 한자 익힘이 완벽하게 이루어지도록 하였다.
4×6배판 / 568쪽 / 21,000원

한자능력검정시험 2급 한자능력검정시험연구위원회 편저
국어사전식 단어 배열, 내용을 쉽게 이해할 수 있도록 도와주는 일러스트, 기출 문제의 완전 분석을 바탕으로 한 예상 문제 수록 등 한자능력검정시험 2급을 준비하는 사람들을 위한 완벽 대비서.
4×6배판 / 472쪽 / 18,000원

한자능력검정시험 3급(3급Ⅱ) 한자능력검정시험연구위원회 편저
4급 한자를 포함한 3급 · 3급Ⅱ 배정한자 1817자 각 한자에 대한 어원 및 실용 사례를 수록하였다. 각 한자의 배열은 가, 나, 다…의 국어사전식 배열을 채택하여 음만 알아도 한자를 쉽게 찾을 수 있게 하였다. 또한 한자의 이해를 돕는 일러스트, 3급 · 3급Ⅱ 한자를 포함한 실생활에 응용할 수 있는 생활 한자 코너를 배정하여 학습의 깊이를 더해주고 있다. 끝으로 기출문제 분석에 맞춘 예상문제와 쓰기 배정 한자를 실어 3급 · 3급Ⅱ 한자 학습을 완전히 익힐 수 있게 하였다. 4×6배판 / 440쪽 / 17,000원

한자능력검정시험 4급(4급II) 한자능력검정시험연구위원회 편저
국어사전식 단어 배열, 4급 한자 1000자 필순 수록, 생활에서 활용할 수 있는 활용 한자 요점정리, 생활 속에서 자주 쓰이는 약자, 한자의 이해를 돕기 위한 일러스트와 유래 설명, 4급 한자 1000자를 응용한 한자 심화 학습, 기출 문제를 완전 분석한 후 그에 따라 엄선한 예상문제 수록 등 4급 한자 익히기와 시험에 대비하는 모든 사람들을 위한 완벽 대비서. 4×6배판 / 352쪽 / 15,000원

한자능력검정시험 5급 한자능력검정시험연구위원회 편저
국어사전식 단어 배열, 5급 한자 500자 따라 쓰기, 생활에서 활용할 수 있는 활용 한자 요점정리, 생활 속에서 자주 쓰이는 약자, 한자의 이해를 돕기 위한 일러스트와 유래 설명, 기출 문제를 완전 분석한 후 그에 따라 엄선한 예상문제 수록 등 5급 한자 익히기와 시험에 대비하는 모든 사람들을 위한 완벽 대비서.
4×6배판 / 264쪽 / 11,000원

한자능력검정시험 6급 한자능력검정시험연구위원회 편저
국어사전식 단어 배열, 6급 한자 300자 따라 쓰기, 생활에서 활용할 수 있는 활용 한자 요점정리, 한자의 이해를 돕기 위한 일러스트와 유래 설명, 기출 문제를 완전 분석한 후 그에 따라 엄선한 예상문제 수록 등 6급 한자 익히기와 시험에 대비하는 모든 사람들을 위한 완벽 대비서. 4×6배판 / 168쪽 / 8,500원

한자능력검정시험 7급 한자능력검정시험연구위원회 편저
국어사전식 단어 배열, 각 한자 배우기에 도움이 되는 일러스트를 곁들이고 한자의 구성 원리를 설명해 놓아 한자 배우기가 재미있고 쉽다. 또한 따라쓰기를 통해 한자 익히기를 완전하게 끝낼 수 있도록 하였으며 활용 예문을 다양하게 예시해 놓았다.
4×6배판 / 152쪽 / 7,000원

한자능력검정시험 8급 한자능력검정시험연구위원회 편저
8급 한자 50자에 대해 각 한자 배우기에 도움이 되는 일러스트를 곁들이고 한자의 구성 원리를 설명해 놓아 한자 배우기가 재미있고 쉽다. 또한 따라쓰기를 통해 기본 한자 익히기를 완전하게 끝낼 수 있도록 하였으며 기본 50개의 한자를 활용한 예문을 다양하게 예시해 놓았다. 4×6배판 / 112쪽 / 6,000원

볼링의 이론과 실기 이택상 지음 / 신국판 / 192쪽 / 9,000원

고사성어로 끝내는 천자문 조준상 글/그림
고사성어에 얽힌 일화를 재미있는 만화로 엮어, 만화를 보면서 고사성어도 익힐 수 있는 일석이조의 만화 학습서이다. 특히 국가공인 한자능력검정시험 4급에 나오는 한자를 수록하고 있어 자격증을 준비하는 데에 도움을 줄 뿐만 아니라 실생활에 응용할 수 있는 생활한자가 수록되어 있어 교양을 넓히는 데에도 많은 도움이 될 것이다. 4×6배판 / 216쪽 / 12,000원

내 아이 스타 만들기 김민성 지음
이 책은 평범한 가정에서 태어난 초등학생 예랑이가 자신의 재능을 발견해가는 과정과 그것을 지켜보는 부모님을 통하여 현대의 많은 부모님들이 자신의 자녀들에게 어떤 교육방식과 마음가짐으로 아이의 뒷바라지를 해줘야 할지 그 방향을 제시해주고 있다.
신국판 / 200쪽 / 9,000원

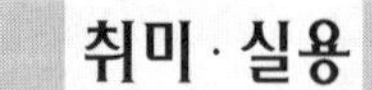

취미 · 실용

김진국과 같이 배우는 와인의 세계 김진국 지음
포도주 역사에서 분류, 원료 포도의 종류와 재배, 양조 · 숙성 · 저장, 시음법, 어울리는 요리와 와인의 유통과 소비, 와인 시장의 현황과 전망, 와인 판매 요령, 와인의 보관과 재고의 회전, '와인 양조 비밀의 모든 것'을 동영상으로 담은 CD까지, 와인의 모든 것이 담긴 종합학습서. 국배판 변형양장본(올 컬러판) / 208쪽 / 30,000원

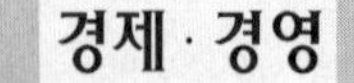

경제 · 경영

CEO가 될 수 있는 성공법칙 101가지
김승룡 편역 / 신국판 / 320쪽 / 9,500원

정보소프트 김승룡 지음 / 신국판 / 324쪽 / 6,000원

기획대사전 다카하시 겐코 지음 / 홍영의 옮김
기획에 관련된 모든 사항을 실례와 도표를 통하여 초보자에서 프로 기획맨에 이르기까지 효율적으로 활용할 수 있도록 체계적으로 총망라하였다. 신국판 / 552쪽 / 19,500원

맨손창업 · 맞춤창업 BEST 74 양혜숙 지음
창업대행 현장 전문가가 추천하는 유망업종을 7가지 주제별로 나누어 수록한 맞춤창업서로 창업예비자들에게 창업의 길을 밝혀줄 발로 뛰면서 만든 실무 지침서!! 신국판 / 416쪽 / 12,000원

무자본, 무점포 창업! FAX 한 대면 성공한다
다카시로 고시 지음 / 홍영의 옮김 / 신국판 / 226쪽 / 7,500원

성공하는 기업의 인간경영 중소기업 노무 연구회 편저 / 홍영의 옮김
무한경쟁시대에서 각 기업들의 다양한 경영 실태 속에서 인사 · 노무 관리 개선에 있어서 기업의 효율을 높이고 발전을 이룰 수 있는 원칙을 제시. 신국판 / 368쪽 / 11,000원

21세기 IT가 세계를 지배한다 김광희 지음
21세기 화두로 떠오른 IT혁명의 경쟁력에 대해서 전문가의 논리적이고 철저한 해설과 더불어 매장 끝까지 실제 사례를 곁들여 설명.
신국판 / 380쪽 / 12,000원

경제기사로 부자아빠 만들기 김기태 · 신현태 · 박근수 공저
날마다 배달되는 경제기사를 꼼꼼히 챙겨보는 사람만이 현대생활에서 부자가 될 수 있다. 언론인의 현장감각과 학자의 전문성을 접목시킨 것이 이 책의 특성! 누구나 이 책을 읽고 경제원리를 체득, 경제예측을 할 수 있게 준비된 생활경제서적.
신국판 / 388쪽 / 12,000원

포스트 PC의 주역 정보가전과 무선인터넷 김광희 지음
포스트 PC의 주역으로 급부상하고 있는 정보가전과 무선인터넷 그리고 이를 구현하기 위한 관련 테크놀러지를 체계적으로 소개.
신국판 / 356쪽 / 12,000원

성공하는 사람들의 마케팅 바이블 채수명 지음
최근의 이론을 보완하여 내놓은 마케팅 관련 실무서. 마케팅의 정보전략, 핵심요소, 컨설팅실무까지 저자의 노하우와 창의적인 이론이 결합된 마케팅서. 신국판 / 328쪽 / 12,000원

느린 비즈니스로 돌아가라
사카모토 게이이치 지음 / 정성호 옮김
미국식 스피드 경영에 익숙해져 현실의 오류를 간과하고 있는 사람들을 위한 어떻게 팔 것인가보다 무엇을 팔 것인가를 설명하는 마케팅 컨설턴트의 대안 제시서! 신국판 / 276쪽 / 9,000원

적은 돈으로 큰돈 벌 수 있는 부동산 재테크 이원재 지음
700만 원으로 부동산 재테크에 뛰어들어 100배 불린 저자가 부동산 재테크를 계획하고 있는 사람들이 반드시 알아두어야 할 내용을 경험담을 담아 해설해 놓은 경제서. 신국판 / 340쪽 / 12,000원

바이오혁명 이주영 지음
21세기 국가간 경쟁부문으로 새로이 떠오르고 있는 바이오혁명에 관한 기초지식을 언론사에 몸담고 있는 현직 기자가 아주 쉽게 해설해 놓은 바이오 가이드서. 바이오 관련 용어 해설 수록.
신국판 / 328쪽 / 12,000원

성공하는 사람들의 자기혁신 경영기술 채수명 지음
자기 계발을 통한 신지식 자기경영마인드를 갖추어야 한다는 전제 아래 그 방법을 자세하게 알려주는 자기계발 지침서.
신국판 / 344쪽 / 12,000원

CFO 교텐 토요오 · 타하라 오키시 지음 / 민병수 옮김
일반인들에게 생소한 용어인 CFO, 즉 최고 재무책임자의 역할이 지금까지와는 완전히 달라져야 한다. 기업을 이끌어가는 새로운 키잡이로서의 CFO의 역할, 위상 등을 일본의 기업을 중심으로 하여 알아보고 바람직한 방향을 제시한다. 신국판 / 312쪽 / 12,000원

네트워크시대 네트워크마케팅 임동학 지음
학력, 사회적 지위 등에 관계 없이 자신이 노력한 만큼 돈을 벌 수 있는 네트워크마케팅에 관해 알려주는 안내서.
신국판 / 376쪽 /12,000원

성공리더의 7가지 조건
다이앤 트레이시 · 윌리엄 모건 지음 / 지창영 옮김
개인과 팀, 조직관계의 개선을 위한 방향제시 및 실천을 위한 안내자 역할을 해주는 책. 현장에서 활용할 수 있는 실용서.
신국판 / 360쪽 / 13,000원

김종결의 **성공창업** 김종결 지음
'누구나 창업을 할 수는 있지만 아무나 돈을 버는 것은 아니다'라는
전제 아래 중견 연기자로서, 음식점 사장님으로 성공한 탤런트 김
종결의 성공비결을 통해 창업전략과 성공전략을 제시한다.
신국판 / 340쪽 / 12,000원

최적의 타이밍에 **내 집 마련하는 기술** 이원재 지음
부동산을 통한 재테크의 첫걸음 '내 집 마련'의 결정판. 체계적이고
한눈에 쏙 들어 오는 '내 집 장만 과정'을 쉽게 풀어놓은 부동산재
테크서.   신국판 / 248쪽 / 10,500원

컨설팅 세일즈 *Consulting sales* 임동학 지음
발로 뛰는 영업이 아니라 머리로 하는 영업이 절실히 요구되는 시대
상황에 맞추어 고객지향의 세일즈, 과제해결 세일즈, 구매자와 공급
자 간에 서로 만족하는 세일즈법 제시. 대국전판 / 336쪽 / 13,000원

연봉 10억 만들기 김농주 지음
연봉으로 말해지는 임금을 재테크 하여 부자가 될 수 있는 방법 제
시. 고액의 연봉을 받기 위해서 개인이 갖추어야 할 실무적 능력,
태도, 마음가짐, 재테크 수단 등을 각 주제에 따라 구체적으로 제시
함으로써 부자를 꿈꾸는 사람들이 그 희망을 이룰 수 있게 해준다.
국판 / 216쪽 / 10,000원

주5일제 근무에 따른 **한국형 주말창업** 최효진 지음
우리나라 실정에 맞는 주말창업 아이템의 제시 및 창업시 필요한
정보를 얻을 수 있는 곳, 주의해야 할 점, 실전 인터넷 쇼핑몰 창업,
표준사업계획서 등을 수록하여 지금 당장이라도 내 사업을 할 수
있게 해주는 창업 길라잡이서.   신국판 변형 양장본 / 216쪽 / 10,000원

돈 되는 땅 돈 안되는 땅 김영준 지음
부동산 틈새시장에서 성공하는 투자 노하우를 신행정수도 예정지
및 고속철도 역세권 등 투자 유망지역을 중심으로 완벽하게 수록해
놓은 부동산 재테크서.   신국판 / 320쪽 / 13,000원

돈 버는 회사로 만들 수 있는 109가지
다카하시 도시노리 지음 / 민병수 옮김
회사경영에서 경영자가 꼭 알아야 할 기본 사항 수록. 내용이 항목
별로 정리되어 있어 원하는 자료를 바로 찾아 볼 수 있는 것이 최대
의 장점. 이 책을 통해서 불필요한 군살을 빼고 강한 근육질을 가진
돈 버는 회사를 만들어 보자.   신국판 / 344쪽 / 13,000원

프로는 디테일에 강하다 김미현 지음
탄탄하게 자리를 잡은 15군데 중소기업의 여성 CEO들이 회사를 운
영하면서 겪은 어려움, 기쁨 등을 자서전 형식을 빌어 솔직 담백하
게 얘기했다. 예비 창업자들을 위한 조언, 경영 철학, 성공 요인도
담고 있어 창업을 준비하는 사람들에게 도움이 될 것이다.
신국판 / 248쪽 / 9,000원

머니투데이 송복규 기자의 **부동산으로 주머니돈 100배 만들기** 송복규 지음
재테크 수단으로 새롭게 각광 받고 있는 부동산을 이용한 재산 증
식 방법 수록. 부동산 재료별 특성에 따른 맞춤 투자전략을 제시하
고 알아두면 편리한 부동산 상식도 알려준다. 현직 전문 기자의 예
리한 분석과 최신 정보가 담겨 있는 부동산재테크 가이드서.
신국판 / 328쪽 / 13,000원

성공하는 슈퍼마켓&편의점 창업 나명환 지음
슈퍼마켓이나 편의점을 창업하려고 하는 사람들을 위한 창업 가이
드서. 어느 위치에 얼마만한 크기로, 어떤 상품을 갖추고 어떤 마인
드로 창업하고 영업해야 대형할인점과의 경쟁에서 살아남을 수 있
는지 등을 저자의 실제 경험과 통계, 전문가들의 의견을 바탕으로
상세하게 소개.   4×6배판 변형 / 500쪽 / 28,000원

대한민국 성공 재테크 **부동산 펀드와 리츠로 승부하라** 김영준 지음
새로운 재테크 수단으로 세간의 관심을 모으고 있는 부동산 펀드와
리츠에 관한 투자 안내서. 리스크 없이 투자에 성공하기 위해서 알
아두어야 할 주의사항, 펀드 및 리츠 관련 상품 설명, 실제로 투자
되고 있는 물건을 수록하여 책을 통해서 실전 투자감각을 익힐 수
있게 하였다.   신국판 / 256쪽 / 12,000원

마일리지 200% 활용하기 박성희 지음
우리 주변에는 마일리지와 관련 있는 다양한 카드가 있다. 신용카
드로부터 시작하여 이동통신사의 멤버십 카드, 캐시백 카드, 각 업
소의 스탬프 카드 등 다양한 종류의 카드가 각기 특성을 가지고 우
리 생활 속에서 이용되고 있다. 잘 알고 활용하면 개인의 주머니 경
제, 가계의 살림에 보탬이 되는 각종 마일리지에 관한 최신 정보를
한 권에 모아 놓았다. 이 책의 내용을 잘 활용하면 새는 돈을 알뜰

살뜰 모으는 길이 보일 것이다.   국판 변형 / 200쪽 / 8,000원

1%의 가능성에 도전, **성공 신화를 이룬 여성 CEO** 김미현 지음
탄탄하게 자리를 잡은 15군데 중소기업의 여성 CEO들이 회사를 운
영하면서 겪은 어려움, 기쁨 등을 자서전 형식을 빌어 솔직 담백하
게 얘기했다. 예비 창업자들을 위한 조언, 경영 철학, 성공 요인도
담고 있어 창업을 준비하는 사람들에게 도움이 될 것이다.
신국판 / 248쪽 / 9,500원

3천만 원으로 **부동산 재벌 되기** 최수길 · 이숙 · 조연희 지음
전세에 머물고 있는 일반 서민들에게 가정의 보금자리인 내 집 마
련의 길을 안내하고 여유자금을 가지고 소액으로도 투자할 수 있는
알짜 재테크 정보를 소개하고 있다.   신국판 / 290쪽 / 12,000원

10년을 앞설 수 있는 **재테크** 노동규 지음
이 책은 돈이 모아지는 기본적인 구조를 설명하여 우리들의 평범한
삶에 영향을 끼치는 머니 시스템에 대해 알려주고 있다. 때문에 이
제 막 재테크를 시작하는 2, 30대 직장인을 비롯한 주부들에게 바람
직한 재테크 실천전략을 제시하는 책이라 할 수 있다.
신국판 / 260쪽 / 10,000원

세계 최강을 추구하는 **도요타 방식**
나카야마 키요타카 지음 / 민병수 옮김
'도요타 생산 방식'의 개발자인 오노 타이이치에게서 전수받은 경
영철학과 실천방안을 소개하고 있다. 끝없이 낭비를 철저하게 제거
하고 고객이 원하는 만큼 생산하여 재고를 최소화하는 JIT(Just-In-
Time)의 진정한 의미, 고객의 최대 만족을 확보하기 위하여 납품 공
정을 최적화하는 딜리버리 설계 등의 기법을 중점적으로 소개한다.
신국판 / 296쪽 / 12,000원

최고의 설득을 이끌어내는 **프레젠테이션** 조두환 지음
이 책은 직장인들에게 필수적인 프레젠테이션을 어떻게 준비하고
발표해야 하는가에 대한 자세한 답을 제시하고 있다. 클라이언트와
청중을 사로잡는 프레젠테이션을 위해 가장 중요한 청중 분석과 자
료수집에서부터 시청각 기자재 활용, 발표원고 작성, 연습, 질문응
대 요령 등이 천 번 이상의 실전을 치른 저자의 경험을 바탕으로 제
시되고 있다. 승진이나 취업, 새로운 프로젝트를 위해 꼭 필요한 프
레젠테이션을 이 책 한 권이면 완벽하게 끝낼 수 있다.
신국판 / 296쪽 / 11,000원

최고의 만족을 이끌어내는 **창의적 협상** 조강희 · 조원희 지음
협상에서 손해나 양보, 경쟁적인 관계로써 승자와 패자가 결정된다
고 하면 그것은 잘못된 협상이다. 이 책의 저자들은 오랫동안 변호
사로서 협상관련 컨설팅과 법률자문 등의 실무를 담당해 오면서 그
해답을 모색해 왔다. 협상에 대한 새로운 이해와 원칙이 요청된
다는 것을 구체적으로 확인하고 정리해 왔다. 이 책에서는 상대를
배려하는 '창의적 협상'이라는 전략이야말로 협상의 진정한 의미와
원칙, 목적이 실현되는 방식이라는 것을 알려주고 있다.
신국판 / 248쪽 / 10,000원

주 식

개미군단 대박맞이 주식투자
홍성걸(한양증권 투자분석팀 팀장) 지음 / 신국판 / 310쪽 / 9,500원

알고 하자! **돈 되는 주식투자**
이길영 외 2명 공저 / 신국판 / 388쪽 / 12,500원

항상 당하기만 하는 개미들의 매도 · 매수타이밍 999% 적중 노하우
강경무 지음 / 신국판 / 336쪽 / 12,000원

부자 만들기 주식성공클리닉
이창회 지음 / 신국판 / 372쪽 / 11,500원

선물 · 옵션 이론과 실전매매
이창회 지음 / 신국판 / 372쪽 / 12,000원

너무나 쉬워 재미있는 주가차트
홍성무 지음 / 4×6배판 / 216쪽 / 15,000원

주식투자 직접 투자로 높은 수익을 올릴 수 있는 비결
저금리 · 고령화 시대를 대비한 개인자산관리의 확실한 방법을 제시
한 책이다. 미국뿐만 아니라 일본, 중국, 홍콩, 대만, 브라질 등의 주
식 시장의 철저한 분석과 데이터화를 통해 한국 주식 시장에 맞는 가
치주를 발굴하고 투자할 수 있는 확실한 성공 전략을 제시한다.
김학균 지음 / 신국판 / 230쪽 / 11,000원

각해 볼 수 있는 이익을 보는 생활습관과 손해를 보는 생활습관을
수록, 독자 자신에게 맞는 생활습관의 기본 전략을 설계할 수 있도
록 제시. 신국판 / 320쪽 / 9,800원

코끼리 귀를 당긴 원숭이-히딩크식 창의력을 배우자 강충인 지음
코끼리와 원숭이의 우화를 히딩크의 창조적 경영기법과 리더십에
대비하여 자기혁신, 기업혁신을 꾀하는 창의력 개발법을 제시.
신국판 / 208쪽 / 8,500원

성공하려면 유머와 위트로 무장하라 민영욱 지음
21세기에 들어 새로운 추세를 형성하고 있는 말 잘하기. 이러한 추
세에 맞추어 현재 스피치 강사로 활약하고 있는 저자가 말을 잘하
는 방법과 유머와 위트를 만들고 즐기는 방법을 제시한다.
신국판 / 292쪽 / 9,500원

등소평의 오뚝이전략 조창남 편저
중국 역사상 정치 · 경제 · 학문 등의 분야에서 최고 위치에 오른 리
더들의 인재활용, 상황 극복법 등 처세 전략 · 전술을 통해 이 시대
의 성공인으로 자리매김하는 해법 제시. 신국판 / 304쪽 / 9,500원

노무현 화술과 화법을 통한 이미지 변화 이현정 지음
현재 불교방송에서 활동하고 있는 이현정 아나운서의 화술 길라잡
이서. 노무현 대통령의 독특한 화술과 화법을 통해 리더로서, 성공
인으로서 갖추어야 할 화술 화법을 배우는 화술 실용서.
신국판 / 320쪽 / 10,000원

성공하는 사람들의 토론의 법칙 민영욱 지음
다양한 사람들의 다양한 욕구를 하나로 응집시키는 수단으로 등장
하고 있는 토론에 관해 간단하고 쉽게 제시한 토론 길라잡이서.
신국판 / 280쪽 / 9,500원

사람은 칭찬을 먹고산다 민영욱 지음
현대에서 성공하는 사람으로 남기 위해서는 남을 칭찬할 줄도 알아
야 한다. 성공하는 사람이 되기 위해서 알아야 할 칭찬 스피치의 기
법, 특징 등을 실생활에 적용해 설명해놓은 성공처세 지침서.
신국판 / 268쪽 / 9,500원

사과의 기술 김농주 지음
미안하다는 말에 인색한 한국인들에게 "I'm sorry."가 성공을 위한
처세 기법으로 다가온다. 직장, 가정 등 다양한 환경에서 사과 한마
디의 의미, 기능을 알아보고 효율성을 가진 사과가 되기 위해 갖추
어야 할 조건을 제시한다. 신국판 변형 양장본 / 200쪽 / 10,000원

취업 경쟁력을 높여라 김농주 지음
각 기업별 특성 및 취업 정보 분석과 예비 취업자의 능력 개발, 자
신의 적성에 맞는 직종과 직장 잡는 법을 상세하게 수록.
신국판 / 280쪽 / 12,000원

유비쿼터스시대의 블루오션 전략 최양진 지음
나날이 치열해지는 경쟁 환경 속에서 최후의 웃는 사람이 되기 위
해서는 시대의 흐름에 빨리 적응하고, 정보를 신속하게 받아들이
며, 남과는 다른 튀는 행동을 해야 한다고 저자는 주장한다. 유비쿼
터스시대를 맞아 생존 경쟁에서 살아남는 지혜, 전략을 현실 점검
을 바탕으로 세우는 방법 제시. 신국판 / 248쪽 / 10,000원

나만의 블루오션 전략 -화술편 민영욱 지음
모든 사람과의 관계에는 대화가 있게 마련이다. 특히 직장인이나
비즈니스를 하는 CEO들은 더욱 절실히 느낄 것이다. 이 책에는 일
반적으로 나누는 대화의 기법부터 좀더 부드러운 분위기를 위한 유
머화술의 기법까지 총망라하여 성공된 리더가 될 수 있는 방법을
제시한다. 신국판 / 254쪽 / 10,000원

희망의 씨앗을 뿌리는 20대를 위하여 우광균 지음
이 책은 예측대로 살아지지 않는 인생에 이제 막 발을 들여놓은 사회
초년생에게 인생의 지침이 되어줄 조언이 담겨 있다. 저자 자신이 경
험한 실제 사례들을 통해 우리가 일상에서 쉽게 접하는 모든 일들을
어떻게 받아들이고 또 얻을 수 있는 것은 무엇인지 알려주고 있다.
신국판 / 172쪽 / 8,000원

끌리는 사람이 되기위한 이미지 컨설팅 홍순아 지음
비주얼 시대에는 필요한 순간에 필요한 이미지를 정확하게 표출할
수 있어야 성공적인 인생을 살아갈 수 있다. 그러므로 자신만의 이
미지를 만드는 것은 이 시대 가장 큰 경쟁력이다. 이 책은 자연스럽
게, 때로는 전략적으로, 자신만의 이미지를 다듬고 만드는 방법을
알기 쉽게 제시하고 있다. 대국전판 / 194쪽 / 10,000원

명 상

명상으로 얻는 깨달음 달라이 라마 지음 / 지창영 옮김
티베트의 정신적 지도자이자 실질적 지도자인 달라이 라마의 수많
은 가르침 가운데 현대인에게 필요해지고 있는 인내에 대한 이야기.
국판 / 320쪽 / 9,000원

어 학

2진법 영어 이상도 지음 / 4×6배판 변형 / 328쪽 / 13,000원

한 방으로 끝내는 영어 고제윤 지음 / 신국판 / 316쪽 / 9,800원

한 방으로 끝내는 영단어 김승엽 지음 / 김수경 · 카렌다 감수 /
4×6배판 변형 / 236쪽 / 9,800원

해도해도 안 되면 영어회화 하루에 30분씩 90일이면 끝낸다
Carrot Korea 편집부 지음 / 4×6배판 변형 / 260쪽 / 11,000원

바로 활용할 수 있는 기초생활영어
김수경 지음 / 신국판 / 240쪽 / 10,000원

바로 활용할 수 있는 비즈니스영어
김수경 지음 / 신국판 / 252쪽 / 10,000원

생존영어55 홍일록 지음 / 신국판 / 224쪽 / 8,500원

필수 여행영어회화 한현숙 지음 / 4×6판 변형 / 328쪽 / 7,000원

필수 여행일어회화 윤영자 지음 / 4×6판 변형 / 264쪽 / 6,500원

필수 여행중국어회화 이은진 지음 / 4×6판 변형 / 256쪽 / 7,000원

영어로 배우는 중국어 김승엽 지음 / 신국판 / 216쪽 / 9,000원

필수 여행스페인어회화 유연창 지음 / 4×6판 변형 / 288쪽 / 7,000원

바로 활용할 수 있는 홈스테이 영어
김형주 지음 / 신국판 / 184쪽 / 9,000원

레포츠

수널이의 브라질 축구 탐방 삼바 축구, 그들은 강하다
이수열 지음 / 신국판 / 280쪽 / 8,500원

마라톤, 그 아름다운 도전을 향하여
빌 로저스 · 프리실라 웰치 · 조 헨더슨 공저 /
오인환 감수 / 지창영 옮김 / 4×6배판 / 320쪽 / 15,000원

퍼팅 메커닉 이근택 지음
감각에 의존하는 기존 방식의 퍼팅은 이제 그만!!
저자 특유의 과학적 이론을 신체근육 운동학에 접목시켜 몸의 무리
를 최소한으로 덜고 최대한의 정확성과 거리감을 갖게 하는 새로운
퍼팅 메커닉 북. 4×6배판 변형 / 192쪽 / 18,000원

아마골프 가이드 정영호 지음
골프를 처음 시작하는 모든 아마추어 골퍼를 위해 보다 쉽고 빠르
게 이해할 수 있도록 내용이 구성된 아마골프 레슨 프로그램서.
4×6배판 변형 / 216쪽 / 12,000원

인라인스케이팅 100%즐기기 임미숙 지음
레저 문화에 새로운 강자로 자리매김하고 있는 인라인 스케이팅을
안전하고 재미있게 즐길 수 있도록 알려주는 인라인 스케이팅 지침
서. 각단계별 동작을 한눈에 알아볼 수 있도록 세부 동작별 일러스
트 수록. 4×6배판 변형 / 172쪽 / 11,000원

배스낚시 테크닉 이종건 지음
현재 한국배스스쿨에서 강사로 활약하고 있는 아마추어 배스 낚시
꾼과 중급 수준의 배스 낚시꾼들이 자신의 실력을 한 단계 업그레
이드 시킬 수 있도록 루어의 활용, 응용법 등을 상세하게 해설.
4×6배판 / 440쪽 / 20,000원

나도 디지털 전문가 될 수 있다!!! 이승훈 지음
깜찍한 디자인과 간편하게 휴대할 수 있다는 장점 때문에 새로운
생활필수품으로 자리를 잡아가고 있는 디카 · 디캠을 짧은 시간 안

에 쉽게 배울 수 있도록 해놓은 초보자를 위한 디카·디캠 길라잡
이서. 4×6배판 / 320쪽 / 19,200원

스키 100% 즐기기 김동환 지음
스키 인구의 확산 추세에 따라 스키의 기초 이론 및 기본 동작부터
상급의 기술까지 단계별 동작을 전문가의 동작사진을 곁들여 내용
구성. 4×6배판 변형 / 184쪽 / 12,000원

태권도 총론 하웅의 지음
우리의 국기 태권도에 관한 실용 이론서. 지도자가 알아야 할 사항,
태권도장 운영이론, 응급처치법 및 태권도 경기규칙 등 필수 내용
만 수록. 4×6배판 / 288쪽 / 15,000원

건강하고 아름다운 동양란 기르기 난마을 지음
동양란 재배의 첫걸음부터 전시회 출품까지 동양란의 모든 것 수
록. 동양란의 구조·특징·종류·감상법, 꽃대 관리·꽃 피우기·
발색 요령 등 건강하고 아름다운 동양란 만들기로 구성.
4×6배판 변형 / 184쪽 / 12,000원

수영 100% 즐기기 김종만 지음
물 적응하기부터 수영용품, 수영과 건강, 응용수영 및 고급 수영기
술에 이르기까지 주옥 같은 수중촬영 연속사진으로 자세히 설명해
주는 수영기법 Q&A. 4×6배판 변형 / 248쪽 / 13,000원

애완견114 황양원 엮음
애완견 길들이기, 애완견의 먹거리, 멋진 애완견 만들기, 애완견의
질병 예방과 건강, 애완견의 임신과 출산, 애완견에 대한 기타 관리
등 애완견을 기를 때 반드시 알아야 할 내용 수록.
4×6배판 변형 / 228쪽 / 13,000원

건강을 위한 웰빙 걷기 이강옥 지음
건강 운동으로서 많은 사람들의 관심을 모으고 있는 걷기운동을 상
세하게 설명. 걷기시 필요한 장비, 올바른 걷기 자세를 설명하고 고
혈압·당뇨병·비만증·골다공증 등 성인병과 관련해 걷기운동을
했을 때 얻을 수 있는 효과를 수록하여 성인병을 예방하고 치료할
수 있도록 하였다. 대국전판 / 280쪽 / 10,000원

우리 땅 우리 문화가 살아 숨쉬는 옛터 이형권 지음
우리나라에서 가장 가보고 싶은 역사의 현장 19곳을 선정. 그 터에
어린 조상의 숨결과 역사적 증언을 만날 수 있는 시간 제공. 맛있는
집, 찾아가는 길, 꼭 가봐야 할 유적지 등 핵심 내용 선별 수록.
대국전판 올컬러 / 208쪽 / 9,500원

아름다운 산사 이형권 지음
우리나라의 대표적인 산사를 찾아 계절 따라 산사가 주는 이미지,
산사가 안고 있는 역사적 의미를 되새겨 본다. 동시에 산사를 찾음
으로써 생활에 찌든 현대인들이 삶의 활력을 되찾는 시간을 갖게
한다. 대국전판 올컬러 / 208쪽 / 9,500원

골프 100타 깨기 김준모 지음
읽고 따라 하기만 해도 100타를 깰 수 있는 골프의 전략·전술의 비법
공개. 뛰어난 골프 실력은 올바른 그립과 어드레스에서 비롯됨을 강조
한 초보자를 위한 실전 골프 지침서.. 4×6배판 변형 / 136쪽 / 10,000원

쉽고 즐겁게! 신나게! 배우는 재즈댄스 최재선 지음
몸치인 사람도 쉽게 따라 하고 배우는 재즈댄스 안내서. 이 책에 실
려 있는 기본 동작을 익혀 재즈댄스를 하면 생활 속의 긴장과 스트
레스를 털어버리고 활력을 되찾을 수 있으며, 다이어트 효과도 얻
을 수 있다. 4×6배판 변형 / 200쪽 / 12,000원

맛과 멋이 있는 낭만의 카페 박성찬 지음
가족끼리, 연인끼리 추억을 만들고 행복한 시간을 보낼 수 있는 서
울 근교의 카페를 엄선하여 소개. 카페에 대한 인상 및 기본 정보,
인근 볼거리 등도 함께 수록하여 손 안의 인터넷 정보서가 될 수 있
게 했다. 대국전판 올컬러 / 168쪽 / 9,900원

한국의 숨어 있는 아름다운 풍경 이종원 지음
우리나라의 숨어 있는 아름다운 풍경을 찾아 소개하는 여행서. 저
자의 여행 감상과 먹거리, 볼거리, 사람 사는 이야기가 담겨 있어
안내서라기보다는 답사기라고 할 수 있다. 서정과 사진이 풍부하게
담겨 있는 그곳에 가고 싶다 시리즈 4번째 책.
대국전판 올컬러 / 208쪽 / 9,900원

사람이 있고 자연이 있는 아름다운 명산 박기성 지음
산을 좋아하는 사람들을 위한 산 안내서. 한번쯤 가보면 좋을 산을
엄선하여 그 산이 갖는 매력을 서정성 짙은 글로 풀어 놓았다. 가는
방법과 둘러 보아야 할 곳도 덤으로 설명.
대국전판 올컬러 / 176쪽 / 12,000원

마음의 고향을 찾아가는 여행 포구 김인자 지음
일상 생활에서 벗어나고 싶다면 우리 국토의 진정한 아름다움을 느
끼게 해주는 포구로 가보자. 그 곳에서 사람냄새, 자연이 어우러진
역동성에 삶의 의욕을 되찾을 수 있을 것이다. 시인이자 여행가인
김인자 님이 소개하는 가볼 만한 대표적인 포구 20곳 수록. 볼거리,
먹거리와 함께 서정성 넘치는 글로 포구의 낭만, 삶의 현장을 소개.
대국전판 올컬러 / 224쪽 / 14,000원

골프 90타 깨기 김광섭 지음
90타를 깨고 싱글로 진입할 수 있게 해주는 실전 골프 테크닉서. 스
트레칭, 세트 업, 드라이버 스윙, 샷, 어프로치, 퍼팅, 벙커 샷 등의
스윙 원리를 요점을 짚어 정리해 놓았으므로 골퍼 자신의 잘못된
스윙을 바로잡는 데 많은 도움이 될 것이다. 또한 연습장에서 스윙
연습을 하는 방법도 수록해 골프의 재미를 한층 더 배가시켜 즐길
수 있게 하였다. 4×6배판 변형 / 148쪽 / 11,000원

생명이 살아 숨쉬는 한국의 아름다운 강 민병준 지음
물놀이를 하는 아이들, 재첩을 잡는 사람들, 두물머리에 서 있는 연
인들. 이 모습은 우리나라의 강변에서 볼 수 있는 정겨운 장면이다.
우리나라의 대표적인 강 15곳을 엄선하여 찾아가는 법, 먹거리, 잘
곳 등을 함께 수록. 또한 강과 연관 있는 인근의 볼거리를 수록하여
가족이나 연인 사이에는 추억을 만들고, 자녀와는 역사공부도 할
수 있게 내용을 아기자기 하게 꾸민 강 여행서.
대국전판 올컬러 / 168쪽 / 12,000원

틈나는 대로 세계여행 김재관 지음
다른 나라를 알고 다른 문화를 알고자 하는 노력은 결국 내 자신의
정신세계를 풍요롭게 하는 일이다. 그리고 여행이 정신세계를 풍요
롭게 하는 데 좋은 도구가 될 수 있다. 이 책에는 도전과 모험을 꿈
꾸는 사람이라면 한 번은 가보아야 할 세계의 오지에 대한 이야기
가 실려 있다. 저자가 엄선한 28개국의 오지에 대한 감상, 교통편,
알아두면 편리한 상식 등이 수록되어 있으므로 여행지에 대한 사전
지식을 쌓는 데 많은 도움이 될 것이다.
4×6배판 변형 올컬러 / 368쪽 / 20,000원

KLPGA 최여진 프로의 센스 골프 최여진 지음
KLPGA 출신 처음으로 쓴 골프 길라잡이. 신체 조건이나 골프채의
길이 또는 무게, 스윙 등 기초에서부터 기술적인 부분까지 미세하
게 다른, 그동안 필자가 골프를 하면서 여성으로서 느꼈던 애로사
항과 노하우를 담아 모든 골프 마니아들에게 실질적인 도움을 주고
스코어를 줄일 수 있는 해답을 찾게 해줄 것이다.
4×6배판 변형 올컬러 / 192쪽 / 13,900원

해양스포츠 카이트보딩 김남용 편저
국내 유일의 카이트보딩 자격증 소지자가 소개하는 국내 최초의 카
이트보딩 안내서. 친절한 안내와 기술 향상을 위한 지식을 담고 있어
초보자에서 마니아에 이르기까지 훌륭한 동반자가 되어줄 것이다.
신국판 올컬러 / 152쪽 / 18,000원

KTPGA 김준모 프로의 파워 골프 김준모 지음
골프의 기원과 역사를 비롯하여 골프의 기본 기술을 체계적으로 숙
달할 수 있는 효과적인 연습법, 골퍼에게 필요한 기본 상식들을 모
두 수록하였다. 골프를 더욱더 깊이 이해하고 골프를 즐기고 골프
를 통하여 삶의 활력소를 얻을 수 있을 뿐만 아니라, 진정한 골퍼로
서 거듭날 기회를 제공해줄 것이다.
4×6배판 변형 올컬러 / 192쪽 / 13,900원

골프 80타 깨기 오태훈 지음
80타를 깨고 70타로 진입하겠다는 목표를 세운 골퍼들을 대상으로
스윙의 이론적 풀이보다는 여러 가지 상황에서 위기를 모면할 수
있도록 도와주는 기술과 깨끗한 마무리, 전체적인 스코어를 낮추는
데에 중점을 둔 싱글을 위한 실전 골프 테크닉서로, 이 책만 따라하
면 최고의 골퍼를 향한 목표에 도달할 수 있을 것이다.
4×6배판 변형 / 132쪽 / 10,000원

신나는 골프 세상 유응열 지음
MBC-ESPN 골프해설위원 유응열 프로가 쓴 골프의 모든 것이 담겨
있다. 아마추어에서 비기너, 싱글 수준의 골퍼에 이르기까지 이 책
을 보면서 하루에 한 가지씩 배우고 익힐 수 있도록 하였다.
4×6배판 변형 올컬러 / 232쪽 / 16,000원

풍경 속을 걷는 즐거움 명상 산책 김인자 지음
우리나라의 사계절 걷기 좋은 곳 21곳 수록. 걸으면서 사색을 즐기
고 싶은 사람에게 추천할 만한 책이다. 특히 느림과 침묵에 굶주려
있는 도시인들에게 두 발의 건강한 노동인 걷는 즐거움을 줄 수 있
는 책이다. 대국전판 올컬러 / 224쪽 / 14,000원

소울음소리

2006년 8월10일 제1판 1쇄 발행

지은이/이건우
펴낸이/강선희
펴낸곳/가림출판사

등록/1992. 10. 6. 제4-191호
주소/서울시 광진구 구의동 57-71 부원빌딩 4층
대표전화/458-6451   팩스/458-6450
홈페이지/ www.galim.co.kr
전자우편/galim@galim.co.kr

값 10,000원

ISBN 89-7895-244-5 13140

가림출판사 · 가림M&B · 가림Let's의 홈페이지(http://www.galim.co.kr)에 들
어오시면 가림출판사 · 가림M&B · 가림Let's의 신간도서 및 출간 예정 도서를
포함한 모든 책들을 만나실 수 있습니다.
온라인 서점을 통하여 직접 도서 구입도 하실 수 있으며 가림 홈페이지 내에서
전국 대형 서점들의 사이트에 링크하시어 종합 신간 안내 및 각종 도서 정보,
책과 관련된 문화 정보를 받아보실 수 있습니다.
또한 홈페이지 방문시 회원으로 가입하시면 신간 안내 자료를 보내드립니다.